協働の経営学

第2版

林 徹［著］

Studies on
Collaboration and
Management

2nd Edition

Toru Hayashi

中央経済社

第2版へのまえがき

　本書初版（2015）の脱稿後，『モノポリーで学ぶビジネスの基礎』（2017, 2019）を上梓した。それに伴い，この第2版では，初版の 第Ⅰ部 を差し替えて，新たに2つの章から成る 第Ⅰ部 「協働のモーメント」を置いた。モーメント（moment）とは契機を意味している。ただし，空気のように一時的な契機もあれば，文化のように持続的な契機もある。

　この第2版においては，その問題意識も基本的な構成も，初版当時のものと変わっていない。2つの章の内容は以下の通りである。

　第1章「経営の成否をめぐる2つの尺度」は，ケニア・ナッツ・カンパニーの創業者である佐藤芳之氏による2つの著書『OUT OF AFRICA　アフリカの奇跡』と『歩き続ければ，大丈夫。』に依拠している。2つの尺度とは，財務指標と非財務指標のことである。企業経営は，理論的に，企業機能（enterprise functions）と経営機能（management functions）から成っている（中川, 1981）。前者の尺度は経済的側面を，後者の尺度は組織的側面を，それぞれ指している。自らを「おこしや」と称する著者の佐藤氏によれば，起業活動における貢献者たちの離合集散を左右するのは前者ではなく後者である。しかし，前者なくしては，起業後の安定的な経営が成り立たないこともまた事実である。こうして，2つの尺度が具体的にどのような関係にあるかを，事例を通じて理論的に解明している。

　第2章「独立開業の過程」は，潜在的な起業者が顕在化する過程に焦点を当てている。だれでも，独立開業または起業という夢を「思い描く」ことはできる。しかし，その夢を実現するとなると話は別である。そのためには貢献者たちとの協働が不可欠である。思い描いた夢を現実に維持し続けることを思うと，その途端に，目に見えない暗雲が立ち現れて多くの人たちの夢を覆ってしまう。そこで，暗雲が現れなかったからか，それともそれを振り払ったからかは別として，実際に夢を実現させた人たちに対してインタビュー調査を実施した。その結果に基づいて，独立開業に対する意欲と不可欠な協働，それらの持続のメカニズムを4つの事例を通じて理論的に明らかにしている。具体的には，コンビニエンス・ストア加盟店経営者（40代），キャバレー・グループ・オーナー

経営者（50代），公認会計士事務所代表（40代），飲食店経営者（50代），である。

[本書の構成（第2版）]

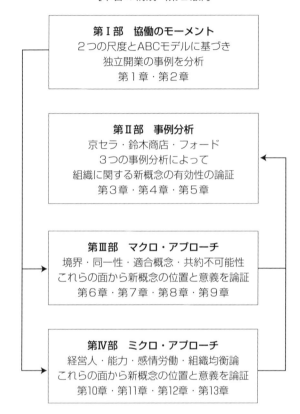

2021年1月

林　　　　徹

まえがき

《背景》

　さて，われわれは高度情報産業社会に生きている。それは資本主義を基礎としている。先人たちのおかげで，現代のわれわれの安定的な暮らしを支える社会保障制度が整備された。そのおかげで，精神的にも肉体的にも，失敗したときのことをあまり考えることなく，むしろ安心して，自由な事業活動に果敢に挑戦することができるようになった。

　こうした面の重要性は，名誉欲，自己顕示欲，功名心，プライド，メンツなどの「承認欲求」（尊敬・自尊の欲求）によって人や組織が動いている事実（太田, 2005, p. 242.）によっても裏付けられる。

　にもかかわらず，次のような若者の割合が年々増えているように思われる。すなわち，自分が描いた夢を実現することを諦め，失敗をおそれて挑戦するために踏み出すことを避け，まるでどこかへ逃げ込むようにして，寄らば大樹の陰のごとく，安定的な人生を選ぶ，そういう若者である。皮肉なことに，そのような若者によくあるのは，好きなことをすればよかった，という後々になっての後悔の弁である。

　本書では，このような意味における大多数の均質的な若者のみに注目するのではない。そうではなくて，伝統的な守旧派に抗して，傍からみれば無謀とも思えるような新しい事業に挑戦する者，またそういった者を他人の目を憚ることなく積極的に支えようとする者，そういった者たちの離合集散という現実に注目する。

　そのような離合集散の背後には，次のような特殊性と普遍性の両面から成る文化的文脈がある。すなわち，一方で，上林が言うように，人間の思考様式の相違は，国レベルの文化の相違に限定されず，企業文化や職場文化といった下位文化に関しても，すべての技術の組織的利用に影響を与える（上林, 2001, p. 411）。しかし，他方で，馬越が言うように，グローバル経営においては，文化的差異を強調するのではなく，ビジネスにおける共通の価値観を基本とし，ベストプラクティスを追求し実践することにより，文化を越える経営を実現する

ことができる。要するに「国の文化」は二義的な問題である（馬越, 2000, p. 2）。
　これを前提として，起業の研究で有名な専門家の言に注目してみよう。

　　「いかなる組織や団体でも，その発足は，思いや夢を持つ個人の具体的な
　行動からスタートします。人の思いは，他の人の共感を生み出し，多くの協
　力者（ステークホルダー）を得ることができます。思いの実現（行動）に
　は，小さな失敗はつきものです。仲間と共に当面の課題を解決した時の感動
　の共有が，次なる新たな挑戦の原動力になります。」（松田, 2014, p. 51, 傍点は
　引用者）

　こうした，「個人の思い，夢，共感，感動の共有」は，なにも起業に限らず，
継続中の企業/企業グループにおける協働やその躍動，あるいは人生の根底に
あるべき，きわめて重要な側面である。それがどのような文化的文脈の下で
あっても，である。
　ところが，松田（2014）は，起業家が誕生するために必要な「思いや夢」の
存在を指摘しながらも，その人が育った「家庭・教育環境」を分類すること，
すなわち，その親が経営者や自営業者であること圧倒的に多いことと，小学校
段階から起業家教育が必要であること，そこにとどまっている。創業期企業家，
すなわち起業チームにおける強い紐帯（Aldrich and Ruef, 2006; 若林, 2009），あ
るいは戦略的協働（小島・平本, 2011）における協働アクティビストの役割（後
藤, 2013）に鑑みても，松田の指摘が限定的であることがわかる。
　また，起業に関する圧倒的に多くの文献は，資金調達や設立登記など，「思
いや夢」以外の金融面，制度面にいちじるしく傾倒している。ただし，たとえ
ば，ビジョン・パッション・ミッションを中心に据えている坂本（2005）のよ
うに，例外的な文献がないわけではない。
　こうした現状は，中等教育の段階でも同様である。たとえば，「パーソナル
ファイナンス教育スタンダードver. 3, 2020」（日本FP協会, 公式ホームページ）
によれば，パーソナル・ファイナンシャル・プランニングに必要な知識・スキ
ルの1つ，「将来の目標・夢を具体的に描くことができる」（中学生・高校生）
とある。これに関して，中学生用の公民の教科書『新しい社会：公民』（東京
書籍）には，直接的な記述がない。

　たいてい，そういった者たちは年齢的にも若いが，なかにはそうでない者もいる。実際，少子高齢化に突入して久しい我が国にあっては，若者はもちろんのこと，むしろ齢を重ねた者に対しても，そのような挑戦者や支援者の活躍が期待される。

　そうでなければ，先人が築いてくれた，あの盤石な社会保障制度が根幹から揺らぐことになりかねない。そればかりではない。だれもが年金制度に依存する社会よりは，年金に対しては無関心で，かつ天寿をまっとうするまでずっと事業に専心する人であふれる社会のほうが，希望も活気もあり，明るく楽しく過ごせるに違いない。

　ただし，辻村が言うように，結果（従属変数または遅行指標）としての「競争優位」や「業績」に偏向すれば，協働の本質（独立変数または先行指標）を見失いかねない（辻村, 2001, p. 164）。

　現代経営学はそのような協働を主要な研究対象として展開されてきた。それは，大体1960年代後半から1970年代にかけて生成し，80年代以降本格的に展開されるに至った諸潮流であって，バーナード・サイモン理論の具体化の過程であった（高橋, 2014, pp. 4, 9）。事実，実践科学としての経営学は，資本の論理を中心とする企業行動論と組織の論理を中心とする経営行動論を軸に，際限なく肥大・分化している（川端, 2001）。たとえば，その初版（1999）から12年後，三戸・池内・勝部（2011）による『企業論』第3版では，企業を見る視点が5つから6つへと拡大され，社会的制度の視点が社会的公器のそれへと変更されている。

　そのような現実的・学術的な文脈の変化を認めるにせよ，辻村による仮説によれば，経営技能の神髄は「他人を変える」ことにではなく，実は「自身が変わる」ことにあり，究極の実践とは自己の成長にある（辻村, 2001, p. 175）。

《問題意識と課題》

　本書の問題意識はこうである。積極的に果敢に性急に，あるいは寡黙に穏やかにじっくりと，挑戦し続ける。あるいはまた，そういった者を助けて支える。なぜ，いかに，巻き込む側の意図どおりに巻き込まれるのか。そういった意図とは無関係に惹きつけられるのか。離合集散の決め手はカネか。そうでないとすれば，それは何か。

　本書では，それが「組織の重心」であると見立てて論述する。組織の重心とは，これを方向性を帯びた経営理念と言い換えられる概念である。理念であるから，生身の人間，自然人と重なることもあれば，そうでないこともある。また，それは，愛，欲，エトス，時間的展望としての希望，これらの関数でもある。

　たとえば，幼少期に本田宗一郎の自伝や伝記を読んで，故人の考えに心酔し，その理念が伝統的に受け継がれているはずのホンダ社に入社し，その思いを胸に，職場での生活を楽しみ，大切な部分を次世代へと継承しようとするばあいがそれである。

　だれもが経験的にわかっているように，仕事であれ日常生活であれ，打算的な関係のみでやっていけるものではない。そうかといって，何に対しても常に全面的な献身を続けることも不可能である。その場その場での適当な距離，オンとオフのバランス，自他双方の利益考量，利己にも利他にも偏らない，いわゆる大人の関係の巧拙が処世術の要諦である。しかし，静的な均衡を維持するだけでよいのなら，悩むことは何もない。

　庭本が指摘しているように，組織の誘因システムはきわめて不安定である。かつて強い誘因であったものが，それほど人をひきつけなくなることもある。貧しい時代には，わずかの物質的・金銭的報酬が大きな誘因であったろうが，豊かな時代では，それほど誘因として働かない。かつて満足できた誘因に物足りなさを感じるのが人間である（庭本, 2005, p. 66）。

　実際，特殊性と普遍性の両面から成る文化的文脈の下で，企業は不断の多角化によって再活性化を継続している。そうしなければ成熟化の罠，あるいは成功の罠に陥るほかない。それが脱成熟化，すなわち企業革新の要諦なのである（山路, 2014）。

　こうして，そこにあるはずの均衡が動き，動かされ，あるいは動いてしまうという現実。ここに社会科学の存在理由を求めることができる。そういった現実を経営学ないし組織論の見地から総合的に説明する。その際，そのような現実を規定する概念を「組織の重心」と措く。これが本書の課題である。

《構成》

　本書の構成は次のとおりである。

第Ⅰ部 （初版）は，経営意思決定の技能の見地から，有名なボード・ゲーム，MONOPOLY（以下，モノポリー）に注目する。

なるほどゲームはけっして現実ではない。しかし，モノポリーをプレイすることで得られる，洞察，交渉，決断，といった技能や入門的な専門知識は，経営意思決定で求められる技能や知識と密接に関係している。そればかりではない。遊びとしてのこのボード・ゲームで求められるコミュニケーション技能と，プレイヤー同士が部分的無知を常態とするなかで培われる交渉術は，勝つことだけを目的とはしないで，フェア・プレイを通じて気持ちのよい人づきあい，その基礎を育む。このゲームは，したがって，企業倫理の涵養とも関係しているのである。好敵手たるプレイヤーは，ちょうど求職者などのステイク・ホルダーが惹かれる，いわゆる優良企業（経営者）とよく似ている。高潔で高貴なプレイヤーこそが好敵手なのである。そのような好敵手の特性を明らかにすることは，本書の目的の1つでもある。

第1章では，このゲームと現実との関係を整理したうえで，ゲームをプレイする際に求められる，大局観，展開の見立て，財務状況の流れの把握，他のプレイヤーの価値観やヒューリスティクスの感得，交渉術，これらが経営意思決定と共通する点を浮き彫りにする。さらに，定石（OR，ゲーム理論），企業金融，銀行，民法（物上代位など），土地・建物の歴史・制度，こうした専門分野・科目とモノポリーとの接合面をていねいに論じて，経営意思決定の技能の見地から，そのゲームの意義と可能性を展望する。

第2章では，まず，経営におけるコミュニケーション技能の重要性を確認する。次に，アンソフによる有名な戦略的意思決定の定義を再吟味する。なぜなら，コミュニケーションにおいて部分的無知という厳しい現実を避けることができないからである。さらに，モノポリーの遊びとしての面を分析し，現代社会における遊びの位置と意味の考察をふまえて，企業倫理に対するそのゲームの意味を導く。

第Ⅱ部 は，組織の重心の有効性を，よく知られている企業者史から例証する。

経済的な事情，衝動買いのような一時的な感情の変化，それらでは説明できない現実がある。そういった現実は，しかしながら，バーナードが指摘した

「人的な場」，ちょうど組織の重心とコインの裏返しの関係にある「無関心圏」，それに高田による「勢力」をあてはめれば，これを首尾よく説明することができる。これらの概念は，経済的な損得とは必ずしも一致しない。

　ここでは，以下を具体例の対象としてとりあげる。松風工業を辞める決断をした稲盛和夫と，彼を支えた人たちによって誕生した京都セラミック。鈴木商店の破綻をきっかけに，同社の中興の祖，金子ら土佐派と訣別するかたちで高畑らの高商派が設立した日商岩井。エジソン，マーフィー，リーランド，マルコムソンなど，多彩な人々との出会いと別れ，レースでの勝利，自動車会社設立での失敗などを経て，苦難の末に幼少期からの夢を結実させたヘンリーによって誕生したフォード社。

　第3章では，松風工業から京都セラミックが誕生した過程に注目する。その際，A，B，2つの見方を対比的に示し，Bが説得的であることを論証する。すなわち，A「稲盛和夫を中心とする企業家グループは，碍子メーカー松風工業を母胎としながら，あの京都セラミックを誕生させた。」，B「稲盛和夫は，松風工業に在職のままでは自らの夢を実現できそうにないと強く感じたので，同社を退社して独立する決断をして，京都セラミックを誕生させた。」

　第4章では，金子直吉の手腕により，当時，三菱商事，三井物産を凌ぐ日本一の規模の商社に成長した鈴木商店の近代化案をめぐって，推進派である西川，高畑・永井らのインテリ高商派と，反対派である金子に率いられた丁稚から成る土佐派，両者の鋭い対立。この対立を基礎として，その後に現実となる鈴木商店の破綻と，その後に誕生した近代的な商社である日商（鈴木商店の元子会社），これらの関係に対して，高田による公生的勢力と野生的勢力の概念を援用しながら，組織の重心の概念の有効性を例証する。

　第5章では，ヘンリー・フォードをめぐる人々の具体的な経営理念によって彩られる（複数の）組織の重心を記述・説明する。すなわち，経済的であるとともに社会的・宗教的な存在，非合理的な意思決定・行動の主体として企業者・経営者を把握し，彼らが織りなす非論理的にみえる現実を，組織の重心をあてはめながら整合的に解釈する。他方で，ヘンリーによって成し遂げられた所有と経営の一致の意味を理論的に吟味する。

　第Ⅲ部は，組織の重心をマクロの見地から理論的に考察する。

　第1に，境界の問題を取り上げる。バーナードが言うように，そもそも実感として「どこにも存在しない」ことがその特徴の1つとしてあげられるのが組織である。しかし，そのままでは権利と義務の関係を明確にできず，管理する側にとってもされる側にとっても不便であるために法人という制度が設けられ，境界が明確化されている。しかし，その境界がすべてというわけではない。効率性，パワー，能力，同一性の4つの境界のうち，組織の重心は，パワーと同一性による境界と親和的である。第2に，同一性と一体化の概念を取り上げる。組織は時間の産物であるから，時間の取り扱いには慎重でなければならない。また，ライフストーリーの見地からみれば，同一性と一体化は，組織のミクロ面との接合面でもある。

　第3に，環境と組織の適合関係を反批判的に主張しているドナルドソンによる修正コンティンジェンシー理論を取り上げる。コンティンジェンシー・アプローチは主としてチャイルドによる環境操作戦略などによって批判にさらされた。そうはいっても環境決定的な面は残る，という議論に対して，組織の重心の見地から再批判を加える。第4に，スミスによる見えざる手，チャンドラーによる見える手，ラングロワによる消えゆく手を取り上げる。これらを，組織の重心の見地から統合する可能性を議論する。

　第6章では，サントスらによる4つの概念に基づく境界の，特質，意義，限界を分析する。効率性，パワー，能力，同一性の4つである。同一性と組織の重心の異同を理論的に考察すると，前者は可視的に表現できるが後者はできない。逆に，後者は具体的な人物やその思想の有無が明確であるのに対して，前者は不明である。さらに，同一性の変態は不明であるが，組織の重心は理念や価値観の対立や人間的魅力の得喪に応じて流動的である。

　第7章では，まず，同一性と一体化に関する先行研究を整理した後，遺伝子における突然変異と組織革新に共通する点を抽出する。次に，同一性，狭義の企業文化としてのCI（企業アイデンティティ），組織の重心，これらを理論的に関係づける。第3に，教育心理学におけるライフストーリーと組織の重心の理論的な接合を試み，組織の重心の位置と意義を明らかにする。

　第8章では，ドナルドソンによる組織のポートフォリオ理論を批判的に考察する。それによれば組織は8つの要素からなるポートフォリオであり，各要素には（時間とともに変化する）ある程度のリスクがあり，しかも他の要素とも

相互に関係する。4つは組織変革を促し，残る4つはリスクを小さくするか業績を高める，とされる。さらに，暫定的適合，等結果性，異業績適合，これらについても批判的に考察し，代替概念としての組織の重心の位置と意味を理論的に明らかにする。

　第9章では，共約不可能性のために組織論の将来は悲観的であるという見方を批判する。資本主義経済の理論（宇野学派），構造論的組織論，経営史（チャンドラー・モデル），これら3つの見地から「垂直統合」の説明を比較・検討する。さらに，見えざる手，見える手，消えゆく手，3つの概念の限界を指摘した後，共約不可能性に対する1つの異説（意味解釈学派）を提示して，諸説の統合可能性を示唆する。

　　　第Ⅳ部は，組織の重心をミクロの見地から理論的に考察する。
　第1に，いわゆる宇野理論における経済人モデルを取り上げて，これと新古典派経済学における経済人モデルならびに経営人（管理人）モデルとの異同を理論的に明らかにする。なぜなら，企業の理論における諸前提，企業観，それに人間モデルの変遷をふまえると，組織の重心を成す人間モデルは，宇野理論における経済人または経営人（管理人）と親和的であるからに他ならない。逆に言えば，新古典派経済学における経済人からは組織の重心を導くことはできないのである。第2に，資源ベース観（RBV）や組織能力として知られる，同語反復に陥りがちな概念，すなわち企業の能力を理論的に分析するために，その基礎作業として個人能力の本質を明らかにする。その分析枠組みとして，天賦・努力・自覚の3面に焦点を当てる。その枠組みの有効性を，経営者・一般従業員・チームワークにそれぞれあてはめて理論的に考察する。こうして，組織の重心の理論的な位置と意義がチームワークに関する個人能力との関係から導かれる。

　第3に，二要因理論における対人関係の位置に注目する。なぜなら，対人関係が衛生要因として取り扱われていることが問題であるからに他ならない。感情労働に関する事例研究の結果から，対人関係が動機づけ要因となりうることを明らかにし，組織均衡論の再構築の方向性を展望する。第4に，バーナードによる組織均衡論がマーチ＝サイモンによって不当に引き継がれたことを『オーガニゼーションズ』の仔細な分析を通じて学説史的に検証する。前者は

ハーツバーグによる二要因理論と親和的であるが，後者はそうではない。さらに，いわゆる相対所得が希求水準を規定するきわめて重要な一要因であることを試論し，これが組織の重心を規定するという仮説を提示する。

第10章では，新古典派経済人の内容と特徴に対比させ，原理論経済人（山口，1985）の内容と特徴を確認する。それをふまえて，稲葉（2010）による「企業の経済理論から企業の経営理論への変遷」と寺澤（2012）による「経営思想における人間観の変遷」に対して原理論経済人の位置と意味，経営組織論における人間モデルが果たす役割と意味を再考し，原理論経済人と経営人の異同を議論する。

第11章では，能力と時間の関係を，システム論でなく，学習する個人のレベルまでさかのぼって理論的に深く掘り下げる。第1に，能力を，心身両面における天賦の才能や資質（ability），努力の成果と限界（power），ライフ・コースにおけるそれらの自覚的な制御（consciousness）に分解する。第2に，物理的/心理的な時間と市場競争/組織文化との関係を理論的に検討する。第3に，組織の境界に対する新しい見方を提示する。

第12章では，感情労働の先行研究を，組織均衡論，個人－環境適合理論，動機づけ理論から分類する。「自発的なまことの感情」に伴うアイデンティティーと二要因理論における「対人関係」の位置づけから動機づけの問題の本質を明らかにする。また，職場内人間関係＝対顧客サービス＝経営成果の三者関係に関する調査（Fu, 2013）における発見事実に基づいて，従業員の年齢と対人関係の間の関係，上下間における対人関係に関する性差，中長期的な経営成果との関係，研究の必要性を指摘する。

第13章では，希求水準の解明とその変化のメカニズムの探究が組織動態の一般理論の構築に資することを論証する。組織均衡論への批判と反批判をふまえ，二要因理論の見地から『オーガニゼーションズ』（March and Simon, 1993）を読み解き，物的・非物的誘因の間ので揺れ，総合的満足の誤謬，それに組織革新論における物的誘因への傾斜を明らかにする。さらに，相対所得仮説と価値の両方に論争を越えた理論構築の可能性を見出す。

《本書の意義と課題》

本書は，理論的には組織の重心の概念の彫琢を，また経営意思決定において

[本書の構成（初版）]

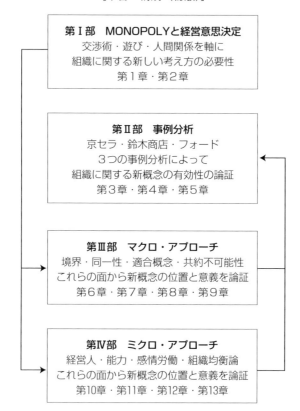

第Ⅰ部　MONOPOLYと経営意思決定
交渉術・遊び・人間関係を軸に
組織に関する新しい考え方の必要性
第1章・第2章

第Ⅱ部　事例分析
京セラ・鈴木商店・フォード
3つの事例分析によって
組織に関する新概念の有効性の論証
第3章・第4章・第5章

第Ⅲ部　マクロ・アプローチ
境界・同一性・適合概念・共約不可能性
これらの面から新概念の位置と意義を論証
第6章・第7章・第8章・第9章

第Ⅳ部　ミクロ・アプローチ
経営人・能力・感情労働・組織均衡論
これらの面から新概念の位置と意義を論証
第10章・第11章・第12章・第13章

それが持つ現実的な意義を，それぞれ展開した。

　前者に関しては，マクロとミクロの両面から組織の重心に焦点を当てて，その位置と意味を明らかにしようとした。具体的なキーワードを挙げれば，境界，同一性，適合，共約不可能性，それに，経営人，能力，感情労働，組織均衡論，これらである。

　後者に関しては，交渉術，遊び，人間関係をキーワードとして，経営意思決定に関するモノポリーの可能性を論証した。

　ここで，辻村による仮説をもう一度繰り返して確認しよう。

　経営技能の神髄は「他人を変える」ことにではなく，実は「自身が変わる」

ことにあり，究極の実践とは自己の成長にある（辻村，2001, p. 175）。

　また，自己啓発こそが究極のメッセージであるとして，内野（2006）はこう言っている。「変えられない『他人と過去』を云々するより，自分の力で何とかなる『自分と未来』を変えていくほうが，生産的である。」（内野，2006, pp. 353-354），と。

　モノポリーの実践を通じて身につけられる技能とは，具体的には，プレイヤー同士の人間関係，遊び，交渉術である。しかし，究極的には，プレイヤー自身の自己成長にほかならない。企業経営における経営技能も同様である。企業組織の説明における組織の重心の有効性については，事例分析によって例証した。すなわち，京セラ，鈴木商店，フォード，これらである。

　理論的にも実践的にも，残された課題は少なくないが，その1つを挙げておく。それはこうである。創業期企業家，すなわちオルドリッチや若林が指摘しているように，起業チームには強い紐帯が存在する。そのことを認めるとしても，そのチームは，自然人のみから構成されるのであろうか。たとえば，経営意思決定に際して参照すべき，いわゆるバーチャル賢人会議（virtual *panel of experts*: Rumelt, 2011）。これと比較して，その異同を明らかにする価値があるように思われる。

　なぜなら，創業期企業家，すなわち起業チームにおいて，そこに自然人でない要素，あるいは実際に協働に関与していない要素があるとすれば，「強い紐帯」を理論的に再構築する必要があるからである。そこに組織の重心が存在すると見立てれば，事例やデータから，「強い紐帯」から成る起業チームの実像を浮き彫りにできるにちがいない。

　2015年1月

　　　　　　　　　　　　　　　　　　　　　林　　　徹

目　　次

第Ⅰ部　協働のモーメント・*1*
■2つの尺度・ABCモデル・独立開業の事例分析

第Ⅱ部　事例分析・*35*
■新概念の有効性の論証

第 I 部

協働のモーメント
■2つの尺度・ABCモデル・独立開業の事例分析

第1章

経営の成否をめぐる
2つの尺度

第1節　はじめに

「成功」とは何でしょうか。

　これは「有訓無訓」『日経ビジネス』（2019年1月7日号）において佐藤芳之氏（ケニア・ナッツ・カンパニー創業者）が発した「問い」である。その文章によれば，佐藤氏自身によるこの問いに対する答え，すなわち事業の成否に関する尺度は曖昧である。しかし，少なくとも2通りの解釈ができる。

　第1の尺度は，興された事業が「存在意義を持った産業」に育ったか否かである。これは，たとえば，生産，雇用（所得），消費，輸出，などの面から定量的に，かつ事後的にその波及効果を検証することができる（e.g., rate of return: Hirschman, 1967, p. 8）。しかし，これには前提条件がある。たとえば，1年から数年という一定の期間で活動を統一的に区切るという操作がそれである。その前提なしには，定量的な測定は不可能であるしまた無意味でもある。

　これに対して第2の尺度は，ひとたび興された事業がその後どうなろうとも「お前は面白いから，また会社をやる時は声をかけてくれ」と言われるか否かである。これは従来の統計データで検索できる性質のものではない。しかも，第1の尺度における前提に対して，いつ，どの期間においてかが統一されることなく，個々の評価者の主観的な評価に依存する（e.g., intuitive discretion: Hirschman, 1967, p. 8）。

　元来，自由意思に基づいて人々が織り成す活動，すなわち経営行動とは，あたかも無形の生き物であるかのような「何か」である（稲葉, 1979; 稲葉・山倉, 2007）。にもかかわらず，機械的・定量的にその行動を掌握して，課税や融資

の対象を特定する考え方を押し付けることで，経営行動が不当に束縛される面があるように思われる。言い換えると，第１の尺度が強調されることで無限の可能性を秘めた伸びしろが抑制され，第２の尺度の「成功」が実感しにくくなる懸念がある（cf. Hsu, Wiklund, and Cotton, 2017）。これが問題意識である。

　この問題意識と冒頭の佐藤氏による「問い」を出発点として，以下では，同氏による２つの著作『OUT OF AFRICA アフリカの奇跡』と『歩き続ければ，大丈夫。』に依拠しながら，第２の尺度による「成功」の現実的な意義と理論的な位置を明らかにする（以下では，統一して佐藤と表記する）。

　まず，予備的考察として，経営の成否を評価する尺度として伝統的な財務指標といくつかの非財務指標を取り上げて，両者の関係を吟味する。そのうえで，佐藤による第２の尺度を組織論の視角から位置づける。すなわち，特定の経営環境に対して確立されたピラミッド型の水平的・垂直的な分業が織り成す機構の記述（狭義のコンティンジェンシー・アプローチ）ではなく，繰り返される離合集散という現象に見出される何らかの法則を試論する。それにより，第２の尺度による「成功」を理論的に相対化する。

第２節　財務指標と非財務指標

　米国において発展した管理会計では投資に対する利益の割合が経営成果の主要な指標とされてきた。わけても，あのドナルドソン・ブラウン（Frank Donaldson Brown: 1885-1965）によって開発されたデュポン方式（ROI）に代表される各種の比率指標は，投資効率を客観的に測定する手段としていまなお支配的である（上總, 1989）。その研究蓄積が豊富なアメーバ経営（アメーバ経営学術研究会, 2017; 庵谷, 2018）は，利益責任単位を明確にするという意味においてROIの延長線上にある。

　経営学では，フレデリック・テイラーによって開発された科学的管理の下，それまでの成りゆき管理に対して精神革命が起こった（Taylor, 1911）。課業管理を通じてそれまでの組織的怠業が排除され，情報処理技術の急速な発展と相俟（あいま）って経営の生産性向上がいっそう図られてきている（cf. 稲葉, 2010, 第５章）。

　その後，職務それ自体から，あるいは職場仲間によるチーム・ワークやチー

ム・プレイを通じてはじめて得られる，無形の報酬や非公式組織の重要性が明らかにされている（Mayo, 1960; Roethlisberger and Dickson, 1964; Barnard, 1968）。貨幣的評価が不可能な動機づけ要因は，その尺度が多様であるために，その測定も比較も容易ではない（Herzberg, 1966）。そのなかで，財務的な成果に直結する売上に関して言えば，営業担当者の評価基準として，とりわけ歩合給か時間給かをめぐって，それぞれに妥当な商品特性と市場環境の条件が明らかにされている（e.g., Chung, 2015; McGinn, 2015）。

　近年の管理会計では，ROIに加えて，キャプランらによるバランス・スコア・カード（Kaplan, 1984; Kaplan and Norton, 1992, 1993; 吉川, 2004）によって，顧客，学習，業務処理システム，といった複数の観点から非財務指標を通じた評価の重要性が唱えられている。これらの指標に関して，顧客が売上高と直結しており，従業員が学習と業務処理システムに関連している。顧客も従業員も貸借対照表には計上されない。オフ・バランスである。

　にもかかわらず，レビットは顧客を企業の「資産」であると喝破している（Levitt, 1981）。顧客をオン・バランス化する学術的な試み（Blattberg, et al., 2001）はあっても，実務では依然としてオフ・バランスが主流である。伝統的な経済学では，そこに具体的な顧客や得意先という概念はなく，抽象的な消費者があるのみである。また，同じ職場の仲間としての従業員という概念はなく，使用者・資本家と対峙する労働者が想定されている。かつて奴隷は資産の一部を構成していた。それゆえにオン・バランスであった（柳生, 1999）。牛や馬と同様にモノであるから，奴隷のモチベーションもインセンティブも管理上の問題ではないはずである。しかし実際には，奴隷を人的資産とみる例外的な主人もいたようである（Haley, 1976; Toner, 2015）。

　こうした議論を云々することは時代錯誤かもしれない。しかし，広い意味で「資産の運用」を経営行動とみるなら，たとえ貸借対照表に計上されていなくとも顧客も従業員も両方ともきわめて重要な経営の対象である。

　非財務を含む生データに豊富に接する，個性ある従業員と個性ある顧客がやりとりする現場から，階層を上昇するにつれて，生データは徐々に財務中心のそれへと抽象化されていく。現場からミドル・マネジメントを経て伝えられてくる情報は，トップ・マネジメントが直接現場に赴いてそこで五感を通じて感じ取る何かと比べると，両者は必ずしも同じではない。その場合，現場の事実

が複数存在することになる。

　実際，アルフレッド・スローン（Alfred P. Sloan, Jr.: 1875-1966）のように，執務室にこもってそれらの数値・データを追うことに腐心するタイプと言われた経営者もいれば，本田宗一郎（1906-1991）やサム・ウォルトン（Sam Walton: 1918-1992）のように，自ら現場を歩き回って顧客や部下の顔をみながらわずかな変化を敏感に感じ取ろうとする経営者もいる（本田, 2001; Walton, 1992）。たとえば，スローンは，ディーラーを自ら直接訪れて在庫と生産の問題を掌握し，事業部レベルによる粉飾の余地をなくして，ROIによる全社統制の実効性が没却されない仕組みを構築していった（Sloan, 1964）。

　最高経営責任者に固有の職務は分析よりもむしろ統合である。そのために，財務と非財務のデータが両方とも必要である。次節では，佐藤の経営哲学にみられる人間観と組織観を具体的に検討しながら，第2の尺度を立体的に把握する。

第3節　離合集散の錘（おもり）

　ガソリン自動車が高級品であった馬車の時代に，廉価で高賃金を特徴とするT型車の生産・販売を目的とする事業に対して，投資家を集めることは容易ではない。そのなかでヘンリー・フォードは，フォード社の設立に至るまでの間，エンジニアとしても起業家としても苦労を重ねた結果，出資者たちを募ることができた（Nevins, 1954）。

　佐藤のばあい，長期のビジョンを特徴とする自らの経営哲学を信じて苦労を重ねていたところ様々な貢献者に恵まれた，と述懐している。他方で，佐藤の人事・雇用の方針は明確である。また，銀行・コンサルタント・不在地主に対する定見もある。これらは第2の尺度と関連していて，佐藤と貢献者たちの離合集散の方向を規定するものと思われる。

　人々の離合集散の方向を規定する錘のような何かを，われわれは「組織の重心」と称している。組織の重心は，離合集散というダイナミズムの中心に位置する。離合集散のダイナミズムは，組織均衡とその更新の繰り返しと言い換えられる。したがって，組織の重心の役割と機能を佐藤の事例を通じて具体的に明らかにし，その作業を通じて，組織の重心という概念を彫琢する。

　以下では，第1に，銀行・コンサルタント・不在地主に対して共通する佐藤の定見を検討する。第2に，佐藤自らによる具体的な市場開拓の手法を紹介する。第3に，従業員に対する佐藤の人事・雇用の方針を吟味する。これらを踏まえて，第4に，佐藤を中心としてその貢献者らによって成立する組織均衡とその更新に注目し，組織の重心としての佐藤の行動が貢献者たちの外界認知と動機の「変革を促し」たことを特定する。

1　定　　見

　佐藤は自ら，不在地主のようなやり方をブラジル（1996）とドイツ（1998）で試み，その結果どちらとも投資を回収できずに撤退した。「成功とはなんでしょうか」と自問する佐藤が，これらの投資案件については「失敗」であったと明言している。

　　「失敗から私は教訓を学びました。私がケニアでやっていたように，ちゃんとそこに住んで，じっくり時間をかけて手がけるのならよいが，不在地主のように自分は外にいて人任せでコントロールしようというやり方は根本が間違っていました。ちょっとお金ができたものだから，可能性が広がった気がして，欲が深まった結果の失敗。私が『進出』と称してやろうとしていたのは，ただよそに出かけていって，土地や工場を買い，そこで作りだしたものに自分たちのブランドをつけて出す。つまりその土地や人間を利用して，利益を吸い取ろうというものでした。それでは植民地時代に宗主国がやっていたことと何ら変わりません。」（佐藤, 2012, p. 140）

　この教訓には付け加えるべき重要な点がある。佐藤は，それまでの節目節目における経営意思決定に際していつも配偶者に相談に乗ってもらっていた。にもかかわらず，ドイツの案件については定かでないものの，ブラジルの案件では，リスクを過小評価し，配偶者の反対を押し切って独断したこと（佐藤, 2012, pp. 137-139），これである。実際，多くの独立開業者の共通点として，開業前の段階においても開業後においても配偶者・恋人という（経営の現場に身を置いていない）パートナーがもっとも重要な相談相手の1人であることが明らかにされている（八幡, 1998; 林, 2016）。

　かりにブラジルの案件において配偶者の忠告通りに投資を見送っていたら，佐藤は上記の教訓を得られていなかったに違いない。逆に，この教訓をこのタイミングで得ていなかったとすれば，その後，二度と立ち直れないほどの大惨事に直面していたかもしれない。その意味でこうした教訓は，起業家・経営者が自らの過去を振り返って共通して述べているように，人間として成長するために避けて通れない節目でもある（e.g., 矢沢, 2001, pp. 20-41; 山口, 2009, p. 235; 武井, 2018, pp. 6-7)。

　逆説的ではあるが，責任を負うべき者は，自ら失敗を経験することによってのみ裏付けのある責任感を帯びることができる，といえる。というのは，本人が「これこれしかじかで自分には責任感がある」と第三者に主張しても意味がないからである。責任は権限の対概念であり，明文化されうる。これに対して責任感は権限・責任とは関係なく，他者によって受容される無関心圏（Barnard, 1968）の大きさである。他者なしには責任感は存立せず，他者によって主観的に測定・評価される。その意味において第2の尺度の本質と共通している。

　二度の失敗を経験して手負いの身となった佐藤は，銀行員やコンサルタントを目の前にして自らの定見を披露している。

　　「僕はコンサルタントというのが大嫌いです。コンサルティングを生業にしている人は，理論，言葉，情報を，カネが取れるように操っているだけです。扱っているものに実体というものがない。銀行もそうです。コンサルティング会社とか銀行とか，実体のないところで生活している人間の顔は宇宙人みたいです。日本は利権の世界ですから，みんなどうにかして儲けたい。コンサルティング会社はそこにつけこんで，こうしたほうがいい，ああしたほうがいいと，無責任なことを言う。それで結果が出なくても，どこか別のところに原因があったんじゃないかとか，私の言ったことを徹底的にやらなかったでしょうとか，いくらでも逃げ道がつくってある。要するにあなたがたは責任を取らないのです。責任を取らない人は顔つきがおかしくなってきます。」（佐藤, 2012, pp. 211-213）

　キーワードは「責任」と「目隠しの手の原理」である。最高責任者として自らが事業にコミットすることの意義を，佐藤は二度の失敗を通じて自らの教訓

として体得し，学習して成長している（Hirschman, 1967; 長峯, 1985）。商品・技術に裏付けられた長期のビジョン，顧客を獲得するための市場開拓，人事・雇用の方針，これらを一手に担うのが最高経営責任者である。しかも佐藤は，あたかも産みの親がわが子の将来を見守るかのごとく（Cardon et al., 2005; Lahti et al., 2019），譲渡後の経営に対しても関心を寄せている。折に触れて現場へ足を運び，その後の経営を気にかけている。その意味で，経済的な損失を抑えることを目的とする出口戦略（exit）と同じではない（山田・松岡, 2014; 山田, 2015, 第Ⅲ部）。

2　ビジョンと市場開拓

　佐藤は，アフリカにおいて当初から長期のビジョンにこだわって起業に着手したわけではなかった（佐藤, 2012, pp. 93-97）。段階的に追ってみよう。

　第1に，現地のニーズに応える事業を場当たり的に探った。企画倒れしたリヤカー事業に続いて，「足りないものはすべて自前で」という信念のもとで，鉛筆事業が実を結びつつあった。

　第2に，鉛筆の軸に使う材木のことを調べるために訪れた植物研究所において，そこで偶然，マカダミアナッツの実を試食する機会に恵まれた。その味に興奮を覚えて，これをケニアで産業化することを決意した。しかし，きまぐれの転機ではない。というのは，ガーナ留学以来，農業開発に関心を寄せていたからであった。ケニアの農業省へ開業申請をする際に，佐藤は，小作農型ではなく自作農型，すなわち「生産者主体の農業開発」を重視した。

　第3に，食品加工事業に必要な，資金，技術，工程・工場経営，品質管理，人，市場については，産業貿易の副社長から紹介された明治製菓によって，日本からの派遣などですべてを揃えることができた。マカダミアは苗を植えてから実を結ぶまでに7年を要する。短期の事業ではない。

　第4に，佐藤自らによる市場開拓である。それまでにおける，ガーナ留学（1963-1966）と現地採用枠での会社勤め（1966-1971）によってアフリカ文化に馴染んでいた佐藤は，形も味も不揃いなケニア産の自社商品を次のように売り込んだ（佐藤, 2012, pp. 149-153）。

　ケニア産の特色に疑問を呈されたルフトハンザ航空では，

「特色がないのが特色ではいけませんか。（中略）お客様には『このナッツは
ケニアの高地の，いろんなところで穫れたものが混ざっている。一粒ごとに環
境も違えば，日照時間も水も違う。だから，一粒一粒個性があります。マカダ
ミアナッツのバラエティをお楽しみください』と，そういうふうに言ってくだ
さい。」

また，オーストラリア産との比較で苦言を呈された国際市場では，
「アフリカだから大目に見てくださいよ。同じことをアフリカでするには時
間がかかる。今，アフリカでできているものを買って，食べることによって，
あなたがたがアフリカの開発に参加するというふうに考えてもらえませんか。」

アフリカが経済的に自立して困窮から脱出できれば，アフリカから欧州諸国
への移民をめぐる諸問題を解決できる。加えて，移民たちがアフリカ母国へ帰
国するようにもなる。こうした世界平和という長期的なビジョンが佐藤の経営
哲学の根幹にある。
　第5に，1974年にケニア・ナッツ・カンパニーを設立して以来，最高経営責
任者として携わった佐藤は，2008年に同社から離れて，その後，ケニア，ルワ
ンダ，日本において，オーガニック・ソリューションズ（微生物事業）にコ
ミットしている（佐藤，2012, pp. 197-204; 2014, pp. 194-197）。バクテリアが化
学物質で汚染された地球の表面を浄化するのに400～500年を要すると言われる。
したがって生涯，その成果を目にすることができないとわかっていても，人類
の生存期間を延ばすことができると信じて，佐藤はその事業に打ち込んでいる。

3　人事・雇用の方針

　第1に，佐藤の人間観は個人の自由と責任を尊重するものであり，伝統的な
パターナリズムとは異なる。

「優秀な人は会社からどんどん出ていって，自分自身の新しい仕事を始め
るべきである。そうして新しい価値を生み出し，社会に貢献する。会社に抱
え込んで縛り付けると，本来優秀なはずの人材を潰しかねない。」（佐藤，
2012, p. 188）

　第2に，佐藤の組織観は，以下にみるように理論的にはワイク（Weick）のそれと通じており，オープン＆ナチュラル・モデル（Scott and Davis, 2007, p. 112: Table 5-1; 岸田，2009a, p. 336: 表終-1）に分類される。

　　「相互理解ではなく，ビジネスは共感によって成り立つ。2人で一緒に稼いで分けました。そのおカネで，僕は旅行をしてエンジョイした。君は婚約者に指輪を買ってエンジョイした。次もエンジョイするために，また2人で儲けようか。ビジネスは本来，こうしたとてもシンプルなコミュニケーションで成り立っている。」（佐藤，2014, p. 174）

　しかしながら，第3に，ひとたび雇用関係に入ると明確な方針で処遇しており，理論的にはそれは古典的な管理過程によるものであり，上記オープン＆ナチュラル・モデルの対極に位置するクローズド＆ラショナル・モデルに分類される。

　　「人材は，育て，育っていく。最初から枠にはめないで，仕事ぶりを見て，適材適所を大事にして育てていく。人を磨いていくうちに，ダメな場合は容赦なく落とす。」（佐藤，2012, pp. 107-108）

　育てるべき部下が優秀であればどんどん出ていくべきであるし，ダメな場合は容赦なく落とされる。であれば，適材適所を大事にしつつ人を育てるとは，いったいどういうことであろうか。ダメかダメでないかの基準は何か。これについては後で検討する。とはいえ，佐藤は従業員を軽視しているわけではない。利益はすべて再投資と従業員還元に向けており（佐藤，2012, p. 109），配当重視の経営方針ではない。また，経営における人の重要性を明記している。

　　「会社経営に必要な要素は，資金，人材，設備，技術，資材，流通，マーケティングなどいろいろあるが，そのなかで一番大切で，なおかつ一番確保するのが難しいのは人材である。」（佐藤，2012, p. 102）

　ここで指摘されている「人」は従業員だけではない。「走り続けていれば，

しかるべきタイミングでしかるべき人があらわれて力になってくれる」（佐藤,
2014, p. 70）と述べているように，佐藤がケニアでナッツ事業を始めるにあ
たって，資金から品質管理までのすべてについて人脈を通じて明治製菓から全
面的な協力を得ることができた。それ以前には，インド商人によって阻まれた
事業がいくつかあったと佐藤は述懐している。支え（貢献者）にもなれば妨げ
にもなる。それが人である。「確保が難しい」とはそのような意味であると考
えられる。

4　組織均衡の更新メカニズム

　組織均衡の更新は離合集散のダイナミズムと言い換えられる。事例の概略は
次のようである。佐藤がアフリカで事業を興すと，そこに貢献者が集い，やが
て経営が軌道に乗ると，佐藤は地元の人たちに資本を譲った。他方で，当初参
集していた貢献者たちもまた散っていき，その先でそれぞれに活躍している。

　　「創業メンバーの役割は，会社という種を蒔いて大きく育てること。木に
　ついた実の収穫は次の世代がやればいい。」（佐藤, 2014, p. 122）

　佐藤は，常に一定のイメージを持ち，経験を重ね，そのなかで成長している。
固有の経験と独自の人脈をつなぎ，また逆につないでもらい，行きつ戻りつす
るなかで，貢献者たちによる組織均衡が成立し，開業に至っている。しかし，
その経営の終盤（成熟期ないし衰退期）までコミットすることはない。別の分
野または別の地で，次なる開業に挑み，新たな貢献者たちとの協働を通じてそ
こで新たな組織均衡が成立する（更新）。その繰り返しである。
　理論的には，こうしたダイナミズムの全体像は構造統制と組織化の過程（**図
１-１**：岸田, 1994, p. 14）によって説明される。しかし，この矢印の部分を推
進させるメカニズムは必ずしも十分に解明されていない（cf. 岸田, 2019）。端
的に言えば，個人レベルにおける外界認知と動機づけの「変革を促す何か」で
ある。**図１-１**の左下から右上までにあっては，互いに異なる目的の間で手段
が一致していく過程（organizing）である。**図１-１**の右上から左下までにあっ
ては，そのような一致が繰り返されることによって生じる手段の目的化，すな
わち手段と目的の転倒による機能不全を回避するために，そこから離脱してい

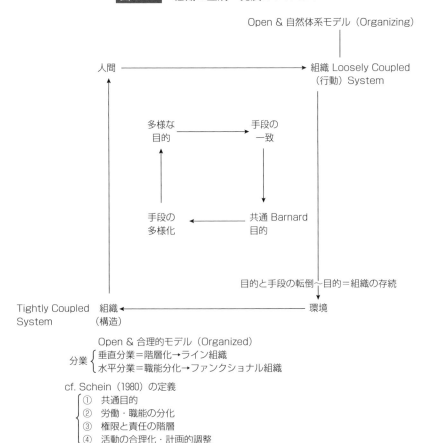

図1-1　組織の生成・発展のプロセス

出所：岸田（1994, p. 14）

く過程（organized）である。両過程はいわばヤヌス（Janus）であり，同じ変革過程の異なる側面である。

　この課題に関連する主な先行研究は，漸進的/急進的変革（Tushman and Romanelli, 1985; Romanelli and Tushman, 1994），組織均衡論における誘因と貢献のバランス（Barnard, 1968; March and Simon, 1993），組織革新論における最適ストレス（March and Simon, 1993），組織化におけるセンスメイキング（Weick, 1969, 1979），エフェクチュエーション（Sarasvathy, 2008），である。

　事例で考えてみよう。佐藤は，一方で，事業を興す際に「しかるべきタイミ

ングでしかるべき人があらわれて力になってくれる」と述べている。他方で，「木についた実の収穫は次の世代がやればいい」と述べて，自ら興した事業から実際に退いている。これらが一過性のきまぐれや偶然によるものでないとすれば，どのような条件の下で変革は成就するか。その手がかりを佐藤が示唆している。

　　「仕事とは何か。ビジネスとは何か。このこたえは世代によってさまざまである。」（佐藤, 2014, p. 105）

　いま，「世代」を「その人の状況」と置き換える。すると，加齢，健康，家族といった個別特殊的な状況が，その答えに影響を与えるはずである。状況次第で，第1の尺度を重視する答えもあれば，第2の尺度を重視する答えもあるであろう。第1と第2の尺度はそもそも共約不可能である。したがって，各種調査によくみられる「生活満足度」という単一の尺度は，あまり意味のない判断を回答者に求めるものと考えられる。行動経済学においても，不満と満足が同一次元で捉えられている（e.g., 影山, 2015）。
　それに対して近年の幸福学研究によれば，物質的な豊かさよりも心の豊かさに価値を置くことで幸福度が増加することが明らかにされている（e.g., 佐々木, 2008）。ただし，伝統的な限界効用逓減の法則やヘドニック・トレッドミル仮説（hedonic treadmill）とも相俟って，馴れや慢心を含む広義の適応（habituation/adaptation）の，人間の幸福度に対する影響については未解明である（e.g., Clark et al., 2008）。具体例でみてみよう。
　人生の四季（Levinson, 1986）にしたがえば，佐藤の経歴（2014, p. 16）は大きく4期に分けられる。幼少期からガーナ大学附属アフリカ研究所留学まで（I期：〜26歳），ケニア・東レ・ミルズ社時代（II期：〜31歳），独立開業の試行錯誤を経てケニア・ナッツ・カンパニーを設立し，同社を軌道に乗せ，現地の人たちへその経営権を譲渡するまで（III期：〜66歳），微生物事業に着手して以降（IV期：〜2019年現在），である。
　I期では，10歳のときに左目に網膜剥離を患い隻眼となっている。高校時代にアフリカの独立に興味を持ち，大学時代にアフリカ協会で師事した福永英二氏からガーナ大使を紹介され，その縁からガーナ大学に研究生として留学した。

この留学が起業家たる佐藤の礎となっている。

　Ⅱ期では，ケニア・東レ・ミルズ社に自ら希望して現地採用され，現地人に寄り添って職務をまっとうするなかで現地人との付き合い方を学び，退職までの5年間で企業経営全般をOJTで体得した。他方で武子夫人と結婚し，二女を授かった。家計をひきしめ，支えてくれることだけではなく，重要な意思決定の相談相手としても，佐藤は心から夫人を尊敬している。そのような状況にあって，佐藤は東レ本社による正規採用のオファーを断り，日本で約10ヶ月間，フリーターとして過ごした（「心の豊かさ」＞「物質的な豊かさ」）。

　Ⅲ期では，野生動物が多くかつ治安のよくないアフリカでの長期滞在で，幾度となく死と隣り合わせになる経験をしている。財務・会計の専門家である菅原正春氏を退社後の後任として紹介した後も，菅原氏とともに36年以上の長期にわたって仕事をしてきた。たとえば，現地では，鉛筆，製材，ナッツの事業の経営・管理をし，菅原氏の帰国後は，ナッツの輸入販売会社ニダフ・ジャパン社長としてナッツ事業の支援を行った。佐藤が始めた事業には，多くの貢献者が集ってその成長を後押しした。しかし，他方で，ブラジルとドイツでの失敗（「心の豊かさ」＜「物質的な豊かさ」：一時的な慢心）もこの時期であった。

　Ⅳ期では，ケニア・ナッツ・カンパニーから全面的に退いた後，次なる微生物事業に着手している（「心の豊かさ」＞「物質的な豊かさ」）。また，長女が米国でナッツ会社を設立する際に，助言をしている。

　以上より，Ⅲ期に焦点をあてると，そのダイナミズムは次のようになる。ナッツカンパニーの開業期から成長期において，ナッツ，会計，機械（明治製菓から中田和彦氏，後任の入江栄一氏），食品衛生など，各分野の専門家が集まって貢献した。

　佐藤は自身のⅢ期をふりかえり，2011年に引退した菅原氏を第1として，特筆すべき貢献者7人を紹介している。第2に，菅原正春ニダフ・ジャパン社長の後任，江黒実氏は，日本のマカダミア業界のドンと呼ばれている。第3に，初期の工場長関谷正人氏は，タンザニア駐在後，静岡で紅茶事業を起こして業績をあげている。第4に，集荷，地域販売，輸入出で貢献した，ナッツ販売のプロ坂部治郎氏は，帰国後，ニダフ・ジャパンの役員に就いている。第5に，工場の拡張・管理，加工機械の設計・製作，技術面で貢献した塩田正広氏は，日本を拠点としてナッツの国際ビジネスの権威としてハードナッツ・インター

ナショナルの社長をしている。第6に，工場の事務システムを完備させた倉沢
順氏は，米国東部の機械メーカーで勤めている。第7に，車両の整備・修理メ
ンテナンス担当であった北村仁志氏は，トヨタケニアで工場長をしている（佐
藤, 2012, pp. 114-115）。

　個々の貢献者の状況については必ずしも詳らかにされていない。そのなかで，
ちょうどフォード社の設立過程がそうであったように，どの貢献者にも共通す
る点がある。佐藤と事業にかかわる際に，一定の経済的なリスクを覚悟したに
違いないという点である。しかし，そのリスクを受け入れてでも自らを貢献に
向けて駆り立てる何かがあった。これに関して，佐藤がもう1つの手がかりを
与えている。

　　「人の一生を決めていくのは，言葉や信念よりもむしろ，五感を通して起
　　こるビリビリとしびれるような感動である。そこから生まれるエネルギーの
　　大きさは，理屈で納得して動くエネルギーの大きさとは比べものにならな
　　い。」（佐藤, 2014, p. 60）

「感動」とは，佐藤自身の起業活動と経営行動を貫くキーワードである。そ
の内容は上記7人を含む貢献者たちの側にもあてはまる。であるからこそ，彼
らは佐藤がナッツ事業から退くまでの間に，そこから離れて，別の地で，別の
事業で，別の貢献者たちとともに，それぞれにあらたな人生を歩んでいる。

　そうであれば，佐藤を含めて，貢献者たちの外界認知と動機づけの「変革を
促した」のはいったい何か。越出（2008）によれば，企業家精神の醸成過程は
起業家の学習にあり，具体的には，先人を手本にすること，事例による追体験，
さらには自らの経験によってその価値が決まる。その前提には，経営が技能
（アート）であるという考えがある（pp. 13, 113-114）。絵画・彫刻・映画・音
楽などがそうであるように，起業家・経営者の技能（アート）の価値は，評価
する（貢献者）側の主観に依存する。

　以上から，佐藤と貢献者たちをつなげる何か（組織均衡の成立）。その後，
そこから離れた貢献者たちを次のどこかにつなげる何か（組織均衡の更新）。
経営行動を方向付け，離合集散を規定するのは，第1の尺度に通じる理屈や損
得勘定ではない。むしろ，「ビリビリとしびれるような感動」が第2の尺度の

本質であり，「変革を促す何か」の正体である。

<h1 style="text-align:center">第4節　おわりに</h1>

　たしかに，加齢，健康，家族の個別特殊的な状況は，第2の尺度に対する制約条件である。しかし，そのような制約条件は第2の尺度による評価が十分に大きければ簡単に凌駕されてしまう。であるからこそ，たとえ，高齢であっても，身体に障がいがあっても，家族の反対があっても，それを乗り越えて進んで貢献するケースが現実に観察されるのである（Hsu, Wiklund, and Cotton, 2017）。

　また，起業家は生身の人間である。佐藤におけるブラジルとドイツでの失敗は，第2の尺度を軽視ないし見誤ったことによる結果であった。反面，佐藤自身の，起業家としての学習，さらなる成長のために必要な部分でもあった。佐藤が自らを「おこしや」と称しているように，起業・創造的活動にはそれぞれの「感動」に導かれた貢献者の参集・関与が欠かせない。その成否（組織均衡の成立/不成立）のカギは第2の尺度である。第2の尺度を無視または軽視して損得勘定ばかりを優先させて，失敗による学習を排除すると，「お前は面白いから，また会社をやる時は声をかけてくれ」と言われることがなくなり，結果として起業は成就しない（不成立）。

　とはいえ，第1の尺度に通じる理屈や損得勘定が全面的に無用というわけではない。「磨いていくうちに，ダメな場合は容赦なく落とす」際の基準は，非定常的な起業・創造的活動よりもむしろ，定常的な活動に十分貢献できているか，経歴に応じて伸びているかどうかであろう。こうして，事業のライフサイクルのなかで第1の尺度と第2の尺度のバランスがとられていることが，経営行動における技能（アート）の側面である。

第2章

独立開業の過程

第1節　はじめに

　この章では，潜在的な起業者（または，独立開業者予備軍，起業家予備軍）が顕在化する現象に注目して，実際の起業者に対するインタビュー調査に基づき，その過程を具体的に記述・説明する。潜在的な起業者とは，具体的に継続的な営利取引に至るまでの懐妊（独立開業を決意のうえ，種々の人的・社会的資本を基礎として開業準備に着手している）段階にある者（nascent entrepreneur: Reynols and White, 1997）ではなくて，懐妊に至る前の（開業の決意に至っていない，または開業準備を意図していない）段階にある者を指している。その意味で，いかにして火がひろがっていったかではなく，いかにして火がついたかに焦点が当てられる。

　一般に認められた，起業者とそうでない人をはっきり分ける行動科学上の特質はない（高橋, 2007, p. 201）と言われる。にもかかわらず，潜在的な起業者が事業機会を認識するとき，2つのパターン，危機触発型と夢・志誘導型があるとされる（GEM, 2002, p. 16）。高橋（2007）によれば，その差は，A対象物（出あい），B環境（置かれた条件），C認識者（能力や問題意識），の3つの組み合わせ（以下，ABCモデルという）によって生じる。したがって，同一の経験や体験は事業機会を認識するための必要条件にすぎない（高橋, 2007, pp. 58-78, 100）。

　この考え方によれば，いかにして火がついたかは，特定のBのもとで，CとAがどのように相互作用したか，によって決まる。そのばあい，先行研究（e.g., Cooper and Artz, 1995; 安田, 2004; 鈴木, 2012）が示すように，それらの

「組み合わせと相互作用」の結果，危機触発型（財務上の伸張）よりもむしろ夢・志誘導型が，顕在化後の安定的な経営に関係する傾向にある。

　この章における知見を先取りして述べると，Aとの相互作用を経た結果，事前のBと事後のB′を比べると，CにとってはBとB′は必ずしも同じではない。いわば，発火（懐妊）を阻むべき要素Bが，一定の相互作用を経て，逆に発火（懐妊）を促すべき要素B′へと変化しているのである。ただし，本人C以外の第三者からは，外観上，BとB′が同一にみえるにもかかわらず，である。

　たとえば，本人Cにとって，起業そのものに対する自信がないBから根拠がはっきりしないものの自信に満ちたB′へ，取り組むべき業界の知識を持たないBから仕事をしながら学べばよいという態度を帯びたB′へ，などである。本研究で紹介する事例はいずれもこういった道筋を辿っており，かつ夢・志誘導型である。言うまでもないが，逆に，発火阻止の圧力（認識）が強まり，懐妊ないし起業に至らないという道筋も現実にはありうる。

　ABCモデルにおけるCの認識に基づいてBが変化する過程は，モーリスら（Morris et al., 2011）による「起業につながる体験の概念的モデル」（**図2-1**）で把握される。起業の文脈においてAET（Affective Events Theory）を含む先行研究をふまえたモーリスらによる仮説を整理するとこうである。まず，感情面における正の変化が生じるとCの見方が一変する。その後，感情面の起伏を伴いながら経験を積み重ね，しかも必ずしも直線的に顕在化に向かうわけではない。早晩，物的資源の獲得と相俟って，いわゆる懐妊期を経て，起業者の誕生に至る，と。したがって，BがB′に変化する要因はCの感情面での正の変化である（e.g., Damasio, 1994; Bechara and Damasio, 2005; Camerer, et al., 2005; Hayton and Cholakova 2011）。ただし，**図2-1**において，いかに火がついたかを説明するのに不可欠な，AとCの相互作用は捨象されている。

　他方で，Aとの相互作用のなかでC（アクター）が個人的な資源の限界を克服する現象を対象とする先行研究に社会ネットワーク理論（ANT: Actor Network Theory）がある。たとえば，強弱を伴う紐帯が複雑に混在する社会ネットワークのなかで，社会的資本が束ねられていく事象の中心にアクターを見出すことができる（Lin, et al., 1981; Burt, 1997; Portes, 1998）。アクターは，具体的で個人的な経験（Cope and Watts, 2000）と感情を伴う学習に基づいて，即興的に社会的資本を束ねていく（Louridas, 1999; Hmieleski and Corbett,

図2-1　起業につながる経験の概念的モデル

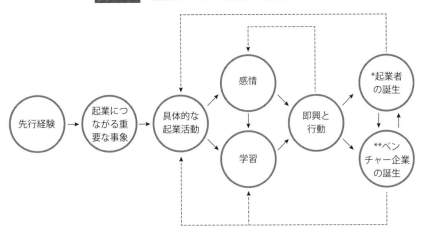

注：*起業者の誕生と**ベンチャー企業の誕生の間にある実線の矢印は両者のつながりを示している。いずれの誕生も先行事象・変数（○）に依存するわけではなく，時系列的に先後の関係にあるにすぎない。実線は直接的な結びつきを，点線はフィードバックを，それぞれ示している。
出所：Morris, et al.（2011, p. 18）

2008）。アクターが経験とともに成長していく事象はベンチャー企業の誕生の過程でもある（Tajfel and Turner, 1986; Ireland et al., 2003; Downing, 2005）。その過程それ自体はアクターが事前に予想できる以上の変化を伴うものであり本質的に統制不能である（Gartner, 1993; Plowman, et al., 2007）。しかもそのような事象は起点も終点も曖昧であり，かつ継続的な性質を帯びている（Deleuze, 1994; Cope and Watts, 2000; Weiss and Beal, 2005; Morris et al., 2011）。

　以上をまとめると，Cにとって，特定のどの相手Aとの特定の相互作用が，BをB′へと変化させ，それに伴って経営資源が束ねられていく（火がひろがっていく）。ここで，ひとたびついた火が，その後ひろがっていく過程におけるCの行動原理，すなわち正の感情を帯びた状態にあるCの行動原理は，サラスバシー（Sarasvathy, 2008）が言うエフェクチュエーション（effectuation）[1]で説明される。しかし，コーゼーション（causation）ではなくエフェクチュエーションの論理によってCの行動が導かれる要因，すなわちCの感情面における正の変化を起点にして火がつくメカニズムについて，サラスバシーは説明して

いない。言い換えると，ABCモデルを，ANTにおけるアクターのエフェクチュエーションとAETに接続することが本研究の学術上の目的である。

　そのために，以下では，4つの事例を取り上げて，第1に，潜在的な起業者が顕在化する過程を実態に即して詳述する。第2に，ABCモデルを事例にあてはめつつ，BがB′へと変化した要因の抽出・説明を試み，CとAの相互作用を介しての，火がつくメカニズムを分析する。第3に，探索型研究としての本研究の位置と意義を整理して，今後の展望を行う。

第2節　調査の概要

　本研究では，マクロミル社の協力のもと2014年9月5〜6日にインターネットリサーチによって実施した「起業に関するアンケート」の回答者1,030人[2]に対して，名古屋会場と東京会場を指定し，回答内容に関して具体的に詳細を語ってもらうことを目的とするインタビュー調査への協力を募った。両会場で計約30名の候補者リストから，開業の時期，年齢，年収，等が偏らないように調整し，名古屋と東京でそれぞれ2014年10月12日と11月2日に，ひとりあたり60分程度実施した。また，同社とは関係なく，2016年2月11〜12日，愛知県豊田市の店舗で筆者の知人1人に対して，60分程度で2度，同様のインタビューを実施した。本資料で紹介するのはそれらのうちの4人である。その概略は**表2-1**の通りである。

第3節　事例と分析

　独立開業に至るまでの過程の実態を深く掘り下げるために，事例の詳述にあたっては，ABCモデルにおける，A対象物（出あい），B環境（置かれた条件），C認識者（能力や問題意識），3つの要因の組み合わせと相互作用を特定しつつあてはめる。取り上げるのは，開業計画に対して，当初はCがAから反対を受けた事例（ケース1，ケース2）と，当初からCがAから支援[3]を得た事例（ケース3，ケース4）である。固有名詞はいずれも仮名である。

表2-1　独立開業の過程：インタビュー調査のまとめ

観点	ケース	アクター 認識者C	分析者の解釈 事業機会の認識	Cによる証言 当初からの支援者A(→正の感情)	当初の反対者A(→負の感情)	火がついたタイミング(懐妊の契機)	懐妊前のCが認識する環境B	外観上BとB'(またはB")は同じ 懐妊後のCが認識する環境B'	懐妊後のCが認識する環境B"
1		コンビニエンスストア加盟店経営者(40代)ユキオ	夢・志誘導型	実母、亡実父サトシ(A1)、実母の配偶者シゲル(義父)、勤務先の顧客(経営者など)(A2)	配偶者セイコ(A3)とその父親アキヒロ(義父)(A4)	勤務先の株式会社化	プロ・ゴルファーを断念してのゴルフ会員権販売・営業会社勤務としてのせさ父サトシ(A1)との関係	プロ・ゴルファーの代償としての経営者・営業としてのせさ父マサヒロ(A1)との関係	（／）
2		キャバレー・グループ・オーナー経営者(50代)ユタカ	夢・志誘導型	大学時代からの友人カズオ(A1)	配偶者リエ(A2)	左遷(外郭団体への出向命令)	地方公務員としての友人カズオ(A1)との関係	経営者としての友人カズオ(A1)との関係	（／）
3		公認会計士事務所代表(40代)コウジ	夢・志誘導型	配偶者アキエ(A1)、自身の両親(A2)	なし	マサヨシ、コウイ、ヤスハルらとの共同経営者間での対立	転職、共同経営から、単独で独立するまでのアキエ(A1)や自身の両親(A2)の葛藤に対する負い目と感謝	転職、共同経営から、単独で独立するまでのアキエ(A1)や自身の両親(A2)の葛藤に対する負い目と帳消しした自負	（／）
4		飲食店経営者(50代)カスミ	危機触発型 夢・志誘導型	配偶者ショウコ(A2)、元上司となったヒロタカ(A1)→NPO代表者(A3)	なし	買収提案に応じたヒロタカから一族のアタミ三社からの離脱→NPOとの出会い	ヒロタカ(A1)が率いるアタミ三社(B)	ヒロタカ(A1)らが離脱、独立後の場当たり的な運営のアタミ三社(B')	ジェビエ・メニュー重視のメッセージを中心とする運営のアタミ三社(B")への接続

注1：事業機会の認識はGEM(2002)による。
注2：Aは対象物、Bは環境、Cは認識者、をそれぞれ指している(高橋, 2007)。
注3：ケース分析を通じて、ABCモデル(高橋, 2007)を基に、AET(Affective Events Theory)とANT(Actor Network Theory)との接続を試みている。
出所：インタビューに基づき筆者作成。

ケースⅠ　コンビニエンス・ストア加盟店経営者（40代）ユキオ

(1) 事実経過

　ユキオ（C）は小学生の頃，プロ・ゴルファーを目指していた。「好きな道に挑戦して精一杯生きなさい。」亡き父マサヒコ（A1）はこう言ってユキオを経済的にも精神的にも支援していた。しかし，ユキオが17歳のときに他界した。その後，プロとしては成就しなかったけれども，ゴルフつながりで就職したユキオは，経営者やそのOBを主な顧客（A2）とするゴルフ会員権の販売・営業を担当し社会人としての経験を積んでいった（B）。

　34～35歳になり，折しも勤務先の株式会社化をユキオは自身の転機と捉えた。というのは，「プロ・ゴルファーという夢に代えて，職業は異なるもののずっと抱き続けていた独立への強い意思，燻り続けていたその種火を，コンビニエンス・ストアFC加盟店の経営で大きくしたい。」ユキオはそう決意しつつあったからである。

　ユキオの妻セイコ（A3）は勤め人としてのユキオの転機をうすうすと感じとっていた。「せっかく今の仕事に馴れて安定してきたのに，辞めちゃうの。」そう懸念するセイコに対して，ユキオはこう説得した。

　「セイコが心配になるのは当然だし，理解もできる。でも，ずっとこのまま勤め人として人生を終えるよりも，会社が変わろうとしているこの機会に，会社を辞めて，好きな道に挑戦してみたいんだよ。じゃあ，こうしよう。3ヶ月試しにやってみて，それから，またどこかに再就職するか，そのままFC加盟店の経営を継続するか，考える。」

　こうしてセイコはユキオに説得され，それによってユキオは自身の退路を断つこととなった（B′）。他方で，ユキオの義父シゲル（マサヒコ他界後の母の再婚相手）は，ユキオとセイコによるFC加盟店の経営に反対することなく，むしろ賛同した。シゲルは金物屋の店主である。これに対してセイコの父アキラ（A4）は，ユキオとセイコによるFC加盟店経営について否定的であった。アキラはスポーツ洋品店の店主である。ユキオによれば，

　「アキラさんは，セイコとの結婚前から，自分がプロ・ゴルファーを目指していたことを知っていたんですよ。たぶん，そのことも反対の理由の1つであったかもしれません。」

　３ヶ月が経過して，１号店の経営は順調であった。セイコとの約束通り，ユキオはそのまま加盟店の経営を続けることとなった。こうして，アキラもまたユキオの加盟店経営を認めるに至った。１号店開業から数えて３年後，ユキオらは２号店を開いた。両店舗で５人を雇用している。今後，両店舗の様子をみながらさらに店舗をふやしていく予定である。

(2)　分　　析

　配偶者が勤労者であれば，独立開業の構想をその相手本人から打ち明けられたとき，戸惑わない人はいないであろう。というのは，頑固に反対すれば愛する者の夢を打ち砕くことになるし，安易に賛成すればそれまでの安定的な生活を自ら手放すことになるからである。

　母の再婚相手シゲルの説得は必要なかったものの，それまでに一定の社会人経験を積んでいたユキオ（C）は焦らなかった。３ヶ月という試みの期間を設けることで，セイコ（A3）と，セイコを通じてアキラ（A4）を，慎重に説得した。

　ユキオの独立開業に対して当初やんわりと否定することにより，ユキオが本気かどうかを確かめようとしたセイコとのやりとり，それに加えてマサヒコ（A1）による生前の言葉が，ユキオの強い支え（正の感情）となった。こうしてB（安定した生活を提供してくれる勤め先としての会社という環境）はB′（起業の実現に向けて社会人経験を積ませてくれた職場という環境）に変化した。そのように分析できる。

　ユキオにとって，コンビニ加盟店の経営は，ゴルフ会員権の営業・販売というそれまでの社会人経験がそのまま活かせるわけではない。しかし，その営業・販売における顧客と潜在顧客の職業は多岐に渡る。オーナー経営者にせよ雇われ経営者にせよ，多くの経営者も含まれている。営業・販売を実践するなかで，そういった経営者やそのOBたち（A2）の具体的な経営問題に関して直接会話する機会にも恵まれる。そのなかで，総合的な経営に対する自信を高めていった（B→B′）ものと考えられる。

ケースⅡ　キャバレー・グループ・オーナー経営者（50代）ユタカ

(1)　事実経過

　ユタカ（C）は首都圏の出身である。首都圏にある著名な私立大学の法学部

を卒業後，地元の地方自治体に公務員として就職した。ある程度まではそこで昇進したものの，40歳になる手前の段階で，ある外郭団体への出向を命ぜられ，これを不遇として受け止めた。これを転機と捉え，ユタカは独立開業を検討しはじめた。

　というのは，大学時代の友人であるカズオ（A1）がすでに自動車の中古車販売業を開業してうまくやっていたからである。このため，独立開業のノウハウ等について，ユタカはカズオに詳しく相談する機会に恵まれていた。しかし，他方で，ユタカにとってカズオはある意味でライバルでもあった（B）。

　「公務員を辞めて，独立して起業しようと思う。」ユタカが妻リエ（A2）にそう持ちかけたところ，「せっかく長く勤めて昇進も重ねてきたのに，いまさら辞めるなんてとんでもない。独立とか起業とか，何の保証もないし，十分に安定している生活を捨てるなんてありえない。」と猛烈に反対された。

　結婚前，リエは百貨店勤務であったが，カズオとの結婚を機に専業主婦となっていた。ふたりの間には娘が2人いる。

　「実は，カズオから会社経営のノウハウを詳しく教えてもらっている。開業に必要な資金は信用金庫から貸してもらえることになっている。リエに勤めに出てもらおうと思ってはいない。今までの生活のなかで，何かを我慢するとか，何かを変えてくれとも言わない。子どもたちも先が心配かもしれないが，俺はどうにかやっていく自信があるし，とにかくベストを尽くそうと思っている。」

　このように，手持ちの定期預金に加え，地元の信用金庫から数百万円を開業資金として調達できることなど，計画の具体性を示して，繰り返し説得を試みた。

　「効率的な会社経営がどういうものか，顧客サービスの何をどうすればうまくいくかを俺はわかってるつもりだ。それに，どういう経営ではうまくいかないかもだ。いいか，たとえば，……。」

　はたして，ユタカはリエの反対を諦めさせることができた。

　最初は，雑居ビルにテナントとしてキャバクラを開店した。続いて，店舗の経済的効率の追求と対顧客サービスの充実を両立させ，ユタカの個人経営はその3年後，法人成りした。ユキオにとってライバルであるカズオから素直にノウハウを学び，それを愚直に実践したことが実を結んだかたちである（B'）。

　その後，金融業者からの情報をもとに，倒産しかけている他店のオーナー経

営者に対して事業再生を条件に買収するとともに，雇用契約を結び，そのオーナーを雇われ経営者として配下に置く。こうした手法でユタカは次々に傘下の店舗を増やしていった。

　具体的には，一方で，雇われ店長に対して毎日の営業報告を義務づけて売上にノルマを課す。他方で，店内の改装やメニュー変更など店舗経営の全般にわたりユタカが直接指揮する。傘下の店舗は関東圏だけではない。浜松，名古屋，大阪，島根など，広範囲に及んでおり，買収相手には，キャバレー，クラブのほか，居酒屋業も含まれている。

　ターゲットとしての救済対象と交渉に入る前，ユタカは，必ず自ら足を運んで1ヶ月ほど滞在し，一顧客として現状の店舗運営を内密に視察して，改善の可能性と問題点を洗い出す。いわゆる現地現物主義である。

　こうしてユタカの事業展開に脂がのってきたころ，リエが病死した。残された娘たちはすでに成年であるため，ユタカは彼女たちを実家に残し，再婚することもなく，他の都市で独居し，事業に専念している。

(2)　分　　析

　まず，カズオ（A1）とリエ（A2）の存在，次に，カズオから経営ノウハウを学んだこと，それに加えて，リエを説得するために熱意をもって繰り返した具体的な計画のブラッシュアップ，これら（CとAの相互作用）を通じて，ユタカ（C）の正の感情が高まっていった。その末に火がついたと分析できる。

　公務員を辞めて独立開業したことで，カズオと自身の関係に対するユタカの見方が変化している（B→B'）。ユタカとカズオの関係は，第三者からみれば大学時代の友人であって，そこに何らの変化もない。しかし，ユタカのなかではそうではない。ユタカにとってカズオは，友人であり，ライバルであり，メンターでもある。それらの濃淡は独立開業の事前と事後で微妙に変化している。要するに，ユタカにとって，地方公務員の立場はカズオに対して対等ではないが，民間企業の経営者の立場は対等なのである。

　一方で，リエや子どもたちからみれば，公務員としてのユタカのほうが，自動車中古車販売業の経営者であるカズオよりも，経済的に安定しており，安心できる存在であった。ユタカ自身もそのことは承知していた。しかし，そうであるからこそ，反対するリエの説得を経て，自分の意志で公務員を辞めることで退路を断ち，自らを鼓舞するなかで，ユタカの正の感情も高まっていった。

　ユタカの事業機会の認識はけっして危機触発型ではない。ユタカの事業機会の認識を夢・志誘導型とみれば，カズオやリエと，ユタカとの間の一連の相互作用は，独立開業の実現に向けて首尾一貫したものと解釈できる。

　ユタカの経営上の知識に関してみると，ずっと公務員であったためにキャバレー経営に精通しているわけではない。しかし，特殊な技術や技能が求められる製造業ではなく，流通・サービス業なら全般的な経営ノウハウや基本は共通している。ユタカはカズオからそれらを謙虚に伝授してもらい，また貪欲に吸収することで，経営に必要な知識とノウハウを得たのである。

ケースⅢ　公認会計士事務所代表（40代）コウジ

(1)　事実経過

　長い目で見た自らの人生の方向に迷いつつも，コウジ（C）は首都圏にある大学の理工系学部を卒業後，電機系メーカーに就職した。それから1年後，在学中から興味を持っていた公認会計士への転身を決意した。ただし，監査業務が具体的にどんなものかは知らないままであった。

　メーカーに勤務しながら，通信制の予備校でビデオ講義を受け，国家試験に合格した（B）。合格後，メーカーを辞めて某監査法人へ転職した。その転職の前にアキエ（A1）と結婚していた。転職後5年が経ち，職場仲間の会計士マサヨシから声をかけられた。

　「他の仲間の会計士コウヘイ，ヤスハルらとともに，4人で共同して独立しないか。」誘われるままに，事務所を4人の共同で経営することをコウジは決断し，アキエにそのことを打ち明けた。

　「いまの監査法人を辞めて，仲間といっしょに独立しようと誘われて，その話に乗ってみようと思ってる。どう。」

　「あなたがそうしたいのなら，そうしたら。」

　コウジによれば，この際，アキエは葛藤の末にコウジの意志を尊重した。当時の所属先の安定した監査法人で仕事を続けるのではなく，マサヨシらとともに共同で独立すること，いわば不安定な道をコウジが歩むことを支持したのである。約1年の準備期間を経て，コウジは，マサヨシ，コウヘイ，ヤスハルとともに実際に共同で独立した。ところが，その後，4人のグループは，マサヨシの経営方針をめぐって対立が生じるようになった。

　共同経営の開始後から2年が経ったころ，コウジは，共同経営を辞めて単独での独立を決意した（B′）。再度，アキエはコウジの決断を支持した。コウジと同じ理由により，コウヘイも単独で独立を決意した。ヤスハルはマサヨシとの共同経営を継続した。しかし，ヤスハルとマサヨシのその後については不明である。共同経営のときとは異なり，単独での独立に際して，コウジは自身の両親（A2）にも相談した。

　「4人の共同でやってるんだけど，仲間割れしていて，いっそのこと，ひとりで事務所を開こうと思う。」

　「コウジがひとりで独立するというのなら，それは一大事だ。それにはきっとまとまった開業資金が要るだろう。金銭面ならどうにかなる。全面的に手伝うよ。」

　両親からそう返された。結局，しかし，両親からの経済的支援を受けることはなかった。そのときの両親からの申し出（CとAの相互作用）は，単独で事務所を開こうとするコウジにとって，経済的な条件以上に大きな心の支えになったという。また，アキエはコウジの新たな事務所を手伝うこととなった。個人の公認会計士事務所は，監査業務に加えて，中小零細個人会社相手のコンサルティング業務，税務相談等も守備範囲となる。実際，それまでの実務経験の蓄積のおかげもあり事務所経営は順調である。

(2) **分　　析**

　コウジ（C）が国家試験に通過したことにより，公認会計士たる資格を用いる職業（B）としては，監査法人勤務，共同での事務所経営，単独での事務所経営，これらすべての節目は，第三者からみれば，みな同じである。しかし，コウジ本人にとってはいずれも転機であり，その意味は大きく変化している（B′）。

　独立開業へ向けて火がついた要因は，共同経営における仲間割れに直面して，アキエ（A1）とコウジの両親（A2）から受けた支援（正の感情）にあると分析できる。というのは，そこに火がつかなかったら，共同経営から離れて，資格と経験をもとにして，監査法人などに求職する道を選択できたからである。

　それらの節目において，アキエやコウジの両親はどのような心境であったであろうか。まず，メーカーから監査法人への転職は，彼らからみれば，どちらとも安定した職業であるため，経済的に大きな変化はない。これに対して，共

同経営による事務所開業は，経済的に不安定な要素が加わる一方で，コウジ本人にとっては研鑽を積むための貴重な経験であり挑戦でもある。したがって，かりにアキエが強く反対するとすればこの節目であると考えられる。

　しかし，アキエはコウジの挑戦を肯定的に受け止めた。実際，たとえ口には出さなくとも，アキエの葛藤という精神的な負担をコウジは重く受け止めたのである。加えて，コウジの両親は，コウジの単独での事務所開業の相談に対して，快く手を差し延べた。とはいえ，コウジによれば，両親がその結論に至るまでにはアキエと同様に葛藤があったに違いない。

　こうしたアキエや両親との一連のやりとり（CとAの相互作用）は，コウジの正の感情を高める触媒として作用した。コウジによる自身の国家資格に対する意味付けもそれとともに変化した（B→B'）。そこへ火がついたものと解釈できる。

ケースⅣ　飲食店経営者（50代）カズヤ

⑴　事実経過

　カズヤ（C）は某国立大学水産学部を卒業した1987年，地元の食材納入業者ミシマ社に就職した。飲食業部門に居酒屋が2店舗あった。そこで居酒屋経営に関する知識を得る機会に恵まれた。納入先のひとつに，地元自動車メーカーの教育センターにある食堂を受託運営するアタミ社（1989年設立）があった。アタミ社はヒロタカ（A1）の自宅を登記簿上の本店所在地とする同族会社である。カズヤはこの食堂を担当し，そこでアタミ社に勤めるショウコ（A2）と出あい，91年に結婚した。ショウコは学生時代に栄養士と調理師の資格を取得している。翌年，折しもヒロタカが体調不良となって，ヒロタカの了承のもとショウコはカズヤに移籍を促し，カズヤはアタミ社へ入社した（B）。ふたりの間には，94年に長男，96年に長女，98年に次女が生まれた。店名「メグミ」はこの長女の名前（仮名）に由来する。

　その後，ある有名な事件をきっかけに，委託元の自動車メーカーからアタミ社に対して事業譲渡の申し入れがあった。ヒロタカからはこの申し入れを受け入れて自動車メーカーの傘下に入る意向を固めた。ところが，カズヤはすでに新居を構えて長期住宅ローンを抱えた状態であり，経済的に厳しい決断を迫られた。というのは，傘下の雇われ社長では必ずしも十分かつ安定な収入を展望で

きなかったからである。熟慮の末，自動車メーカーの雇われではなく，アタミ社に残って（B′），独力で挑戦することをカズヤは決意した。

　ヒロタカの支援のもと，アタミ社の信用を借りるかたちで資金調達をし，アタミ社の居酒屋事業所ハコネとして開店することとなった（独立）。カズヤはアタミ社の平取締役から代表取締役となって残り，他方でヒロタカはアタミ社から名実ともに離脱した。ハコネは，ミシマ社の元部下が手がけていた店をカズヤが譲り受けたものであった。ハコネは2000年から約10年間，常連客60％で営業を続けたが，有名な大手居酒屋チェーンに押され居酒屋事業から撤退した。他方で，この間，パートタイマーを雇用するなどして，３年間，スーパーのテナントとして中食にもアタミ社は挑戦していたが，カズヤの独善的な方針が原因で中食からも撤退した。

　居酒屋事業から撤退したもう１つのきっかけは，ハコネの某納入業者からの「近隣のラーメン店が店を手放そうとしているから引き取らないか」という情報であった。そこでカズヤは居酒屋事業を他へ譲渡し，ラーメン店を引き取るための資金を捻出した。その後，中食や居酒屋での経験をふまえ，ラーメン店経営の初心者として努力を重ねている。たとえば，店舗の内装を自ら改装して開業資金を抑え，新メニュー開発では試作を慎重に行い，リースした製麺用機械を使って店内で製麺している。

　業界誌主催の某賞受賞につながったメニューは猪肉を用いたものであった。2014年，新しい食材調達の折，地元愛知県の某NPO代表者（A3）と知り合い，害獣対策としての猪肉（ジビエ）料理の社会的意義などを知った。これを転機として猪肉・鹿肉を用いたメニュー開発に腐心するようになり，ジビエ料理という面でマスコミや雑誌にも取り上げられ，メグミの人気は徐々に高まっていった。

(2)　分　　析

　カズヤ（C）はもともとラーメン店に関心があったわけではない。食材納入業者ミシマ社での勤務経験，食堂アタミ社に勤めていたショウコ（A2）との結婚，ヒロタカ（A1）が経営するアタミ社への移籍（B），ヒロタカの離脱と同時にヒロタカの支援のもとでのアタミ社代表取締役への就任と居酒屋店の開店（B′）。

　ここで，ショウコとヒロタカのご縁で（CとAの相互作用）アタミ社へ移籍

し，その後，アタミ社に残って独立するか，ヒロタカらとともに大手自動車メーカーの雇われの道に進むかの決断を迫られた。その際，ショウコとヒロタカから，それぞれ精神的，経済的な支えを受けたことで，カズヤの正の感情が高まっていき，そこに火がついたと分析できる。

　しかし，アタミ社に残ったのは，長期住宅ローン返済残高がその大きな要因であったと本人が述べていることから，当初，カズヤの事業機会の認識は危機触発型であった。

　これに対して独立後，大手チェーン台頭に抗せず居酒屋事業から撤退し，中食事業にも参入して撤退した。これらの慎重さを欠く場当たり的な挑戦と挫折の後に，既存のラーメン店を引き取るかたちで「メグミ」の開店と慎重な経営へとカズヤはアタミ社を運んだ。その後，NPO代表（A3）と出会って，ジビエ・メニューへの積極的な取り組みでアタミ社は名声を博している（B″）。

　アタミ社によるメグミの開店，NPO代表との出あい，ジビエ中心へのメニュー更新，これら一連の展開を境目として，カズヤの事業機会の認識は夢・志誘導型へ変化したものと思われる。言い換えると，ヒロタカ，ショウコ，NPO代表，これらの人たちとの相互作用（CとA）を経て，カズヤにとってアタミ社の位置づけが段階的に変化（B→B′→B″）していったと説明できる。

第4節　おわりに

　どのようにしてそこに火がついたのか。その理論的な説明が本研究の課題である。4つの事例で具体的に分析したように，特定のCが特定のAと相互作用するなかで，Cの感情面における正の変化が生じ，Cにとって特定のBがB′へと変化し，そこに火がついた。

　高橋（2007, pp. 58-78, 100）が言うように，同一の経験や体験は事業機会を認識するための必要条件であって十分条件ではない。別人Xが，Cと同じ立場に置かれたとして，同じようにAとの相互作用を経ても，Xの感情面における変化が生じるとは限らないし，負の変化が生じる可能性もある。また，Cの事業機会の認識が危機触発型のまま変化しないという可能性もある。

　しかし，本研究は探索型である。表2−1で整理した内容に基づいて以下で議論するように，火がつくメカニズムを解明するための理論的な手がかりがな

いわけではない。

　第1に，先行経験（**図2-1**：prior experience）である。4つの事例に共通するのは前職からの離職と独立開業（カズヤのケースのみ独立）である。彼らはみな，感情の動き次第ではコーゼーションの行動原理に縛られて独立開業に至らない可能性もあった。しかし，実際，個々のライフイベントを首尾一貫するようにつなぎあわせている。エフェクチュエーションの行動原理である。Aとの相互作用に先んじて，Cにはみな具体的な先行経験がある。

　たとえば，ユキオはプロ・ゴルファーを目指して挑戦し挫折した。ユタカは地方公務員を続けながらカズオが経営者として成長する姿を見ていた。コウジは電機系メーカーに勤務しながら，公認会計士試験を受験して合格した。カズヤはアタミ社で場当たり的に居酒屋と中食を経営してともに撤退した。

　これらが後続経験ではなく先行経験であったからこそ，Cの感情面における正の変化につながっているとみれば，何らかの先行経験ないしその積み重ねが，火がつくための前提条件である。また，その条件と事業機会の認識パターンの関係も，残された課題である。

　第2に，Cの感情面での正の変化である。バロン（Baron, 2008）は，一時的な感情（state）と長期的な感情（dispositional, trait）が個人の認知や意思決定に与える影響に差はないとして区別していない。しかし，具体的な先行経験はCにとって長期的な感情（trait）を伴うがゆえに先行経験なのであり，Cの事業機会が夢・志誘導型であることのルーツでもある。

　問題はAとの相互作用である。相互作用であるがゆえにAは必ずしも独立変数ではない。所与のBのもとでCがどう振る舞うかによってAの反応は規定され，それによってまたCも影響を受けて，BがB′へと変化する可能性が高まる。Cが負の感情を帯びて終始暗く後ろ向きの態度なら，Aは忍耐を強いられるだけであり，Cに正の感情は生じにくいはずである。前向きに明るくC自身が振る舞えば，Aが火消しに作用し続けるとは考えにくい。

　ユキオは3ヶ月の試みの期間を設定して慎重かつ積極的にセイコを説得するなかで正の感情を高めた。ユタカはカズオから授かった経営上の知識を披露しながら具体的な事業計画を説明してリエを説得するなかで正の感情を高めた。コウジはアキエと両親の葛藤を思いやることで正の感情を高めた。カズヤはNPO代表者の理念に触発されてメグミの経営に対して正の感情を高めた。

その結果，BがB′へとそれぞれ変化するとともに，火がついた。ユキオは亡きマサヒコに堂々と向き合えるようになった。ユタカは地方公務員としてではなく事業主としてまた経営者としてカズオとの関係に納得できるようになった。コウジは自身のなかでのアキエと両親の葛藤に対する負い目のような何かを帳消しにすることができた。カズヤはアタミ社をジビエという社会的意義のある事業の担い手として位置づけることができた。

ABCモデルは，AETとANTに，次のように接続される。アクターとしてのCによるAとの相互作用（ANT）を通じたCの感情面における正の変化（AET）とともに，観察者には必ずしも識別されないBからB′への変化がCの内部で生じる。

ただし，その際，Cの事業機会に対する認識が，危機触発型であるのか夢・志誘導型であるのかは定かでない。それは，Cの先行体験に加え，Aそれ自体，Aとの相互作用の内容，Cのキャリア（年齢，健康状態，家族の状況を含む）に依存する。

こうした感情面における正の変化を伴って事業機会の認識が変わる局面は，田村（2016）が言う「転機」にもあてはまる。田村（2016）は独立開業の文脈よりもむしろ継続中の企業におけるトップ経営者にとっての転機に焦点を当てている。BからB′へのCにおける事業機会の認識の変化は，広義の転機の一部を成している。

●注

1　サラスバシーによれば「エフェクチュアルな視点は，（中略）局所性や偶発性を肯定的に捉えて活用すること，あるいは適応的アプローチのみに新規性を求めないこと，のいずれか，もしくはその両方である。これと同方向に歩みを進める研究も，すでにいくつか存在している。例えば，（中略）『ホット・ストーブ効果』，『イナクトメントとセンスメーキング』，『変化が激しい業界における意思決定』，『即興』，『外適応（expaptation）』などがある。」（Sarasvathy, 2008, 邦訳, pp. 227-228, 傍点は引用者）
2　インターネットリサーチの回答者は全員が現職の経営者であり開業後2年以上の経歴を持っている。基礎データは以下の通りである。性別は，男性93％。年齢別は，50歳代39％，60歳以上28％，40歳代26％，30歳代6％，20歳代以下1％未満。地域別は，関東地方46％，近畿地方17％，中部地方15％，九州地方

7％，北海道6％，東北地方5，中国地方4％，四国地方2％。業種別，所得階層別のデータはない。

3　村上（2011）における「インフォーマルな支援」の内容は，経営資源（資金，従業員の紹介），取引関係（販売先・仕入先の紹介），情報（専門知識や指導）に分類されている。そこでは，たとえば「資金や情報を提供する用意がある」という語りかけの支援は識別されない。

第 **Ⅱ** 部

事例分析
■新概念の有効性の論証

第3章

京セラと松風工業：
重心としての稲盛

第1節　はじめに

A　稲盛和夫を中心とする企業家グループは，碍子メーカー松風工業を母胎
　としながら，あの京都セラミックを誕生させた。

B　稲盛和夫は，松風工業に在職のままでは自らの夢を実現できそうにない
　と強く感じたので，同社を退社して独立する決断をして，京都セラミック
　を誕生させた。

　観る角度，人間観，時間に対する考え方，図と地，それらが異なれば，同じ
対象に対する解釈や表現も異なる。Aという平板な見方もあればBもある。従
来の社会科学では，しかしながら，BよりもAの説明のほうが一般的である。
なぜなら，Bは松風工業に対する否定的な価値判断が含まれているのに対して，
Aはそれについて否定も肯定もしていないからである。以下では，Bが説得的
であることを論証する。
　その狙いは，組織の両面性を認めつつも，その比較静学的な意味としての断
続的均衡(きんこう)（punctuated equilibrium）を説くことではなく，その「動的平衡(へいこう)」
（dynamic equilibrium）を説くことである（cf. 土屋, 1976；庭本, 1987）。なぜなら，
そのモーメントこそが特定の価値，すなわち組織の重心であるからにほかなら
ない。
　ここでいう「動的平衡」とは進化の一部面を指している。福岡（2009）によ
れば，進化とは，ちょうど一輪車に乗ってバランスを保つように，動的な平衡
の軌跡と運動のあり方である（福岡, 2009, pp. 232-233）。また，動的平衡システ

ムの本質は，常に離合集散を繰り返しつつ，段階的に平衡点を移動しながら調節を行う緩衝能である。ある要素に欠損があればそれを閉じる方向へ移動し，過剰があればそれを吸収する方向へ移動する。これは生命の本質に他ならない（福岡, 2007, pp. 261-264）。

　組織は多元的に捉えられる。わけても，われわれは生命としての側面を強調する。なぜなら，人類の文明は想像に基づく創造の連続に他ならず，想像も創造も，豊かな経験と価値を備えた人間によってでしか，成し遂げられないからである。そのような人間が織りなす営為としての組織（稲葉, 1979；稲葉・山倉, 2007）に注目するとき，近代経済学がそうしてきたような物理学の類推によってでは，その本質に辿り着くことはできない。

　以下では，まず，これまでに深く立ち入ってこなかった先行研究をふまえながら，あらためて問題の所在を明らかにする。次に，よく知られている「場」と「無関心圏」（Barnard, 1968），これらを導きの糸として，概念としての「組織の重心」の理論的な位置と意味を理論的に明らかにする。

　そのうえで，京セラの誕生をめぐる事例，すなわち，京セラ（京都セラミック）が松風工業を母胎として誕生するに至った過程に対して，組織の重心による解釈を試みる。これにより，その概念の現実的な意義を論証する。

　組織の両面性とは次のようなことである。すなわち，バーナード（Barnard, 1968）による公式組織と非公式組織，渡瀬（1981）による合意獲得と合意形成（HO-SO: hard organization-soft organization）モデル，岸田（2009a, 2009b）によるシステムとプロセス（organized and organizing）モデル。これらのいずれもが，研究対象としての組織（organization）を機械としてみる視点と生き物としてみる視点の両方を含んでいること，これである。

　さらに，そのような組織の両面性に呼応するかたちで，管理の両面性として，よく知られているX理論とY理論（McGregor, 1960），機械的管理システムと有機的管理システム（Burns and Stalker, 1994）などが指摘されている。

　ただし，規範的であるにせよ記述的であるにせよ，それらはあくまで相対的な理念型（モデル）にすぎず，両面を分かつ明確な境界や基準があるわけではない。

　盛山は，社会学を，一方で経験的な学問として再構成する試みをし（盛山, 1995），他方でそうではなくて規範的な学問として位置づけている（盛山, 2011）。

いま，前者を組織化（organizing），後者を（organized）としてみるとき，全体
として盛山の視座は，組織（organization）に対する上述の，バーナード，渡
瀬，および岸田の視座と同一視できる。ただし，両者の統合は別問題である
（cf. 降旗, 1957; 北野, 1982; 大滝, 1987; 川端, 2006; 岸田・田中, 2009）。

　組織には両面性がある。それを前提とするにしても，なぜ，いかに，ある均
衡が崩れるのか。ある特定の均衡へ向かうのか。ここで言う「均衡が崩れる」
とは，環境決定論的な，あるいはサーモ・スタットの故障という意味でのそれ
ではない。以前の均衡状態へ戻るだけのホメオスタティックで単純なシステム
（自動調節機械）ではなくて，状況に応じて，それまでとは異なる別の均衡へ
移行することにより，本体の存続をはかろうとする，生き物としてのそれ，す
なわち動的平衡である。

　ただし，そのような見方に立つとき，「均衡が崩れる」という表現は，理論
的に微妙な面を浮き彫りにする。なぜなら，崩れ始めたように見えたときには，
すでに次の均衡へと本体（ミクロ）が向かっている。このとき，異なる分析レ
ベルあるいは異なる時間幅へ視点を移してみると，広い意味での均衡（マク
ロ）は失われていないかもしれないからである。このような理論的に微妙な面
を持つ組織の特徴を，バーナードは次のように指摘している。

　　「組織は空間的にはまったく漠然としたものであるという印象を多くの管
　理者はもっているであろう。『どこにも存在しない』というのが，その共通
　の感じである。
　　時間的関係および継続性は組織の基本的側面である。いつ，どのくらいの
　期間ということがまず第一に記さるべき事項である。すでに注意したように，
　人間の行動はこれらの体系の構成要素であるが，その人間はたえず変わるが，
　組織は存続する。」（Barnard, 1968, p. 80, 邦訳, p. 83）。

「どこにも存在しない」という表現は，あたかも研究対象それ自体の存在を
全否定しているかのように思われる。理論的には別としても，感覚的には必ず
しも違和感を与えない。空間的に漠然としているばかりではない。他方で，組
織は，時間的存在であるにもかかわらず，その全体像の把握がきわめて困難な
研究対象なのである。実際，ダルトン（Dalton, 1966）がその点を次のように形

容している。

　「いつ，どこで，組織が生まれたかについて語ることは容易ではない。他の企業や社会との間に様々な繋がりや絡み合いがあるため，その組織の位置をハッキリさせることはなかなか難しい。組織というものは正式にできる前に何らかのかたちで，すでに非公式に存在しており，また正式に解体された後でも非公式なかたちで残っているものなので，いつ生まれ，いつ消滅したかを正確に言うことは学問的には手に負えない問題である。」(Dalton, 1966, p. 218, 邦訳, p. 299, 傍点は引用者, 原文を参照のうえ改訳を施している)。

　このように組織は，システムとプロセスの両方（岸田, 2009a, 2009b）という，いわば鵺のような特徴を持っている。であるからこそ，その均衡を崩さないように保つこと，言い換えれば，その秩序を安定的にしておこうとする政治的な意図の下に様々な努力が注がれる（e.g., Selznick, 1949; Cyert and March, 1963; Pettigrew, 1973; Mintzberg, 1985）。そのような営為について，エツィオーニ（Etzioni, 1964）が次のように説明している。

　「規範的な組織は，各種の選抜や社会化の過程によって，統制を行う組織上の地位に個人的影響力を持っている人をつけ，そうすることによって地位に基づく規範的権力（たとえば司祭という地位）と個人的権力（たとえば説得力のあるパーソナリティ）を結びつけようとする。つまり，フォーマルなリーダーをその地位につけようとする。個人的権力が乏しいものは，しばしば，たとえば事務的または知的仕事のように，統制を行使することにない組織上の地位に移される。こうして，インフォーマルなリーダーが出てくる可能性が小さくなる。」（Etzioni, 1964, p. 64, 邦訳, p. 98）。

　にもかかわらず，そのような努力の甲斐なく，いかなる均衡あるいは秩序も，早晩，崩壊の運命を辿る。人類の歴史が教えるところである。なぜか。個体群生態学派が示すように，そのような努力には，人をあたかも（認知上限られた合理性という意味での）将棋の駒であるかのようにみる前提があり，したがってその意味において「適材適所」の判断が近視眼的になりがちであるからに他

ならない。

　適材適所には別の意味がある。それはちょうど，地位が人を育てる，経験が器を大きくする，と言われることに関係している。すなわち，ある人が思ってみたこともない潜在的な能力を見抜いて（想像して）起用し，それを発揮させる上司の洞察と，その人自身が思い描くキャリア（夢），それらが織り成す芸当，これである。経営には科学のみならず芸術の面もあるといわれる所以はここにある。

　他方，暖簾分けや喧嘩別れを含めて，しなやかに環境適応を繰り返すことで生き延びている，すなわち広い意味での老舗も確かに存在する。しなやかな環境適応は，これを動的平衡と言い換えてもよい。そのような動的平衡の探求を，ダルトンは次のように鼓舞している。

　　「公式行動と非公式行動との実際の関係や差異について，これに取り組もうとする学者はわずかであり，しかもその一般論は，「現実離れした」「わからない」と実務家から批判される。経営者は研究者を非難するが，自身の規則破りや計画の失敗に鑑みると，そのような問題を感じざるを得ないようになる。どのように難しかろうとも，公式なものと非公式なものとの相互関係，分離，衝突または非常軌的行動に，もっと焦点をあててみる必要がある。」（Dalton, 1966, pp. 219, 223, 邦訳, pp. 301, 309, 傍点は引用者，原文を参照のうえ改訳を施している）。

　このような問題への1つの手がかりをマズロー（Maslow）が与えている。曰く，「成長と発展は，苦悩と葛藤を通じて生まれてくる」（Maslow, 1968, p. 7, 邦訳, p. 8），と。苦悩と葛藤は，しばしば逆境として語られる。逆境とは，本人がそう感じたから，あるいは観察者にとってそう観られるから逆境なのであって，だれもがそれと認める何か客観的な判定基準があるわけではない。いくらデータを集めて統計的に傾向を調べてみても知りえない，価値判断を色濃く伴う主観的なことなのである（岡田, 2011）。ある困難に直面したとき，それを試練と思えば逆境になりうるが，そう思えなければ，障害でしかない。

　こうして，同じコンフリクト（conflict）という現象であっても，「対立」は社会的でありその観察が比較的容易であっても，「葛藤」は心理的でありその

観察は難しい。観察可能な段階に至ってからでは，成長や発展の軌跡（いか
に）を捉えることはできても，その契機（なぜ）をつきとめることは容易では
ない。反証主義の強い影響下にある近代科学では「いかに」は研究対象とされ
ても，「なぜ」はブラック・ボックスのままである。ダルトンの言には，こう
した事情がある。「なぜ」に対する1つの回答が，組織変動のモーメントとし
ての，組織の重心なのである。

　協働体系では，環境における制約を克服して適応するために形成された専門
的な管理組織（システム）と管理者による運営（プロセス）が，逆説的ではあ
るけれども，それらの定着自体によって，協働体系の次なる適応を制約する
（Barnard, 1968, p. 35, 邦訳, p. 37）。言い換えるなら，適応が適応可能性を排除す
るのである（Weick, 1979）。しかし，そのような保守と革新の対立こそは，組
織革新の必要十分条件である。

　保守と革新は，これまた相対的である。したがって，具体例を解釈するばあ
い，どっちがどっちというラベリングには，理論的に大した意味はない。ただ
し，保守と革新のいずれの側も，実際には価値を帯びるがゆえに組織の重心た
りうる。しかし，後述するように，価値は必要条件に留まる。それらは，バー
ナードがいう「場」を形成し，また消滅させる。ここで注意しなければならな
いのは，「場」が重心に先行するわけではないという点である。

　こうして，以下では，よく知られているバーナードによる概念，すなわち
「場」と「無関心圏」，これらの関係の解明を通して，組織の重心の理論的な精
緻化を試みる。

第2節　場と無関心圏

　バーナードによる「場」に関する記述は，『新訳・経営者の役割』第6章の
本文と注7に基づいて，以下のように要約することができる。

　　「組織は，物理学で用いられるような「重力の場」または「電磁場」に類
　　似した，1つの「概念的な構成体」である。ちょうど電磁場が電力あるいは
　　磁力の場であるように，組織は人「力」の場である。たとえば，電流によっ
　　て磁力を帯びた電磁石は，電磁場を作り出す。しかし，電磁石は場ではない

し，電流も必要な電動エネルギーをおびているが，電磁力ではない。これと同様に人間は，組織という場を占有する組織「力」の客観的源泉である。その力は，人間にのみ存在するエネルギーから由来する。この力は，一定の条件が場のなかで生ずる場合にのみ組織「力」となり，言語，動作のような一定の現象によってのみ立証され，そのような行為に基づく具体的な結果から推論される。しかし，人間にせよ，その客観的な結果にせよ，それ自体は組織ではない。」（Barnard, 1968, p. 75, 邦訳, pp. 78-79）。

　この説明において注意すべきは，人間にのみ存在するエネルギーだけが「場」と直接にかかわっている，という点である。人間にのみ存在するエネルギーという要素は，コンティンジェンシー・アプローチが注目した，技術，規模，課業環境，あるいは客観的に把握される確率分布，すなわちリスクとはまったく無縁である。言い換えるなら，人間にのみ存在するエネルギーこそが，「場」としての組織を，生成，変革，消滅させる，唯一のモーメントであり，それ以外の要素はどれも媒介変数に過ぎない，ということである。

　しかしそれにしても，人間にのみ存在するエネルギーとは，具体的には何を指しているのであろうか。現象やモノではないとバーナードが明記していることからも，少なくとも感情や意志といった生物的・心理的な意味での何かであるということについては，これを疑う余地はない。以下，それに関連すると思われる先行研究を2つ紹介する。家族力の根拠と，宗教的エトスである。なぜなら，それらは価値前提や価値判断と密接に関連しているからである。

　第1に，人間の高次の欲求と心の絆について，亀口（2004）が『家族力の根拠』において興味深い分析をしている。それを要約すると次のようである。

　「人間は他者との交わりの拡大を欲するとともに，自らの主体性が他者から脅かされることを嫌う。この自己同一性の意識は，個人，家族，民族，国家レベルまで連続している。他方，社会的な手続としての「結婚」が，必ずしも夫婦間の心の絆の存在を保障するものではない。にもかかわらず「幻想の絆」によりかかる夫婦は多い。愛と癒しは円環的構造を成していて，心の傷は両者の間に介在する。愛は薬としてその傷を和らげるけれども，それが

強すぎれば逆効果となって傷を広げかねない。」(亀口, 2004, pp. 29, 42-43, 63)。

　亀口が絆を幻想と喝破しているように，家族や結婚は，そもそもきわめて脆い面を持っている。それを支えるのは，欲と不断の愛に他ならない。人間にのみ存在するエネルギーは，そのように言い換えることができる。ここで言う愛は，フロムの定義にしたがい，愛する者の生命と成長を積極的に気にかけること (Fromm, 1956)，とする。

　しかも，欲と愛は，亀口が言うように，論理必然的でもなければ，直線的で単純な関係にあるのでもない。これはいったいどのようなことであろうか。

　まず，論理必然的ではないとは，次のような意味である。

　人間の文化的発展には，時間的展望と価値的行動が欠かせない (Frank, 1939)。一方で，時間的展望とは，時間を等質化することではなく，過去との対峙を出発点として，人生の有限性，すなわち，病気，死，あるいは人との出会い，そういった人生の意味を問う，そういう内的時間のことである (白井, 2001)。他方で，価値的行動とは，フロムに従い，ある特定の権威や単なる多数派とは独立した，自らの生産的な観察と思考に基づいた確信に導かれること (Fromm, 1956)，と考えてよい。価値判断もそれと同じである。

　次に，直線的で単純な関係でもないとは，どういうことであろうか。

　そのためには希望という心理に遡って考えなければならない。希望とは，都筑によれば，まだ証明されていないものを信じること，すなわち信頼と，「うずくまった虎」で喩えられる能動性，これらを備えた心の状態のことである (都筑, 2004)。「うずくまった虎」は，フロムによれば，跳びかかるべき瞬間がきた時に初めて跳びかかる (Fromm, 1968)。したがって，受身的に待つことでもなく，起こりえない状況を無理に起こそうとする非現実的な態度でもない。これが直線的で単純な関係ではないという意味である。

　通常，期待は希望とは本質的に異なる。ただし，「未来の実現への期待に寄り掛かって意思決定を行う」(高橋, 1996b, p. 23) とき，その「期待」が，上述の意味における「希望」と同じであれば，「未来傾斜原理」は希望と同義である。

　第2に，宗教的エトスである。人間以外の生物やモノには，宗教的エトスは

ない。したがって，人間にのみ存在するエネルギーの例として適当である。よく知られている産業人とその人たちの考え方について，高（Taka），あるいは加護野が，次のように指摘している。

　「渋沢栄一は儒教から，武藤山治はキリスト教から，土光敏夫は仏教から，松下幸之助は天理教から，それぞれ影響を受けている。稲盛和夫は，同様にして，谷口雅春によって書かれた『生命の實相』，すなわち「生長の家」から影響を受けている（Taka, 1994, p.76）。

　京セラも松下も，単なる機能集団ではなく，共同体をつくろうとしている。京セラも松下も，M&Aにおいては人間集団の吸収であるという精神主義を持っており，それゆえに賛否両論に分かれる。すなわち，企業という人間集団は理屈だけでは解き明かすことのできない要素を持っているように思えてならない。」（加護野, 1997, pp. 191, 195）。

　他方，バーナードは，「場」に加えて，あの「権威受容説」の根幹を成す「無関心圏」という独特な概念を打ち出した。『新訳・経営者の役割』第12章に基づけば，その内容は以下のように要約することができる。

　「組織が永続できないのは権威を維持しえないからである。「無関心圏」という言葉は，こう説明できる。すなわち，実行可能な行為命令をすべて受令者の受容可能順に並べるなら，第1に，明らかに受け入れられない命令のグループがあり，第2に，どうにか受け入れられるかあるいは受け入れられないかの瀬戸際にあるグループがあり，第3に，問題なく受け入れうるグループがある。この第3のグループのものが「無関心圏」内にある。受令者は，この圏内にある命令なら受け入れるのであって，しかも，その命令の内容を問わない。」（Barnard, 1968, pp. 165, 168-169, 邦訳, pp. 172, 176-177）。

　以上より，「場」は，欲，愛，およびエトスの関数であり，またその範囲が「無関心圏」であるとみてよい。したがって，バーナードによる「管理者の役割」とは，機会主義的な誘因と説得によって，あるいは道徳準則の提供によって，無関心圏，すなわち場を確保することである，と言うことができる。

　いま，管理者による説得の材料としての内容または修辞が，相手にとって，欲，愛，またはエトス，もしくはそれらの合成物であると考えてみよう。このとき，物的であれ社会的であれ，誘因は，相手方の受け止め方（主観）によって伸縮する。伸縮の大きさは「無関心圏」の大きさと比例する。けれども，上記の先行研究をふまえて，どんなに拡大解釈しても，バーナードによる説明はここまでである。

　言い換えると，「場」も「無関心圏」も，ちょうど均衡状態にある組織を説明するための媒介変数であって，われわれの目的である動的平衡，すなわち，その背後にある人々の心を揺り動かし躍らせる「何か」を説明するものではない。同時に，欲，愛（または幻想），エトスは，いずれも抽象名詞であり，そこから連想される具体的なイメージは，直接に動的平衡には繋がりにくく，漠然としている。そういうわけで，人々が織り成す物語としての組織を説明するには，何かが足りない。その何かを補う必要があるのである。

第3節　重心と勢力

　組織の重心は，価値前提や価値判断と密接に関わっている。価値前提や価値判断を，一定の角度から抽象化してゆくと，欲，愛，あるいはエトスになる。人間の世界がいかに価値判断に満ちているか。そのことを清水（2000）が次のように指摘している。やや長くなるが，われわれの立場の基盤となる部分であるから，傍点を付して引用する。

　　「人間の世界には，研究者が不潔なもののように扱う価値や価値判断が充満している。それらは，誰かが新しく発見したり，新しく定立したりするまでもなく，私たちの内外に満ちている。私たち自身，それらの間へ生れ，それらを母乳と一緒に吸い込むことによって成長したのであるし，また，私たちの社会がとにかく存続しているのも，多くの価値が或る程度の衝突を含みながら多くのメンバーによって共有され，彼らの行動に或る方向を与えているからである。ここには，価値判断の先行と優越とがある。それは，人間の世界の永遠の文脈である。」（清水, 2000, p. 200, 傍点は引用者）。

　したがって，知的判断は価値判断に劣後する。さらに清水は，そのような非知的な価値の側面，すなわち感情と意志の，経験における意義を強調する。

　　「経験というのは，人間と他の事物との関係を当の人間の側から捉えたものである。経験は，物であることを拒否する人間を含まなければならぬ。いや，人間だけでなく，それは，およそ生命あるすべての主体に共通のものである。経験の主体であることによって，人間は他の生物の仲間であり，相携えて物の世界から自分たちを切り離す。そして，他の生物との共有であるところから，経験は，それを単に知的なものと考える見解を受け容れない。もとより，人間の経験と他の生物の経験とを区別しないのは適当ではあるまいが，経験を知的なものに限るのは更に適当でない。経験は，１つの大いなるものであって，そこでは，知的なものと一緒に，エモーショナルなものも意志的なものも融け合っている。経験に関する限り，誰が価値的なものを恥じることが出来るであろうか。」（清水, 2000, pp. 208-209, 傍点は引用者）。

　こうして，経験と不可分の価値は人間の行動に一定の方向と動力を与えるのである。養老（2009）によれば，知的判断への過度の傾斜は，生物と無生物の区別をわかりにくくする。科学技術は無生物の機械を創ることはできても生物は創れない。大腸菌１つ創れない。機械は，変化しないし，意志も感情も持たない。そこで養老は問いかける。未来が見えないことは怖いというのは当然である。けれども，未来が見通せて怖くないような人生は果たして面白いであろうか（養老, 2009, pp. 186-187），と。

　厳しい現実に直面してもそれと向き合わない，多くのトップ・マネジメントの経験的事実から，知的判断よりもむしろ価値判断の重要性をテッドロウ（Tedlow）が裏付けている。すなわち，わからないことの怖さから逃げるために，たいていの人間は，目の前の現実を否定し，たとえ間違っていようとも過去の常識にしがみつき，近視眼的な見方を選好する（Tedlow, 2010）。

　言い換えれば，ひとたび権限と責任を与えられると，たいていの人間は，不都合な過去のデータには目をつむってしまうのである。そういうトップに誰がついてゆくであろうか。過去にどう向き合うかは，価値判断に他ならない。過去に向き合い，未来に希望を持つ，そういう価値判断の拠り所となる基盤とな

る思考の枠組み，それが組織の重心である。

　以下では，稲盛和夫と京セラ誕生をめぐる事例（加藤，1994，鈴木，1991；京セラ40周年社史編纂委員会，2000；島本，2005；京セラ社ホームページ）を取り上げ，当事者によるそのような価値判断の積み重ね，すなわち経験の見地から，組織の重心の輪郭を浮き彫りにする。

　青年時代の稲盛は，結核との闘病，進学や就職での失敗の繰り返しを経て，ようやく就いた松風工業での劣悪な待遇にも失望していた（経験）。しかし，闘病中に読んだ谷口雅春『生命の実相』をきっかけとして，私心のない「人の心」から人生や社会を考える（価値観）ようになっていた。松風工業を辞めて自衛隊への入隊を試みたところ，幸か不幸か，実兄，利則の配慮から戸籍謄本の不備に陥ることとなり，その目論見は阻まれた（経験）。これをきっかけに，松風工業を逃げ出すことなく，むしろ腰を据えて碍子技術者としての経験を積むことを決意した（価値判断）。

　1956年，松風工業特磁課でU字ケルシマの製法を確立した（経験）稲盛は，その将来性を見込んで余剰人員を回そうとした松風工業側の思惑と鋭く対立した（価値判断）。残業代稼ぎに余念がなく日常的に労働意欲を欠いたままの同僚たちを特磁課で受け入れることを拒み，稲盛は自ら七条職業安定所で求人した。他方，特磁課においては，残業を禁じ，同僚にコスト意識を植え付け，さらにはストライキの最中でも受注に応じるために泊まり込みで生産を続けた（知的判断と価値判断）。

　1958年，特磁課長となった稲盛は，日立製作所からオール・セラミクスの真空管製作の依頼を受け，フォルステライト磁器の試作を繰り返すも，なかなか成功に至らなかった。他方，碍子の輸出を担っていた第一物産が，松風工業へ資金援助を決めるとともに松風工業社長も交代した。その新社長のかつての部下である技術部長Mによって，稲盛らの経歴や能力が侮辱された。これをきっかけに，それまで我慢してきた労働意欲の低い松風工業の社風と劣悪な待遇も相俟って，稲盛は同社を辞める決意をした（価値判断）。

　同年末まで社長らによって慰留（いりゅう）されたものの，退社と同時に新会社の設立を宣言した。そのとき，特磁課の部下，一部の上司が次々に「自分も辞めてついていく」と言った（価値判断）。いったん，腰を据える決断をしたわけ

であるから，勢いだけで退社と新会社設立を稲盛が謳うはずはない。自身の技術力への自負，技術観（価値観）と，テレビの需要を中心とするU字ケルシマ市場に対する見込み，信念（価値観）がその背景にあった。

　たとえば，稲盛のそのような技術面での実力と事業に対する情熱に導かれた上司，青山政次は，新会社設立に必要な資金調達のために，稲盛とともに青山自身の縁故の筋で，粘り強く出資者を説得した（価値判断）。これに対して，宮木電機製作所専務の西枝一江は自らの家屋敷を抵当に入れて物上保証人となり，交川有常務，さらには宮木男也社長も出資に応じた（価値判断）。また，新会社の設立準備は，松風工業社内において休日や終業後の時間帯に隠密に進められた。

　創業式典の夜，河原町三条近くの中華料理店での席上，稲盛は，西ノ京一，中京一，京都一を目指し，将来は日本一，世界一の会社になろうという夢を役員や幹部に熱く語った（価値判断）。

　こうしてみると，京セラ誕生までの過程は，けっして論理必然的ではないし，直線的でもないことがわかる。知的判断の積み重ねだけでは，人々が寄って立つ新たな組織は誕生しない（王，2010）。たとえ誕生したとしても，ほとんどのばあい，ほどなく崩壊する。なぜなら，実績のない新会社は，取引の相手方にとって危険な要素が多いからである。にもかかわらず，京セラは確かに誕生し，その後の発展を遂げた。なぜか。

　稲盛は，松風工業において，技術上の実績と発注者への真摯な対応という経験によって，「共通の目的が本当に存在しているという信念をうえつける。」（Barnard, 1968, p. 87, 邦訳, p. 91）という基本的な管理職能を果たした。平たく言えば，自らの背中で部下や上司に未来への希望を語っていた，というわけである。

　バーナードの次の言葉が，こうした稲盛の信念に導かれた部下たちの信念の意味するところを裏付けている。すなわち，「組織の生命力は，協働体系に諸力を貢献しようとする個人の意欲のいかんにかかっており，この意欲には，目的が遂行できるという信念が必要である。」（Barnard, 1968, p. 82, 邦訳, p. 85），と。

　松風工業を辞めるという決断に際して，稲盛のそのような確固たる信念を可能としたのが，ほかでもなく，技術部長Mの存在である。松風工業におけるこ

うした，正（稲盛）と反（M）の衝突は，組織革新の必要十分条件である。けっして回避ではない。

　けれども，稲盛を中心とする京セラは，バーナードが念頭に置いていた組織とはまったく異なる性質を帯びている（加護野, 1997）。すなわち，アメーバ経営方式に代表される，文化的に一枚岩の京セラは，ある意味できわめて独特な組織文化に染まっている。その文化と相容れない者は，どんなに知的に優秀であっても，短期的にはともかく，中長期的には，価値的に受け容れられない（e.g., 瀧本, 1999）。これに対して，バーナードが念頭に置いていた組織は，次のような特徴を持っている。

　　「ある特定の公式組織への貢献意欲についての顕著な事実は，その強さが個人によってさまざまに異なることである。組織への潜在的貢献者と考えられるすべての人々を貢献意欲の順に配列すれば，その範囲は，強い意欲をもつ者から，中立的すなわち零の意欲を経て，強い反対意思，すなわち反抗とか憎悪にまでわたっている。なんらか特定の現存組織や将来成立しそうな組織について言えば，現代社会における多数の人々はつねにマイナスの側にいる。したがって貢献者となりうる人々のうちでも，実際にはほんの少数の者だけが積極的意欲をもつにすぎない。」（Barnard, 1968, p. 84, 邦訳, pp. 87-88）。

　言い換えると，それは，相対的に大きなパワー（林, 2005, 2011）を持つ一部の人たちと，冷めたその他大勢から成る。労働意欲の低さに注目するとき，そのような組織の典型が，皮肉なことに，松風工業であったと言うことができるかも知れない。そうではなくて，京セラでは，「自分が渦の中心にいて，周囲を巻き込んでいくような仕事の取り組み方をしなければ，仕事の喜びも，醍醐味も知ることはできない。」（京セラ40周年社史編纂委員会, 2000, p. 173）。積極的意欲は，高田（2003a, 2003b）が言う「勢力」と同義である。類推としてのこの鳴門の渦潮の渦こそが，組織の重心なのである。

　渦はけっして自己中心的なものではない。周囲の価値判断によって支持されなければ，渦は発生しない。欲，愛，エトスに加えて，過去と向き合って未来に希望を持ち続ける態度こそが，そのような支持の基盤なのである。しかも，渦の中心と周辺は，時々刻々と入れ替わりうる。けっして固定的な関係にある

わけではない。弁証法的な関係に立つこれら両者の絶えざる共存が，動的平衡の本質なのである。近視眼的な知的判断の集積だけでは，渦にはならない。金融バブルやネズミ講がその例である。過去を引き受け，できることを通じてできないことを克服する経験を積み重ねたうえで，さらに目標の実現に向かうという「希望」に導かれているとき，そこに時間的展望と価値的行動（白井，2001）が認められる。そこに渦は発生する。

　ここで，希望という用語には注意を要する。都筑（2004）によれば，希望を「気のもちよう」とか「人間の気分」と捉える考え方は誤りであり，そうではなくて，それは「形而上学的な価値」である。希望は，「われわれの身体の一部」になって，人間の世界観や行動に影響を与えているのである。

　冒頭の説明文に再び戻ろう。稲盛和夫は，松風工業に在職したままでは自らの夢を実現できそうにないと強く感じたので，同社を退社して独立する決断をして，京都セラミックを誕生させた。われわれの立場は，Bである。

第4節　おわりに

　この章では，組織の両面性を認めつつ，その「動的平衡」を説くことを目的に据えた。

　そのために，知的判断と価値判断の優劣を軸として，バーナードによる概念，すなわち場と無関心圏を理論的に検討した。比較静学的な均衡を説明するには十分であっても，それらの概念が動的平衡のモーメントを説くには必ずしも十分ではない。

　そうではなくて，動的平衡のモーメントは，組織の重心である。京セラの誕生に至るまでの非論理的・非直線的な過程の解釈を例にとり，組織の重心が，愛，欲，エトス，さらに，時間的展望としての希望，これらの関数であることを提示した。

　愛，欲，それにエトスは，場や無関心圏を構成しうるが，動的平衡の説明には不十分である。過去に向き合い将来を展望する希望，それが，場や無関心圏に加わることによってはじめて，組織の重心たりうるのである。

　人間にのみ存在するエネルギーは，経験なしに生じることはありえない。経

験は価値判断を伴わざるを得ない。かくして，知的判断で首尾一貫させようと
する近代科学の限界は，そのまま，動的平衡の説明の限界と言うことができる。

第4章

鈴木商店：土佐派と高商派

第1節　はじめに

　合併や買収（M&A）によって鈴木商店の拡大・成長路線を突っ走った金子直吉，金子を支えながら近代企業の基礎固めの重要性を意識しつつも志半ばで他界した西川文蔵，前近代的な企業の鈴木商店で商社の経験を重ねたのち日商において自らの近代企業の構想を具体化した高畑誠一・永井幸太郎，彼らの相互作用と新組織（具体的には日商）の誕生の関係を理論的に明らかにすること，それがこの章の目的である。

　というのは，鈴木商店における金子，西川，高畑・永井，これらの人間関係が，ちょうど，GM社におけるデュラン，クライスラー，スローン・ケタリング，これらの人間関係と共通してみえる部分があるからである。あの英国のロックバンド，ザ・ビートルズや，日本のロックバンド，キャロルの，それぞれのメンバーの離合集散の過程（林，2011）においても，鈴木商店やGM社における人間関係と重なるような流れを見出すことができる。

　とりわけ，大番頭金子によってあの三井物産を凌駕するまでに急速に成長した鈴木商店と，その破綻後，その子会社であった日本商業を母体として，高畑・永井を中心にして，鈴木商店を引き継ぐかたちで誕生した日商（現在の双日）に注目する。彼らは，なぜ，どのようにして，またいつごろから，日商を構想し始め，資本を充実させ，有能な従業員を結集させて，設立に漕ぎ着けたのか。

　このような問題意識に関して，上月（1990）は次のように述べている。

　「トップ・マネジメント内での金子直吉と他の役員との関係について，鈴
木商店における最高意思決定は金子が握っていたが，彼を頂点とする組織機
構の中で，専門経営者たちをどう位置づければよいか。たとえば，組織改革
は，西川文蔵や高畑誠一などの改革推進派に対し，金子は強硬に反対し実現
されなかった。他方，関連企業に対しては，各経営者にある程度の権限を委
譲した。」（上月, 1990, pp. 34-35）。

　カーネギー学派による「計画策定におけるグレシャムの法則」は必要条件に
すぎない。財務上の危機をめぐる，互いに信念と情熱を帯びた，改革推進派と
反対派の鋭い対立こそが，組織革新の必要十分条件である。このような立場か
ら，晩年の鈴木商店から日商が誕生した過程を仔細に分析すると，組織革新の
過程を浮き彫りにすることができる。
　他方，鈴木が三井を凌ぎきれなかった，あるいは鈴木が凋落した原因を，
トップ・マネジメントの在り方それ自体に求める見方もある。たとえば，

　「金子はもともと鈴木家から経営権を託された番頭として，強力なリー
　ダーシップを有していたが，めざましい成功を重ねることで，鈴木商店を成
　長させる過程で独裁者となっていった。組織の成功体験は，指導者自身がそ
　れに酔ってワンマン化するだけでなく，組織のメンバーが指導者を神格化し
　たくなる心情におちいり，ワンマン体制を定着させることが多い。ワンマン
　体制は組織の合理性，弾力性をそこね，失敗の原因をつくり出す。（中略）
　成功体験の積み重ねによって組織内に圧倒的声威を確立したワンマン指導者，
　独裁的指導者ほど，組織にとって危険なものはない。ましてや，その独裁的
　指導者が老齢化したら，組織の余命幾ばくもない。これに対して，大戦後の
　危険な市況を生き残り，高収益をあげて独走した三井物産は，常務取締役会
　の合議制による意思決定を行っていた。」（森川, 1998, p. 118）。

　このように，意思決定の主体を特定の個人に求めるのか，それとも合議制を
とる機関に求めるのか，そのような観点から事業の成否の鍵を探ることは，構
造－機能主義的にチェック機能を重視する制度論としては間違っていない。
　ところが，何度も何度も改正を重ねてきたわが国の会社法が求める機関をい

かに具備していても，そのこと自体がチェック機能を保障してくれるわけでは
ない。法制度が定める機関が現実に形骸化して機能しなければ，そのような会
社は，森川が言う独裁の危険に直面する。

　実際，後述するように，金子の独裁（organized）に対して，西川，高畑，永
井らは，近代的管理機構の必要性を感じていたし，直言することもあった
（organizing）。なるほど，三井のような徹底した合議制を採っていなくとも，
西川は，金子の独裁ゆえのマイナス面を陰で補い，西川自身の最期までそれを
貫いた。ということは，法的に前近代的な会社であっても，その運営面におい
て近代的な管理が実施されている限り，直ちに破綻を招くことはない。企業統
治制度に絶対的な正解はない（加護野, 2006）のである。

　こうして，鈴木商店の組織論的分析とは，構造－機能主義的に組織図をその
対象とすることではなく，合名会社と株式会社の二重体制の是非を論じること
でもなく，あるいはまた鈴木ファミリーとグループ会社における役員構成の分
析に終始することでもない。そうではなくて，日商の設立に至るまでの鈴木商
店における具体的な人間関係の推移（organized and/or organizing）を，上述の
立場から分析すること，これにほかならない。

　以下では，第1に，鈴木商店と日商の関係を概観し，第2に，鈴木商店にお
ける金子，西川，高畑・永井の関係を具体的に分析する。それらをふまえて，
第3に，組織の重心ないし勢力の観点に立って，日商が誕生するまでの経緯を
理論的に説明する。

第2節　鈴木商店と日商

1　日本商業と鈴木商店

　鈴木商店が買収した会社のなかに日本商業がある。

　日本商業は1909（明治42）年，ドイツ系外国商館「ラスペ商会」倒産時に，
同商会番頭ドイツ人，エミル・ポップを金子がスカウトして設立された。鈴木
側は，綿花，綿糸布，羊毛，紙，銅への進出を狙ったのである（高畑, 1981,
p. 132）。

　ラスペ商会の共同経営者，ラスペとポップは商会を解散してドイツに帰国し

ようと思った。が，金子にパートナーになってもらって再挑戦したかった。これに対して金子は，ポップを鈴木商店に招き入れて貿易をやらせた。ポップを社長に，ラスペ商会にいた井田亦吉を専務として，日本商業を設立したのである。ところが，日本人社員とポップの息が合わず，結局，ポップは退社し，鈴木商店がこれを全面的に運営することになり，日本商業は綿花を中心に取り扱うことになった（澤野, 1983, pp. 118-120）。

2　鈴木商店破綻後

　鈴木商店が破綻した理由については，三井グループ・朝日新聞の共謀に求める説（城山, 1975; 桂, 1989），鉱山業（銅鉱業）欠如に求める説（脇村, 1973; 桂, 1989），金子の独裁暴走に求める説（井上, 1972; 和田, 2003; 加護野, 2006），金子の独裁暴走・過度の借入金依存・軍縮と不況に求める説（森川, 1998）など，さまざまである。

　1927（昭和2）年3月，鈴木商店は倒れたが，その事業基盤，商権などは一朝一夕に消えるわけではない。当時40歳の高畑は，20年近く従事した外国貿易の経験と知識を生かして再起したいと考えた。海外駐在員を含む1,000人程度の本社従業員の大部分は，数カ月の間に，本社の斡旋によって神戸製鋼所，帝国人造絹糸，国際汽船などに移籍した。なお残った数十人らとともに，永井と高畑は新会社設立の準備に乗り出した。

　他方，金子は「鈴木」の名を残した再出発を考えた。「お家再興」の本拠として独占度が高く安定していた太陽曹達社（後に太陽産業に社名変更）を選んだ。単なる曹達会社でなく，かつての鈴木合名の如き親会社にしようと夢見たのである。このとき，直吉は数え72歳（城山, 1975, p. 346）。ところが，台湾銀行，横浜正金銀行など大口債権者は，金子による鈴木再建案に難色を示したうえに，金子のカムバックそのものに反対した。

　高畑らは，日本商業を改組して新会社「日商」を設立した。その際，大口債権者による大部分の債権放棄とともに，残余財産分配相当額をそのまま日商の出資金に振り替えるなどの処置を得た。また，三菱財閥の重鎮，各務謙吉からの大口出資や，元台湾銀行副頭取，下坂藤太郎からの社長就任（実際は名義のみ）承諾と大口出資の両方，を得るなどした。

　こうして，1928（昭和3）年2月，資本金100万円で新会社「日商」が設立

された（高畑, 1981, pp. 130-132）。旧日本商業と鈴木商店において，主として貿易を担当していた者が集まり，高畑誠一（鈴木），永井幸太郎（鈴木および日本商業），北浜留松（鈴木），多賀二夫（鈴木），和久宗七（日本商業），下坂八郎（日本商業），佐々木義彦（鈴木）というように両社から，新会社「日商」の役員候補者が選ばれた（日商, 1968, p. 168）。

第3節　金子，西川，高畑・永井の関係

1　金子直吉

　井上（1972）によれば，金子は，経営者としてはともかく企業者としてはすぐれた事業家であった。しかし，金子に対する評価については多様である（加護野, 2006）。鈴木を神戸の一貿易商から世界的な一大商社にまで発展させた天才的な事業家，鈴木を没落させた敗軍の将，1人の政商，神戸製鋼所・クロード式窒素工業・帝国人造絹糸・豊年製油などの創業・育成に貢献した偉大な産業開拓者，主家に忠実で無欲，強烈な個性と少なからざる奇行の持ち主，などがそれである（井上, 1972, p. 444）。

　事業理念に関しては，鈴木商店経理部で金融業務を担当し，のちに新興人絹（三菱レイヨン）社長となった賀集益蔵は，それを国家経済の確立と国民の福利増進であって利潤追求は二の次であった，と評価している。他方，それを金子なりの考え方や計算に基づいた，工業を土台とした工業と商業の直結を重視するものであった，と高畑誠一は述べている（井上, 1972, p. 458）。

　その素性と性格は次のとおりである。直吉には，非力な父と勝気な母があった。金子家は数代続いた豪商であったが，父の代には高知の棟割長屋（むねわりながや）に住むところまで落ちぶれた。このため直吉は砂糖屋の丁稚に拾われ，孤独が身についた。「借金があるのに，子供を学校にやっては申訳ない」という母親の考えにより学校へは行かなかった。質屋時代に読書をおぼえ，乱読した。また，若い社員によくこう言った。「内地の商売は，日本人同士の内輪で金が動くだけ。芸者と花合わせをやるようなものだ。何より，外人から金をとらなくちゃいかん。」（城山, 1975, pp. 67-72），と。

　このように，金子の性格をどのように捉えるかは，何を説明するかによって

異なってくる。以下では，丁稚から，大番頭としての取り仕切り，鈴木商店
（ないし日本商業）を追われて，さらに70歳での太陽曹達における再挑戦まで
に注目して，「調整・管理者型」ではなく「先導・企業家型」とみることにす
る。

2　西川文蔵

　滋賀県今津村で米穀薪炭商を営んでいた西川の父は，後には村長もつとめて
いた。酒も煙草もやらない。「難行苦行せねば，立派な人になれぬ。」と言うの
が口癖であった（城山, 1975, p. 88）。

　文蔵は，滋賀商業時代，算盤では全校一の達人であったが，それは生真面目
な努力の現れであって，もともと商売が好きであったわけでも，商才に自信が
あったのでもない。1893（明治26）年，学校騒動に巻き込まれて東京高商（3
年次）を中退し，知人の紹介で鈴木に入った。直吉より8つ年少で高商派より
15年ほど年長。年齢的にも直吉と高商派の架橋の地位にあった（城山, 1975, p.
53）。

　文蔵は，鈴木商店社内の調和・融和を考えた。金子の信任と高畑の信頼の両
方がのし掛かるなか，派閥をおそれ，派閥を固めるよりも若い混沌を選び，高
商出身の不心得者を容赦なく整理した（城山, 1975, p. 282）。

　他方，家庭においては，自分の子供の1人ひとりに，幼いときから名前のつ
いた抽出しを与え，衣類や身の廻りの一切を自分で整理・保管させた。躾けも
きびしく，居間で寝転ぶことも許さなかった。それほど細かく気をつかうのが，
ほんとうの愛情だと思っていた（城山, 1975, p. 104）。

　西川の性格は，金子のそれとは対照的に，「先導・企業家型」ではなくて，
金子の下にあって土佐派と高商派の対立を顕在化させない配慮をしていたと
いった点に鑑みれば，「調整・管理者型」であるかのようにみえる。しかし，
われわれはそのような捉え方はしない。そうではなくて，エリートを自認する
己が前垂れとして鈴木商店に奉公していることに嫌気がさして鈴木を辞めよう
としたというエピソード，あるいは，いたずらに後輩エリートを優遇せず，不
心得者であれば容赦なく派閥とは無関係に整理したという冷徹な管理手法は，
むしろ「先導・企業家型」の性格によるものとして捉えたい。

3　高畑誠一・永井幸太郎

　永井と高畑は神戸高商時代の同級生で，一緒に下宿していたこともある親友
である。永井ははじめスタンダード石油に入社したが，半年後に鈴木商店に
移った。鈴木では金子の片腕として活躍していたが，1924（大正13）年に鈴木
本店総支配人から日本商業へ出向を命じられた。永井は金子に対しても，自分
が正しいと思うことはどしどし注文をつけていたから，鈴木の経営がうまくい
かなくなるとともに金子にとって煙たい存在になり，日本商業に出されたとみ
られる（高畑, 1981, p. 128）。

　高畑は高畑なりの自信を持ち，それだけに本店の行き方にあきたりないもの
を感じていた。直吉の固陋さ，西川の穏健さ。高畑にとっては，鈴木商店は，
「金子の鈴木」ではない。「高畑が鈴木」であった（城山, 1975, p. 256）。

　高畑がロンドンから帰国した1926（大正15）年以降，佐々木・永井・高畑の
３人で鈴木の体質改善策について話し合った。鈴木の関連会社の整理統合など
による事業縮小と借金返済計画などの具体策がまとまった。しかし，その策に
金子は同意せず，最後まで事業拡大しか頭になかった（高畑, 1981, p. 128）。

4　土佐派対高商派

　西川は，高畑・永井らとともに鈴木合名を早く株式会社に改組し，資金を銀
行からの借金だけに頼らず株を公開して広く外部に求めるよう金子に直言した。
しかし，金子は株式公開に頑として反対した。鈴木商店が骨身を削って得た利
益は，鈴木の利益として独占すべきで，株式配当するくらいならば銀行から金
を借りる方がましだというのが金子の理論である（日商, 1968, pp. 27-28）。

　高畑達の少壮インテリ派が台頭して来るにつれて，金子を擁護する子飼いの
社員達，それらの人達の多くは金子を慕って四国の土佐から出てきた人達が多
かったが，そのいわゆる土佐派と高商派（インテリ派）とは以前からある種の
対立のようなものがあった。会社が左前になるにつれて事あるごとに土佐派は
高商派に対抗した。企業の不振の原因を探ってみると，必ずどこかで人の不和
が発見できる。鈴木商店もその例外ではなかった（日商, 1968, p. 42）。

　ここで，人間関係上の不和が業績不振の原因であるのか，それともその逆で
あるのか，という疑問が生じるかもしれない。しかし，本章では，過去の業績

に対する責任の押し付け合いよりも，将来の抽象的な方針に対する思惑，すなわち覇権争いこそが不和の本質であるとみている。もっとも，結論としての離反がすでに決まっていて，その理由探しとしての業績不振というケースも考えられる。たとえば，よく売れている歌手グループや音楽バンドがメンバーの一部を入れ替えたり突然解散するのはそういう事情によると考えられる。

　ここで，金子，西川，高畑・永井の人間関係と，1920年前後のGM社におけるデュラン，クライスラー，スローン・ケタリングのそれの共通点を例示的に4点を指摘しておくことにする。

　第1に，個々の人物の性格に対する評価から，これら8名すべてが「先導・企業家型」の性格であること。

　第2に，金子とデュランが，どちらとも失敗をおそれずに拡大・成長戦略を重視するのに対して，西川とクライスラーは，ともにその有能さを評価されて雇われた。クライスラーは実際に訣別してクライスラー社を設立した。これに対して，西川は他界してしまうが，エリートのはずの自分が前垂れであることに嫌気がさして奉公し始めてまもなく鈴木を辞めようとしたというエピソードや，金子の下での冷徹な管理手法から，独立の可能性を読みとることができること。

　第3に，高畑は永井の能力と存在を重視し，スローンもケタリングの能力と存在を重視しており，いわば両輪となって，旧い体制が崩壊する前から新しい体制の芽を育み，組織革新の立役者として表舞台を演じていること。

　第4に，金子もデュランも，事実上，自らによって建設した王国を追われても，依然として，ビジネスに携わる者として再挑戦の機会を求めていたこと。

第4節　動態の分析

　たしかに，日商は鈴木商店を母体として誕生している。ところが，その倒産間際における企業文化に注目するなら，その文化の注入者は，金子ないし土佐派と言うこともできれば，西川，高畑・永井すなわち高商派と言うこともできる。というのは，倒産後において，前者は太陽曹達に引き継がれ，後者は日商に引き継がれたからである。しかし，企業文化は一枚岩と見るのが一般的であるから，このような見方は企業文化に関する通説的なものではない。

　ただし，文化を一枚岩で把握する一般的な組織文化論の例外として，ブラジルにおける通信会社の歴史的研究から，組織文化を公式文化（formal culture）と対抗文化（counter subculture）の相互作用的な動態とみる枠組み（Rodrigues, 2006）がある。そのばあい，対立しあう下位文化の存在を認めるとしても，どの観点からその線引きをするかが問題となる。それは，理論的に，組織の境界あるいは組織の概念へと繋がる論点でもある。

　また，鈴木商店は，その晩年に合名と株式の二重組織へと改組したが，その役員構成だけから土佐派・高商派を識別することもできないし，日商の誕生との繋がりを説明することもできない。さらにまた，全盛期から晩年にかけての鈴木商店本店（鈴木合名）とグループ会社の役員兼任の状況（桂, 1989, pp. 162-166）を一瞥しても，同様である。

　こうして，新しい企業組織の誕生の過程は，組織文化，資本関係，組織図（構造），それらのいずれによっても整合的に説明することができない。なぜなら，それらの概念は，既存の企業を前提としているからにほかならない。

　そうではなくて，われわれの関心は，利害調整手段としての法制度上の「会社設立」に対してではなく，法制度上の用語で言うならたとえば発起人組合それ自体の生成といった，むしろ人間関係の動態に対して，即ち，生成・変動・消滅，それらを含む組織それ自体の解明に対してである。

　このような立場は，村上・公文・佐藤（1979）による「集団競争史観」とは異なる。村上らは，いわば裸一貫の個人の心理的パワー（林, 2005）をほとんど認めず，個人が何らかの集団に組み込まれてはじめて，集団の対立・競合・協調・合体を通じてのみ歴史が動く，と主張している。われわれの立場はそれとは異なる。

　すなわち，心理的パワーの大きい個人（ないしその個人に由来する思想や考え方）が中心となって，人間関係の構築・解体・再構築が繰り返される，という歴史観である。

　そこで，組織の重心あるいは勢力（高田, 2003a, 2003b）という概念を適用してみると，鈴木商店における土佐派・高商派の対立的関係から日商の誕生までを首尾一貫して説明することができる。これを図示すると**図4-1**のようになる。

　図4-1は，鈴木商店の誕生後，一方で，鈴木商店による日本商業の買収を

図4-1　鈴木商店と日商（双日）

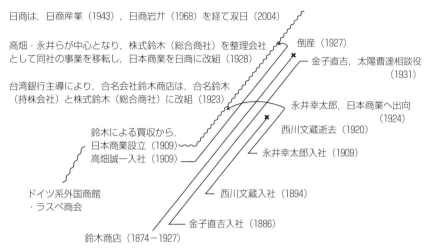

出所：筆者作成

表4-1　構造・派閥・動態・文化の関係

概念	重要な位置	所属対象	境界の外観	構成要素	権限と責任	成立または参加の時期	紐帯の根拠	崩壊の契機	参加資格	退出手続き
構造	頂点（マネージャー）	従属部署	明確	没人格的役割	有り（明確）	契約	法律とカネ	役割の成就	知識と能力	契約解除
派閥	長（ボス）	党派層としての構成員	明確	役割を伴った人物	有り（不明確）	明示的合意としての儀式	カネ	長の失脚または死亡	縁故と好意	ボスからの承認
動態	焦点化された手段→リーダー	無党派層→支持者	不明確→ある程度明確	重力点としての人物	なし	期待感の醸成→一方的な支持	期待感→人間的魅力	失望→支持率凋落	手段的同意→好意	一方的な不支持
文化	中心（シンボルまたはリーダー）	協力・賛同者	不明確	神話に染まった人物	なし	暗黙的同意	活動の継続	活動の停滞または中止	面識と接触	協力拒否

出所：林（2005）

経るかたちで，鈴木商店を母体とする日商が誕生し，他方で，鈴木商店倒産後に金子が太陽曹達の相談役に就く，それまでにおける，金子，西川，高畑・永井らの関係をまとめたものである。

　また，構造，派閥，動態，文化の関係を整理したのが**表4-1**である。**表4-1**においては，組織の重心も，勢力も，どちらとも静態を把握するための概念ではないため，それらを動態としてみることに差し支えない。

　表4-1は，本章において人間関係を記述する際の理論的背景，すなわち，

（フォロワーの間において）焦点化された手段（重心），この概念が他の類似概念とどのような関係にあるかを比較している。構造，派閥，文化，それらのいずれをもってしても，あるいはそれらをどのように組み合わせてみても，動態を説明するには十分ではない。これを端的に言うなら，ある組織図がそれとは異なる組織図へいかに書き換えられるのか，あるいは，あたかもエビが脱皮するかのようにして，互いに異なる複数の組織図へといかに書き換えられるのか，こういったことが説明できない，という意味である。

　これに対して，重心は，動態の記述・説明に不可欠な概念であって，しかも，この概念により，組織は，従来の，構造，制度，あるいは官僚制としての静的なイメージから，動的なそれへと転換されている。

第5節　おわりに

　この章では，鈴木商店と日商に注目した。もともと神戸で営んでいたドイツ系外国商館ラペス商会が鈴木商店の傘下，日本商業となり，鈴木商店の倒産後，鈴木商店の事業を新会社「日商」が継承した。その日商の構想と設立に関与した中心グループの1人が，日本商業設立時に鈴木商店に入社した高畑である。

　西川はもちろんのこと，高畑・永井らも，金子が素直に鈴木商店の近代化案を受け入れてくれることを望んでいた。しかし，金子は自らの信念を貫いて，それを拒んだ。他方，創業者鈴木岩治郎の配偶者であって，岩治郎の死後，鈴木商店の運営を番頭に任せたお家，鈴木ヨネもまた，事業のやり方や内容に口を挟むことはなかった。

　ロンドン支店での凄腕によりその名を轟かせ，鈴木商店の一従業員にすぎなかった高畑は，鈴木ヨネの娘と結婚して，名実ともに鈴木家の人間となった。金子，西川，高畑・永井のいずれも，もともと鈴木家とは無関係の単なる被用者（salaried manager）であったところ，こうして高畑だけがいわば別格となったわけである。

　しかし，そのことと，日商の構想・設立とは関係がないように思われる。なぜなら，ロンドン支店時代に，鈴木商店に帰属しないひとかどの私財をなしたにもかかわらず，それに胡座をかくことなく，日商の構想を練り，これに傾倒し，その設立に漕ぎ着けているからである。

　鈴木商店の近代化案をめぐって，土佐派の丁稚を率いる金子直吉は古参の反対派（公生的勢力; institutionalized power）であり，西川，高畑　永井らは推進派（野生的勢力: counter power）であった（英訳語はTominaga, 2003を参照）。西川は，その生来の性格，高商中退という経歴と，金子，鈴木家との関係から，土佐派と高商派の間に挟まれながらも，派閥の対立を抑え，協働意欲に乏しい学卒者を叩き，一方で在ロンドンの高畑からの近代化推進の鋭い要求を受け止め，他方で金子を支え，中間管理職を全うした。

　折しも，西川の他界後，推進派と反対派の対立は鮮明となっていった。金子の拡大戦略が行き詰まったことをきっかけとして，台湾銀行主導により鈴木商店は改組されたものの，西川のような有能な滅私奉公型の中間管理職を欠いた鈴木商店は，ほどなく倒産を迎えた。

　反対派である金子が，鈴木商店のいわば中興の祖であり，日本の産業を支える数多くの企業を抱えるに至ったという現場での叩き上げによる実績を持つがゆえに，それだけいっそう，学卒のインテリ推進派は，左遷された永井のような例外を除いて，金子と対峙しにくかったはずである。

　したがって，金子が近代化案を拒み，在ロンドンの高畑に頻繁に文書で市況を乞うなかで，高畑は，トランパーの果敢な実施と成功をはじめ貿易商としての知識と経験を積み重ねていった。他のインテリ高商派も，反対派の存在ゆえに，鈴木商店の行く末を憂慮したであろう。実際，鈴木商店の倒産後，神戸製鋼所などへ移籍したり独立したりしている。

　金子の暴走を横目で見ながら，ぬるま湯ならぬ熱湯のなかで，自らのキャリアを真剣に考えざるをえない。そのような試練があったからこそ，高畑らはそれだけいっそう真剣に構想を練り，日商の役員候補者たちとの結束を固めることができ，資金調達（株式の引き受けの確保），御神輿（名目社長の引き受け手の了承），ビジョンの精緻化を順調に進めることができ，その結果として，鈴木商店を再生させることができたと考えられる。

　たしかに鈴木商店は倒産した。しかし，日商の誕生を仔細に検討してみると，その形式は日本商業の改組であり，その内容は鈴木商店の事業継承である。したがって，その本質は鈴木商店の組織革新（organizaiton）であった。これを導いたのが，反対派（organized）としての組織の重心，金子であり，また，推進派（organizing）としての組織の重心，高畑・永井らであり，あるいは鈴木倒

産後に独立した何人かのインテリ従業員たちである。端的に言えば，金子1人の重心（organized）から，高畑1人の重心（organizing）の誕生，これが鈴木商店の組織革新（organization）である。以上が本章の結論である。

　ここで，ある組織に重心が複数存在するのか，という疑問は妥当ではない。そうではなくて，1つの重心とその支持全体，これが1つの組織である。古典的な概念で譬えると，ある組織図が，ちょうどエビが脱皮するかのようにして，互いに異なる組織図へと貌をかえるとき，個々の組織図の中心を形成するモノ（あるいは，形成するコト）は何と言うのであろうか。そのような何かを重心と称するのである。ただし，重心は組織図を前提としない概念であるから，組織図と重心は必ずしも符合しない。

　倒産後の鈴木商店は，実際，一方で40歳代の高畑・永井ら（近代化推進派）を中心とした日商による再出発，他方で太陽曹達を通じた70歳代の金子（近代化反対派）による復活，それぞれが試みられた。このことを，近代的企業は生き残り，前近代的企業は生き残れないと，短絡的にみるべきではない。両者とも，それぞれの支持者を巻き込みながら，自らの心理的パワーに導かれながら，事業に対する信念を貫いている。この一連の過程が組織革新であり，支持者らの中心の存在が組織の重心であり，勢力でもある。

第5章

フォード社の成立過程：
企業者史への一視角

第1節　はじめに

　なぜフォード社（Ford Motor Company: 1903-）に注目するのか。この問いから始めることにしよう。

　さて，20世紀はモータリゼーションの時代であった。俸給経営者が台頭し，米国を中心に，鉄鋼，石油，化学など，あらゆる産業を巻き込みつつ，社会は急速に進歩した。そのような背景の下で，世界の主だったビジネススクールと同様に，わが国における経営学教育においても，デュポン社やGM社に代表される近代企業の管理手法に学ぶことが基本とされてきた。とりわけ，スローン『GMとともに』は経営者の必読書となった。

　M&A，多角化，事業部制，ROI，原価管理，計画的陳腐化，委員会運営，金融会社（GMAC），軍事における政府との関係，その他，企業経営のありとあらゆる側面についてデュポン社とGM社に学ぶこと，これが20世紀後半における経営学徒の，あるいは幹部候補たる実務家の，共通の心得であった。これに対して，T型車で有名なフォード社は，GM社のシボレーの登場によって，あたかも次世代の優駿の後塵を拝する古馬であるかのごとく，経営教育においてはどちらかと言えば陰の存在であった。

　ところが，である。21世紀に入ると，企業ランキング（FORTUNE 500ウェブサイト）において長期にわたり上位3社以内（1955-2007の総収入）であった指定席をウォルマートなどの他社に明け渡し，さらに2009年6月，連邦破産法11条の適用を受けることにより，かつての世界最大企業GM社は米国政府の管理下に入ってしまった。その後，同社は業績を取り戻し，再上場を果たしたも

のの，ガソリン・エンジンの自動車が謳歌した黄金時代はすでに過去のものとなりつつある（矢島, 2012）。

　これとは対照的に，T型車のライバルであるGM社のシボレーによる追撃に始まり，幾度となく破綻の危機に直面しつつも，再建を繰り返しながら，フォード社はずっと存続している（小高, 2010）。たとえば，所有と経営が分離していない同族会社に学ぶべきものは何もない，T型車だけ，近代企業とは言えない，などというかたちで，クライスラー社とともにビッグスリーの一角をなすフォード社は長い間GM社の陰に隠れていた。GM社と異なり，しかしながらフォード社は1903年の設立以来一度も破綻したことはない。他方で歴史を繙いてみると，同社は設立以前において並々ならぬ苦難を経験している。この点もまた，デュランによるM&Aの繰り返しによって成立したGM社のそれとは対照的である。

　ヘンリー（Henry Ford: 1863-1947）やフォード社に関する文献は多いが，T型車をめぐる大量生産の技術的な内容や自動車の普及による社会の変化を取り上げたものが圧倒的に多く，なぜ，いかに設立に至ったかという事情に関しては，あまり光が当てられない[1]。

　その経緯を繙いてみると，興味深いことに，あの高級車のキャディラックのルーツが，ヘンリーの設計による大型車であったこと，あのヘンリー・リーランド（Henry Martyn Leland: 1843-1932）がフォード社へ移り，高級車リンカーンに携わったこと，などなど，米国の自動車産業，とりわけフォード社設立前後の時期をみると，叩き上げのエンジニアと胡散臭い投資家が，離合集散を繰り返していたことがわかる（Flink, 1975, pp. 44-45, 邦訳, p. 48）。その離合集散を規定するものは，投資家については別としても，とりわけエンジニアに関しては，必ずしも利潤動機だけではなかった，ということもわかる。

　であるなら，離合集散を規定する要因はいったい何か。この問いこそが，われわれがフォード社に注目する理由である。

　よく知られている単価引き下げと工賃の倍増。相反する両要素の同時達成を新しい生産技術の導入によって成就させ，T型車の大量生産・大量流通を通じて，それ以前の馬車の時代からクルマの時代（horseless age）へと，米国社会を大きく変革したと言われる中心人物。それがヘンリーである。

　そうした自動車社会の到来を担ったフォード社は，それまで高級であったガ

ソリン自動車に対して，大衆でも簡単に現金で手に入れられる廉価車の普及を内容とするヘンリーの経営理念に導かれた企業である。であるからといって，上述のとおり，同社が必ずしも論理必然的にあるいは直線的に設立されたというわけではない。

後述するように，技術の面でも，また，株式会社の運営の面でも，ヘンリーとその仲間たち（ただし，そのような理念やロマンとは無縁の，いわゆる経済人的な，金銭目的だけの関係者を含む）が，それぞれの夢と欲望に導かれて，手を結んだり，手を切ったりしながら，何度も何度も挑戦と失敗を重ねた末に，ようやく実現したというのがT型車の物語である（トヨタ自動車株式会社トヨタ博物館, 2007）。したがって，T型車の構想から設計，生産へと至るまでの試行錯誤的な過程と同様に，フォード社の成立過程もまた，とうてい，理路整然とした意思決定の積み重ねと言えるものではなかった。

実際，幾度となく挫折が繰り返されたにもかかわらず，その現実からけっして逃避することなく，ヘンリーは果敢に立ち向かっていった。そのヘンリーを精神的に支えた，きわめて重要とみられる人々を抽出すれば次のごとくである。

流産後に亡くなった母，メアリー（Mary Litogot: 1839-1876）。ヘンリーが生来嫌いな農業を押しつけるも，やがてヘンリーの自動車製作に理解を示した父，ウィリアム（William Ford: 1826-1905）。ガソリン自動車の試作に向けて無計画に資金を投入するヘンリーを，几帳面に家計簿をつけながら支え続けた妻，クララ（Clara Bryant: 1866-1950）。ヘンリーのガソリン自動車の製作への挑戦に専門的な見地から理解を示し，「がんばりなさい」と背中を押した，あのトーマス・エジソン（Thomas Alva Edison: 1847-1931）。

また，科学的管理法で知られるテイラーの時代とたまたま同じ時代に，フォード社が効率的な大量生産を達成したことも事実である。しかし，驚くべきことに，フォード社の幹部も現場も，科学的管理法[2]の知識とは無縁であった（Sorensen, 1962, p. 41, 高橋訳, p. 46）。したがって，ハイランド・パーク工場，さらにはリバー・ルージュ工場におけるT型車の驚異的な生産技術を現場で指揮し，支えた，ウィリス（Childe Harold Wills: 1878-1940），フランダース（Walter Flanders: 1871-1923），ソレンセン（Charles Emil Sorensen: 1881-1968），など。彼らに加えて，経理面で辣腕を振るったクーゼンス（James Couzens: 1872-1936）もまた，なくてはならない中心的な存在であった。

　以上のような人物たちを中心に描かれるフォード社の設立前後。本章はこれに注目する。すなわち，T型車の背後に見出される，ヘンリーをめぐる人々のさまざまな具体的な経営理念によって彩られる（複数の）組織の重心を記述すること，これを目的としている。なぜなら，組織の重心（林，2011）とは方向性を帯びた経営理念のことにほかならず，その概念を具体例を通じて例証することが，組織変動ないし組織革新の理論の精緻化に資すると考えられるからである。組織変動の理論的研究に関する本章のアプローチは，企業者史研究のそれと親和的である。

　　「われわれが研究しなければならないのは，強烈な個人的動機・確信によって支えられているような経営理念，またその結果，多くの人々の社会的共感を獲得し，経営や経済の起動力になっているような『経営理念』である。」（中川，1981, p. 139）。

　しかしそれにしても，フォード社の成立過程はきわめて複雑である。失敗の連続である。関連する文献によっては，その過程がバッサリと割愛されていたり，紹介されていても断片的なものにとどまっていたり，特定の人物が軽視されていたり，逆に特定の人物が重視されていたりする[3]。そういうわけで，非常にわかりにくいのである。

　にもかかわらず，それだけいっそうこの研究テーマは取り組むに値する。なぜなら，数多くの伝記や一部のビジネス書では，あたかもヘンリー1人が英雄としてフォード社の指揮を執りT型車を成功させたかのような，誤解を招きかねない記述が散見されるからにほかならない。

　企業者史研究のアプローチを摂取しつつ，組織の重心という概念レンズを通じて，「企業者・経営者を経済的であると同時に社会的でも宗教的でもある人間として，すなわち，多分に非合理的な意思決定・行動の主体でもありうる経済主体として把握し，そうした非合理性を含んだ言わば生の人間によって展開される行動として現実の経済・経営現象を理解」（中川，1981, p. 121）することが本章の狙いなのである。

　そのような視角から，以下では，第1に，ヘンリーがガソリン自動車，すなわち「馬なし馬車」の製作に熱中するようになった背景を整理する。第2に，

東海岸とデトロイトに群生していた自動車関連会社群のなかで，多額の開発費を伴うガソリン自動車の製作に本格的に取り組むきっかけだけでなく，ヘンリーのその後の人生にも多大な影響を与えた，エジソンとの出会いを紹介する。第3に，デトロイト自動車会社の設立と解散からヘンリーが得た教訓を考察する。第4に，ヘンリーの自動車レースへの参戦の意図を企業者概念の観点から分析し，ヘンリー・リーランドとの出会いに焦点を当てる。第5に，ヘンリー・フォード社解散後，ヘンリーが999号とアロー号の製作に挑戦した意図を吟味する。

　第6に，ヘンリーとマルコムソンの共同経営における両者の思惑に光を当てる。第7に，T型車の開発に至るまでの主なエンジニアたちとフォード社とのかかわりに注目する。第8に，マルコムソンらの株式を買い取り，フォード社をヘンリーが完全に支配するまでの過程と，その結果が招いた所有と経営の一致の意味を検討する。第9に，ヘンリーとヘンリーがかかわった主な人物に組織の重心をあてはめることでその概念の意義を例証する。

第2節　ガソリン自動車の開発

　以下ではまず，大森（1986）または下川（1972）に拠りながら，ヘンリーがガソリン・エンジン自動車の製作を志すに至った背景を要約しつつ整理する。その際，内容については，Nevins（1954），中川（1981），Henry Ford Heritage Association ウェブサイト，その他を参照している。

　ウィリアムは開拓移民であった。しかし，長男のヘンリーは，鍬，鋤を使う畑仕事と，乳牛の乳搾りが受け入れられなかった。ウィリアムはヘンリーにこの労働を強要しようとした。そういうわけでヘンリーはウィリアムをたいへん嫌った。他方，母メアリーは，ヘンリーが12歳のときに，流産の結果，急死した。しかし，勝ち気なメアリーがヘンリーに与えた薫陶は，その後のヘンリーの人生にとって大きく影響した（大森, 1986, p. 22）。

　16歳のときにディアボーンの家を出たヘンリーは，デトロイトへ出て，工場の見習工（Michigan Car Company, ミシガン車輌製造会社：日給1ドル10セント）となった。しかし，仕事をきちんとこなして先輩の顔を潰したた

め，6日目にしてクビになった。その事実を知ったウィリアムは，デトロイトで友人が経営していた真鍮（しんちゅう）工場に口利きをした。その結果，ヘンリーは見習工（James Flower & Brothers Machine Shop, フラワー兄弟機械工場：週給6ドル）となった。にもかかわらず，覚えるべき技術がなくなったとして6カ月後に辞めた。他方で，週3ドルの下宿代を工面するため，一晩50セントの時計屋でのアルバイトをした。そこで大衆時計の量産販売を目論むが，需要の見込みがないと見極めて断念した。いきづまったヘンリーは，いったんディアボーンへ里帰りした。折しも小麦の収穫期でウィリアムが多忙であったため，ヘンリーは歓迎された（大森, 1986, pp. 35-37）。

その後，再びデトロイトへ戻ったヘンリーの3番目の仕事口は造船所の見習工（Detroit Drydock Company, デトロイト船舶修理会社：週給2ドル）であった。そこで2年間勤めた。この間，同僚の見習工から科学雑誌等を通じてドイツのニコラス・オットー（Nikolaus A. Otto）の存在を知り，ガソリン・エンジンの時代の到来を予感した。

再び帰省することとしたヘンリーは，ディアボーンの自宅で2年間をかけて，薪を燃料とする蒸気エンジンによる農耕用トラクターの試作に励んだ（大森, 1986, pp. 38-43）。

ガソリン・エンジンには電気の知識が不可欠であるが，ヘンリーは電気に疎かった。そこでデトロイトにあるエジソン照明会社（Edison Illuminating Power Plant）に仕事口を求めて，新婦クララとともに，戸建て新居のあるディアボーンを離れて，デトロイトへと引っ越す決意をした（大森, 1986, pp. 56-57）。

しかし，デトロイトでの仕事は発電機とは関係のない蒸気エンジンの修理であった。そのうえ，月給45ドルの苦しい生活を送ることになった。そのような境遇の下，実験に必要な資料や機材を買い求めながら，十分な実験室を求めてアパートや借家の引っ越しを繰り返した（大森, 1986, pp. 59-60; 下川, 1972, p. 7）。

他方，クララは夜ごとこつこつと家計簿をつけることで，家計を顧みずに実験に必要な材料を買い集めるヘンリーを支えた（大森, 1986, pp. 72-73）。

こうして1896年6月4日，ヘンリーはガソリン・エンジン自動車の第1号を完成させた。ところが，車体が大きすぎて実験室の石炭小屋から運び出せ

なかった。そこでヘンリーは母屋から斧を持ってきて，小屋の煉瓦壁にはめこまれていた木戸の両側を壊して運び出した（大森, 1986, pp. 75-80）。

中川（1981）によれば，当時のデトロイトでは多くの自動車関連企業が生まれていた。たとえば，ランサム・E・オルズ（Ransom Eli Olds）は，ヘンリーより先に，1 シリンダー，重量700ポンド，売価650ドル（当時の自動車の価格は2,500～7,000ドル）の大衆車「オルズ・モービル」の量産に成功していた。しかし，オルズは出資者の反対にあって低価格車の生産を続行することができなかった。新たな出資者の援助を得て創設した新会社では1,200ドルの「レオ」（Reo motorcar）を生産した。確実に収益をあげるという観点からみれば，当時は高級車の方がはるかに有利であったのである（中川, 1981, p. 119）。

以上を要するに，ヘンリーは長男でありながら肉体労働としての父の家業の農業を嫌い，16歳からデトロイトで修業を重ねた。21歳になって故郷グリーンフィールドへ戻ると，農作業を楽にさせる蒸気トラクターを製作した。他方，1888年4 月のクララとの結婚を経て，電気の知識を求めて再びデトロイトへ引っ越した。エジソン照明会社で夜勤を続けながら，トラクターを製作した技能と科学雑誌等で得た知識をもとにガソリン自動車の開発を続け，1893年11月の長男エドセルの誕生後，1896年6 月，ガソリン自動車を完成させた（下川, 1972, pp. 6-7）。

第3節　エジソンとの出会い

ヘンリーの回想によると，ヘンリーのエジソンとの出会いは次のように要約される。

1896年8 月11日，ヘンリーはエジソンと初めて会った。その日はヘンリーにとって実に意義深い日になった。当時，ヘンリーはエジソン照明会社の主任技師になっていた。同社社長のアレクサンダー・ダウ（Alexander Dow）とともに，コニー・アイランドから数マイル離れたマンハッタン・ビーチ・ホテルにおいて開かれた，エジソン代表者会議（各地の工場の技術主任や責任者が情報交換のために集まる年次大会）に参加した。午後のセッションに

おいて，中央発電所の人たちは，「馬なし馬車」については電気車こそが万人の求めるものである，と見ていた。蓄電池の再充電の方法などが注目されると見ていたのである。その会話の中でダウ氏に番が回ってきたとき，ダウはテーブル越しにヘンリーを指さしてこう言った。「そこにガソリン車を作った若者がいます。」，と。

　当時，聴力がひどく落ちていたエジソンが横に座ってあれこれと矢継ぎ早に質問を浴びせると，ヘンリーはスケッチを使いながらそれに答えた。エジソンもまた，スケッチを使いながら質問をして，2人の応酬が繰り返された。ヘンリーによる説明が終わったとき，エジソンはこぶしでテーブルを叩いてこう言った。

　「きみ，それだよ，やったじゃないか，がんばって続けなさい。電気自動車は重すぎる。ガソリン車なら蒸気機関車のような煙も蒸気も出ない。よくやったね。がんばりなさい。」，と。そのテーブルのひと叩きは，ヘンリーにとって何よりも大きな価値があった。それまでヘンリーを激励してくれたひととは1人もいなかったから，正しい方向を目指していると自分では思っていながら，確かだと思ったり，迷ったりしていた。しかし，これで雲が晴れた。世界最高の発明の天才から全面的な賛同を与えられたからである（Ford, 1930, pp. 1-6, 邦訳, pp. 13-18; 大森, 1986, pp. 81-85）。

　当時，ガソリン自動車の製作に挑戦していたのはヘンリーだけではなかった。しかし，ヘンリーの独創性は，マサチューセッツにおいて1895年にそれに成功したハイラム・P・マキシム（Hiram Percy Maxim）の言葉からも確認できる。

　「私はドイツのベンツやダイムラー，フランスのバナールその他アメリカのデュリア兄弟，ヘインズ，アパーソン，ウイントンなどが熱心に自動車を研究しているのを気づかずにいた。過去を振り返ってみると，こんなに多くの人たちが，ほとんど同じ時期に，自動車を作るという仕事を始め，お互いにそのことを全然知らなかったということに気がつき，ほんとうに驚いた。」（Nevins, 1954, p. 133; 下川, 1972, p. 9）。

第4節　デトロイト自動車の教訓

　こうしてエジソンがヘンリーの実力を認めたことから，ウィリアムは，ヘンリーに資金援助を申し出た。ところが，父親嫌いのヘンリーは，きっぱりとその申し出を断った（大森, 1986, pp. 88）。

　他方で，第1号車を完成させてから3年間，ヘンリーはエジソン社に勤務を続け，第1号車に改良を重ねた結果，1898年には第2号車を製作した。その後，1899年8月エジソン社の月給150ドル，しかも工場長への昇格という好条件での慰留をも振り切って辞任し，自動車製作一筋に生きる道を選んだのであった。

　ヘンリーは，デトロイト市長メイベリー（William Cotter Mayburry: 1848-1909）を第2号車に同乗させ，デトロイト郊外までドライブしてメイベリーの歓心を得ようとした。第2号車の別の試乗者，デトロイトで不動産取引や材木商などをしていたアイルランド人，ウイリアム・マーフィ（William H. Murphy）もヘンリーの出資話に乗った。こうして，1899年8月5日，デトロイト自動車会社（Detroit Automobile Company: 1899-1901）が設立された。資本金は1万5,000ドルであったが，ヘンリーは出資せず，技師長となった（Lacy, 1986, pp. 47-48, 邦訳上巻, pp. 97-98; 大森, 1986, pp. 95-96）。

　実際，同社は従業員10名足らずの小さな町工場程度のもので，「馬なし馬車」で一儲けをたくらむ地方の実業家が経営の実権を握っていたわけである。こうしてヘンリーは，海のものとも山のものともつかぬ馬なし馬車の製作で一種のギャンブルをもくろむ投機家のもとに身を託したわけである。ヘンリーは車の特許料として株式の6分の1を与えられ，月給100ドル，車の製作費として10台分1万ドルの前渡しを受け，1900年1月に慎重に設計改良された第1号車を完成させ，全部で20台の車を製作した。しかし，経営者たちは，ヘンリーが当初から考えていた大衆車構想に反対し，高い価格をつけたため，第1号モデルは売れず，1901年の1月には同社は解散し，その資産は売卸されるに至った（下川, 1972, p. 10, 傍点は引用者）。

　デトロイト自動車会社での苦い経験からヘンリーが得た教訓は何か。高級品の売買による大きな利鞘という彼らの目的は,「事業」という面では一致していても,大衆車構想というヘンリーの「崇高なる」経営理念とは相容れなかった。手段としての自動車事業が重なっていただけであり,長期的な目的や経営理念が一致していたわけではなかった。自動車の魅力を肌で感じることはあっても,現場で自動車製作に携わることがない出資者たちは,高効率と高賃金の両立はもちろんのこと,よもやクルマが鉄道を凌駕する世の中の到来など想像できなかったに違いない。そのような投資家に出資を持ちかけたことがデトロイト自動車会社失敗の本質であり,そのことがヘンリーの教訓のはずであった。

　しかし,真相はどうなのか。

第5節　レースとヘンリー・リーランド

　家族を郷里に帰し1人でデトロイトにとどまったヘンリーは,デトロイト自動車会社から引き継いだ未完成のモデルの完成に専念したが,まず自動車レースで勝つことによって名声を獲得し,それを足場にして再出発しようとレース用の自動車製作に専念した。

　そのためにヘンリーは,YMCAの教え子であったバーテル（Oliver Barthel）をレース用の自動車の製作協力者として招いた。また,ヘンリーは,別の協力者としてデトロイト・ルーブリケータ社（Detroit Lubricating Co.）の見習工,ウィリスを引き入れた。ウィリスは,自動車に強い関心を寄せていたため,1899年には,非常勤でいいからヘンリーのもとで働きたいと申し出ていた。デトロイト自動車会社で,早朝と夜にヘンリーに仕えていたのである。

　こうして,1901年10月10日,デトロイト・ドライブクラブ主催のレースにおいて,ヘンリーは自らの車を駆って当時のレースの王者ウイントン（Alexander Winton）を抜いてトップでゴールイン（完走）した（大森, 1986, pp. 97-105; 下川, 1972, p. 13）。

　レースによって得た名声を背景に,ヘンリーに自動車製造をやらせたいというデトロイトの実業家らが発起人となり,1901年11月30日,ヘンリー・フォード社（Henry Ford Company: 1901-1902）が結成された。その社長には,

デトロイト自動車会社の株主であったブラック（Clarence A. Black）が就任し，その他，マーフィー，ホワイト（Albert F. F. White），ボ　ウェン（Lem W. Bowen）など，同社の旧株主が幹部となり，ヘンリーは技師長に就いた。資本金6万ドルのうち3万500ドルが払い込まれ，ヘンリーには1,000株（1万ドル分）が与えられた（下川，1972，p. 13）。

その後のヘンリー・フォード社時代におけるヘンリーの自動車に対する考え方と，リーランドとのかかわりについては，見解がわかれている。

下川（1972）と大森（1986）は，大衆車への傾倒を中心に直線的に説明している。ヘンリーの自著はもちろんのこと，経営関連の多くのテキストもこの見方に立っているように思われる。藻利（1965）による企業指導原理の分析もこれに従っている。すなわち，徹頭徹尾，ヘンリーは，単価引き下げと工賃の倍増，これを奉仕動機という指導原理を通じて達成し，長期にわたり社会を変革した，と。

ところが，フリンク（Flink, 1975）やレイシー（Lacey, 1986）は，レース用の大型車への傾倒によってヘンリーには混乱がみられる，と説明している。中川（1981）にあっては，さらに踏み込んで，ヘンリーによる奉仕動機という企業指導原理（通説）を否定している。さらに三品（2011）も，ヘンリーによる大衆車構想の着想の時期について指摘している。

こうした両説に対して，フォード社の公式ホームページの説明「ヘンリー・フォードとフォード・モーター・カンパニーのはじまり。」は，両説のどちらともとれる慎重な書きぶりとなっている[4]。

多くの著名なエンジニアや資本家が巻き込まれた末に，T型車の量産という偉業が達成されたこと，このこと自体は間違いない。いったい真相はどうなのか。それぞれの主張をみてみよう。

1　通　説

ヘンリーは大衆車の生産に乗り出すべきであると考えていた。これに対して，株主たちの大半はできるだけ高い価格で販売できる車の製造に没頭すべきという考えをもっていた。ヘンリーの考えに賛同しない株主たちはリーランドに接近し，その助言をとり入れて経営の発展をはかろうと試みた（下川，1972，p. 14）。

　リーランドはコルト連発拳銃工場やスプリングフィールド連邦政府兵器廠で働いたことのある熟練機械技師であり，機械加工作業の精密度をそれまでの誤差１万分の１インチから10万分の１インチにまで高めた人物としても有名である。マーフィーがリーランドを招き入れたことによって，ヘンリーの立場は次第に苦しいものになっていった。

　1902年３月10日，ヘンリーは見切りをつけてヘンリー・フォード社を辞職した。工場の管理はリーランドに引き継がれ，同社は高級車生産に専念することになった。のちにGMに合併されるキャディラック社（Cadillac Motor Company）がそれである（大森, 1986, pp. 97-105; 下川, 1972, p. 13）。

２　混　乱　説

　フリンクによれば，「大衆車」というアイデアは国民大衆が待望していたものであった。ヘンリー以外では，ランサム・E・オールズとトーマス・B・ジェフリー（Thomas B. Jeffery）が重要人物であった。彼らが大衆車を具体化しようとしていたとき，ヘンリーはまだ，レース用自動車の製造に熱中していた。T型車によって実現された基本的な技術は，ヘンリー以外の先駆者たちが発明し，開発したものなのである（Flink, 1975, p. 75, 邦訳, pp. 84-85, 傍点は引用者）。

　また，バーテルはこう回想している。「ヘンリーは小型車の製造計画には気乗りがしないようでした。もっと大きくて速いレーシング・カーを作りたいということばかり言っていました。」，と。ところが，ヘンリーは，「高級乗用車ならびに高級ツーリング・カー製造販売。自動車用部品全般ならびに点火コイル製造販売」と刷り込まれたヘンリー・フォード社用便箋によって，クララの兄，ミルトン・ブライアント（Milton D. Bryant）に対して，出資者の募集を乞うていたのである。そういうわけで，バーテルはこうつけ加えている。「ヘンリーは二重人格の持ち主のように見えました。さんざん悩まされたものです。」，と。なぜなら，マーフィーが突然工場へやってきて，レース用自動車の仕事をしている現場の様子をおさえると，「いますぐにやめろ。さもないとクビにする。」と脅されることにより，ヘンリーとマーフィーの間で板挟みになっていたからである（Lacey, 1986, pp. 61-63, 邦訳上巻, pp. 122-124）。

　もともと，マーフィーはリーランド＆フォークナー社（Leland & Faulconer）の重役であった。リーランドとは同じ教会に通っていたため，マーフィーに

とってリーランドは助言者でもあった。ヘンリーとマーフィーの間でのトラブルの仲裁を頼まれたリーランドは，早々と手打ちを遂げた。すなわち，ヘンリーに対して，900ドルの現金払い，それまで手掛けていたのとは異なる新しいレース用自動車の設計への着手，社名からヘンリーという固有名詞を外すこと，これらの条件をのませた。こうして，ヘンリーが手掛けていた設計の単気筒エンジンのクルマが，後に，キャディラックとなったのである。

この二度目の失敗は，ヘンリーの不安定な性格と方向感の欠如によるものである，とレイシーは分析している（Lacey, 1986, pp. 62-63, 邦訳上巻, pp. 125-126）。

中川によれば，「ヘンリ・フォードの経営理念がサービス・モウティヴにもとづいていたという場合，それは要するにフォードが顧客の創造に利潤追求の機会を見出したというだけのことであって，これを『利潤動機』に対立する『奉仕動機』と考えることは誤解を導きやすいといわねばならない。」（中川, 1981, p. 163）

また，ヘンリーの奉仕動機と矛盾すると思われるエピソードとして，時計屋でのアルバイトのころのことが指摘できる。すなわち，ガソリン・エンジンに傾倒するずっと以前に，時計の量産を企てたものの，大量の需要が見込まれないとみると，あっさりとその構想を捨てた（大森, 1986, pp. 35-37）。

三品（2011）もまた，「ヘンリーが最初から大衆車を目論んでいたわけではなかった。」と指摘している。

以上から，通説よりも混乱説のほうが説得的であることが読みとれる。

1909年にGM社の傘下に入ったキャディラック社（後に事業部）のリーランドは，GM社のデュランと衝突した後，1917年に同社を辞めて，リンカーン社を設立した。ところが業績は伸びず，1922年にヘンリーが率いるフォード社から買収された。この点，下川（1972）はその理由を個人的友情に求めている。なぜなら，フォード社はT型車を中心とする大衆車に力を入れているのに，高級大型車を扱うリンカーン社を傘下に収めるのは，経営上の基本方針として整合性がとれないようにみえるからである。

さらに不思議な点がある。すなわち，ヘンリーもデュランも平和主義者であり，ともに軍事生産に否定的であった。リーランドは，キャディラック時代にデュランに対してリバティー・エンジンの生産への着手を進言したが，デュラ

ンがこの提案を真っ向から拒んだために，GM社を離れた。にもかかわらず，なぜ同じ平和主義者ヘンリーからの買収要請に応じたのか。

　ヘンリー（フォード社）とリーランド（リンカーン社）の関係について，もちろん，個人的友情を全否定することはできない。しかし，リーランドは，実業家というよりはむしろ，キャディラック時代にいっしょにセルフ・スターターを開発した，あのチャールズ・ケタリングと同様に，生粋のエンジニアであった。したがって，リーランドは，とりわけ農村社会にとっての馬車ではなくクルマが持つ意味，ガソリン・スタンドの普及，すなわち石油採掘・精製業の展開など，クルマに関する米国社会全般の動向や，自動車の製造・販売という事業全般には心を砕いていなかったように思われる。

　後述するように，実際，ヘンリーもまた実業家としてははなはだ稚拙であった。一介の，ただしきわめて卓越したエンジニアにすぎなかったのである。マルコムソンやクーゼンスなしに，クルマの広告宣伝活動・適切な受注・原価管理・販売管理をはじめとする秩序だった企業運営など，できるはずがなかった。他方で，家計は，クララ夫人の尽力によって支えられていたのである。

　これに対して，リーランドには，たまたまそのような巡り合わせがなかっただけのこととみるべきかもしれない。したがって，マーフィーを介してリーランドがヘンリー・フォード社に関わるようになったのも，GM社を辞めたのも，リンカーン社をフォード社へ売却したのも，いずれもけっして単純な目先の利潤動機によるものではなく，エンジニアとしての自分なりの矜持と考えでその生涯を貫いた，と解釈できる。

第6節　999とアロー号

　以下では，上記の分析を裏付けているように思われる要因として，999とアロー号をめぐる当時のヘンリーの性向をみることにする。

　1902年3月10日，ヘンリーはヘンリー・フォード社に見切りをつけて辞職した。ヘンリーは，自らの小工場で競走車の改良作業に拍車をかけて，1902年秋，著名な自転車選手クーパー（Tom Cooper）の援助によって2台の競走車を完成した（下川, 1972, p. 14）。

　1台は「アロー号」と名づけられ，のちにヘンリーが「B型」車を売り出す際にこれを改造した車で氷上走行テストを試みている。もう1台はニューヨーク・セントラル鉄道の急行列車の名を冠した「999」で，4気筒70馬力，口径行程とも7インチ，当時の競走車として最大かつ最速のものであった（下川，1972, p. 15）。

　1902年10月25日，デトロイトのグロスポイント（Grosse Pointe）で5マイルロードレースが開催されることになり，クーパーは自転車選手オールドフィールド（Barney Oldfield）を呼び寄せ，わずか1週間の訓練で「999」号の操縦を体得させた。ウイントン，バックマン，シャンクスの3名の走車を尻目に，オールドフィールド操縦の「999」号は第2着車を半マイル近く引き離して，5マイルを5分28秒の新記録で優勝した。二度目の自動車レースでの優勝と新記録の樹立はフォード（ヘンリー）の名声を高めた（下川，1972, p. 16）。

　しかし，他方でヘンリーは，このレース直前に999号をクーパーへ売り渡し，競走車から手を引く決意を固めていた（大森，1986, pp. 105-108）。

下川によれば，「999とアロー号は大衆車の製作のための手段」にすぎなかった（下川，1972, p. 16）。けれども，ヘンリー・フォード社時代におけるヘンリーの態度からみれば，そのような解釈には疑問が残る。

　たしかに，後々のT型車の大量生産・大量販売という事実を前提とすれば，グロスポイントにおけるレースでの優勝は，そのような手段であったと見ることができるし，論理的に整合的となる。また，実際，後にリバー・ルージュ工場となるべき敷地を早期に取得したこと，1日5ドルという当時としては破格の日給を設定したこと，秀逸なエンジニアたちがフォード・モーター社に集結したことは，ヘンリーの人柄や才覚によるものであったのかもしれない。

　しかし，T型車に関して言えば，その核となる大量生産技術の開発や導入の大半は，後述するように，断じてヘンリー個人の功績によるものではなかった。であるから，グロスポイントに出場して優勝するという目標が，大衆車構想の実現にとってそのお膳立てにすぎないことに，ヘンリーが自覚的であったかどうか。その答えは微妙である。

第7節　ヘンリー&マルコムソン共同経営

1　手段の一致

　グロスポイントでのレース終了後，ヘンリーはあくまで競走車の製作にこだわるクーパーとたもとをわかち，かねてから協力を求めていたデトロイトの石炭商マルコムソン（Alexander Y. Malcomson: 1865-1923）とともに新会社設立に乗り出した（下川, 1972, p. 16）。

　その新会社こそがフォード社の前身にあたるものである。

　したがって，フォード社の設立にきわめて重要な役割を果たした中心人物のひとりが，ヘンリーとの共同経営者，マルコムソンである。以下では，マルコムソンの来歴について，とくにヘンリーとの出会いとその後を中心にみることにする。なぜなら，彼とヘンリーやクーゼンスとの出会いがなければ，T型車もフォード社もこの世に存在しなかったからに他ならない。

　マルコムソンは，スコットランド，アイルシャインに生まれ，男やもめの父，おじヨゼフ（Joseph）らとともに15歳のときに出国してデトロイトへ移住した。すぐに雑貨店で働き，その後，小さな雑貨店を手に入れて自営を始めた。その後，ウェストバージニアに石炭鉱山をもち，デトロイトの鉄道，船舶，工場や一般家庭に広く石炭の供給を行うかなり大きな実業家となった。他方で，教会の日曜学校の監督をしており，温厚篤実で，当時エジソン照明会社に勤めていたヘンリーの家に石炭を配達したこともあった。こうして2人は互いに面識を持ったのである。マルコムソンは，また，1895年に，若い事務員，クーゼンス（後にデトロイト市長，さらに米国上院議員）を雇った（Aerocar Company Factory/ Hudson Motor Car Company ウェブサイト; Barnard, 1958, p. 28; Weiss, 2003, pp. 20, 22, ただし，James Cousensの綴りが本文・索引ともにCousinsと誤記されている）。

　1902年の夏，つまりグロスポイントでのレースの前に，新会社への投資を持ちかけるため，ヘンリーはマルコムソンに近づいた。デトロイト自動車での失敗から，投資に関する自身の考えをもとに，ヘンリーは共同経営者マルコムソンとの間で大衆車開発に関する取り決めを事前に明確にした。

　1902年11月，こうしてヘンリーは，マルコムソンとともに3,500ドルずつを出資して，フォード・マルコムソン会社（Ford & Malcomson Co., Ltd.）の設立に漕ぎ着けた。ウィリスの立ち会いのもと，両者は合意書に署名した。

　1903年4月にはマックとおりにある馬車製造木工工場を3年間，月75ドルで賃借りしてこれを自動車組立工場にし，エンジン，シャシー，トランスミッション，アクセルなどについて，デトロイトでも一流の機械メーカーでオルズ社にも納入していたダッジ兄弟社（Dodge Brothers Company: 1900-1915）に発注することになった。ダッジ社に対しては650台分の部品供給と引替えに，支払代金の何割かに相当する現物出資が求められた（大森, 1986, pp. 108-110; 下川, 1972, pp. 16-17; Sorensen, 1962, p. 72, 高橋訳, p. 83; Weiss, 2003, p. 15）。

　しかし，ダッジ兄弟会社の遅い納品のせいで，歴史の浅いフォード・マルコムソン会社は資金繰りに苦労した。そこでマルコムソンは，近親者や知人からの出資を募った。その結果，1903年6月16日，ミシガン州ランシングにおいてフォード社が設立された。同社はフォード・マルコムソン会社の資産を引き継いだ。

　フォード社の資本金は15万ドルで，うち5万ドルは資産引き継ぎに伴う自己株式の形で会社に保有され，外部に対しては1株当り100ドルの価格で1,000株の株式が発行された。1,000株のうちマルコムソンとフォードが255株ずつ，マルコムソンの伯父で銀行家のグレイ（John S. Gray: 1841-1906）が105株，ダッジ兄弟が50株ずつ，残りがその他という構成であった。内規では，現在の株主が外部の第三者に持株を売却する場合には他の出資者の承認が必要であり，またその場合には他の出資者がその持株を適当な価格で買い取る機会を与えなければならない。これは，フォード社が長きにわたって閉鎖的な家族持株支配を決定づけるものであり，実質的に同社が合名会社的に運営されていく出発点でもあった（下川, 1972, pp. 17-18）。

　次に，フォード社の創業期における人事をみることにする。

　設立当初の社長には1年の期限付きでグレイが就任した。ヘンリーは副社長で技師長および工場長を兼ね，クーゼンスは秘書長として実質的な経理および販売担当の責任者となった（下川, 1972, p. 19）。自営の工場を持っていたダッジ兄弟にエンジンとシャシーを外注し，設計はウィリスが担当した（大森, 1986, pp. 110-114）。

　フォード社の勢力図は，まず，ヘンリー，ウィリス，クーゼンス，その他から成るグループがあり，次に，これと対抗してマルコムソンとその縁者たちのグループがあり，さらに，部品供給者というやや独立の立場から一定の発言力をもつダッジ兄弟があった（下川, 1972, p. 20）。

　クーゼンスは，もともとマルコムソンの縁でフォード社とかかわるようになった。しかし，一方で，マルコムソンが自動車以外の事業を抱えていたためにフォード社に専念できず，他方で，クーゼンスは，わずか25株とはいえ自身も株主としての立場を兼ねて経理と財務に専念するようになったことから，クーゼンスは，ヘンリー側につくようになった（Sorensen, 1962, pp. 75-76, 高橋訳, p. 88）。

　マルコムソンが出資者を募り，また次のように営業面でも顕著な功績をあげていたにもかかわらず，であった。

　たとえば，フォード社のA型車第1号車はマルコムソンがシカゴの医者に売った。さらに4台の買い手を連れてきたところ，クーゼンスはそれら5台分の利益を全額，新聞広告に全部投入した。「強靱なエンジン。外出先のどこからでも，間違いなく帰宅できるフォードA型車」という宣伝コピー[5]がミシガン周辺各地の全紙に載った（大森, 1986, p. 129）。

　1903年の秋から冬にかけて，目標の650台が売れたころ，顧客からの苦情が目立った。ダッジ兄弟が欠陥品を納入していたことがその原因であったが，ダッジ兄弟はその責任を素直に認めた。同時に，ヘンリーは顧客サービスという言葉を口にするようになり，さらに1,700台を売る宣言をした。他方で，B，C，Dとアルファベット順にモデルチェンジを行うために，当時の10倍の規模の工場建設計画をクーゼンスへ打ち明けた。実際，その目標は達成された（大森, 1986, pp. 130-131）。

2　理念の齟齬

　創業時におけるフォード社の工場は有能なエンジニアたちのチームワークによって支えられた（下川, 1972, p. 25）。そのような個性豊かなエンジニアたち，出資者でもある財務担当責任者クーゼンス，それに共同出資者のマルコムソン，彼らとヘンリーとの間の関係については，後に整理することにする。

　また，創業時は部品の大部分をダッジ兄弟などに外注していたため，フォー

図5−1　Henry Ford とその関係者

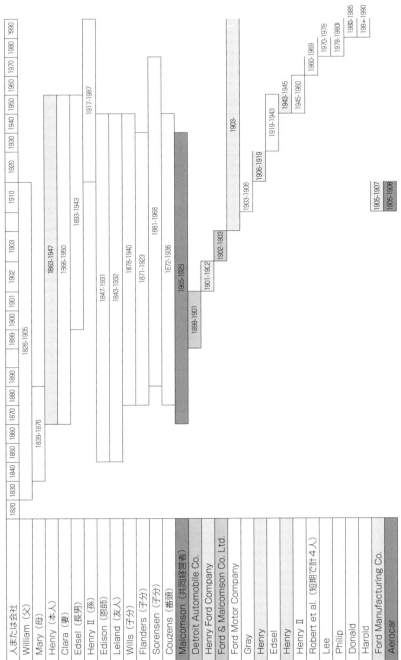

出所：筆者作成

ド社は設計と組立ての工場にすぎなかった。しかし，A型車は初年度生産の1,708台全部が売れた。2年目になると，A型車を改良したC型車が約800台生産され，さらに高級車に属するB型車が生産され，2,000ドルで販売された。1905年には，C型車に改良を加えたF型車が1,000ドルで発売された（下川，1972，pp. 26-27）。

　ところが，毎年のように改良型が登場する中で，フォード社の製品政策をめぐって株主の間で意見の対立が表面化した。すなわち，大衆向けの低廉価格の車の生産に力を入れるか，それとも金持向けの高価格車の生産に重点をおくかという問題である。当時，自動車は一部の金持のスポーツやレジャー用品ないし高価な玩具だというのが社会通念であった。ヘンリーは，A，C，F型の大衆車系列に力を注いだ。これに対して，マルコムソンやダッジ兄弟は，利幅の大きい高級車を重視した。ヘンリーはこの意見を無視できず，しぶしぶB型車を作った。1906年になるとマルコムソン等の要求により改良を加えられてB型車はK型車となった。K型車は富裕層の間で好評を博し，マルコムソンはこれをフォード社の主要モデルとすべきと主張した。K型車の部品供給を一手に引き受けていたダッジ兄弟もある段階まではこれを支持した。しかし，ヘンリーはこの主張をしりぞけ，K型車の改良型としてLとMの2つの型を試作したにとどめた。他方で，新型車の準備に没頭した。これがN型であり，T型車の原型となった（下川，1972，pp. 27-28）。

　A型車と，その同一系列に属するC型車やF型車の売行きが好調であったのに対して，高級車B型車はそうではなかった。自動車市場の推移をみると，1903年には全生産の3分の2が比較的安い車であったのが，1906年には半々に，1907年になると逆転して3分の2が高い車になった。また，A型，C型などの大衆モデルと，B型，K型の高級モデルとでは，形態，性能，操作性，修理の面で，歴然たる差があった。マルコムソンは高級車優先を主張したのに対して，ヘンリーは，当時，高級車にしか装備できなかった各種の技術やアイデアを大衆車に適用して広大な大衆市場を開拓するという見通しを立てていた。こうして，技術の進歩と革新をめぐる新旧2つの考え方が対立した。マルコムソンは，自らの石炭事業の片手間のつもりで始めた自動車事業が軌道に乗り出すと，自らが直接経営担当者として乗り込もうと試みた。しかし，それはクーゼンスとヘンリーの強硬な反対にあって失敗した。このような画策の仕方が露骨であっ

たため，当初，マルコムソンの高級車優先政策に支持を与えてきたダッジ兄弟
などは，マルコムソンの反対に回るようになっていった（下川，1972，pp. 29-31;
Sorensen, 1962, pp. 75-77, 高橋訳, pp. 88-89）。

　こうしてヘンリーとマルコムソンの共同経営から出発したフォード社におい
て，双方の理念の齟齬を発端に，保たれていたはずの同社をめぐる組織の重心
の均衡が崩れはじめた。ひとたび崩れた均衡は修復不可能な状態に陥った。な
ぜなら，組織の重心は方向性を帯びた経営理念にほかならず，その性質上，安
易な妥協を許さないからである。やがて，同社は，近代的な企業管理，すなわ
ち合議制とは対極的な位置にあるワンマン経営（新たな均衡）へと向かって
いった。所有と経営の一致を成し遂げるためのフォード社の株式をめぐる交渉
の過程とその意義については，第9節でみることにする。

　以下では，均衡のとれた共同経営の下で，フォード社によるT型車の生産を，
各職能面から現場で支え，演出した重要人物について，関連する文献に基づい
てみることにする。なお，傍点はいずれも引用者による。彼らはそれぞれの分
野で卓越した専門家であった。自らの哲学・理念に忠実であり，それを貫くた
めには安易に妥協を許さない。したがって彼らは，人々の離合集散を規定する
要因の探求という本章の目的に合致する。

第8節　ウィリス，クーゼンス，ソレンセン

1　ウィリス（Childe H. Wills: 1878-1940）

　ウィリスはインディアナ州に生まれ，1885年までに家族とともにデトロイト
へ引っ越した。デトロイトで学校を出たウィリスは商業と機械工学に興味を持
ち，後者については鉄道技師の父から多くを学んだ。17歳のときから，父が勤
めるデトロイト・ルブリケータ社（Detroit Lubricating Co.）で工作機械の徒弟
として4年間修業を積み，他方で，冶金学，化学，機械工学について夜間学校
で学んだ。その後，ボイヤーマシン社（Boyer Machine Co.），後のバローザディ
ングマシン社（Burroughs Adding Machine Co.）に移り，1901年（23歳）には主
任技師となった（Bryan, 1993, pp. 289-290; Hemmings Motor News: Childe Harold
Willsウェブサイト）。

　しかし，ウィリスは自動車に強い関心を寄せていたため，1899年に非常勤で・・・・・いいからヘンリーのもとで働きたいと申し出た。こうしてウィリスは，デトロイト自動車会社で，早朝と夜にヘンリーに仕えることとなった。1902年までにウィリスは常勤となり，999号とアロー号の製作に関係した。フォード社が設立された1903年，ウィリスは設計ならびに冶金の担当主任であった。同社の新株を引き受けられるほどウィリスは経済的に豊かではなかったので，ヘンリーが自身の配当の10％をウィリスに与えた。ウィリスはT型車の設計にも深く関わった（Bryan, 1993, pp. 289-290）。

　ヘンリーとウィリスは友好的な関係にあったが，ソレンセンがウィリスを嫌っていたせいで，ヘンリーとウィリスの関係は悪化した。1919年，ヘンリーがフォード社の少数株を買い集め始めたとき，ウィリスはその交渉に応じた。1,500万ドルで折り合った。それとは別にウィリスは，鉄鋼会社への投資から400万ドルを得ていた。その後，ウィリスは自己資金でウィリス・サン・クレア社（Wills-St. Claire Co.）を設立したが，クルマは売れなかった。1927年，同社を店じまいした（Bryan, 1993, pp. 291-292; Hemmings Motor News/ Childe Harold Willsウェブサイト）。

　1933年，同社の工場をクライスラー社が引き取った。クライスラー社の冶金技師としてかかわり，数々の特許によるロイヤリティ収入でその後の生計をまかなったが，1940年，ウィリスは心臓発作によりヘンリー・フォード病院にて死亡した（Bryan, 1993, pp. 293-294; Hemmings Motor News: Childe Harold Willsウェブサイト）。

　このようなウィリスについて，ソレンセンは「完全主義な性格であり，ウィリスなしにT型車はこの世になかった」（Sorensen, 1962, p. 84, 高橋訳, p. 97）が，「一時はかけがえのない人間であったものの，富を得，生活水準が上がるとともにおとなしくなった人間の例である」（Sorensen, 1962, p. 88, 高橋訳, p. 102）と評価している。「派手好きで享楽的」（下川, 1972, p. 23）との指摘もある。

2　クーゼンス（James J. Couzens: 1882-1936）

　クーゼンスはカナダ，オンタリオ州に生まれ，地元のパブリックスクールを出た後，ビジネスカレッジで学んだ。18歳のときにデトロイトへ出て（1890），ニューヨーク・セントラル鉄道の車掌となった。鉄道会社での勤勉ぶりがマル

コムソンの知るところとなり，その縁でマルコムソンの石炭会社に事務員として勤務（1897-1903）することになった（Bryan, 1993, pp. 67-68; Biographical Directory of the United States Congressウェブサイト）。

　1898年，マーガレット・マンニングと結婚し，6人の子を授かった。最初の子は夭折した。3番目は後のデトロイト市長となるフランクであった（Barnard, 1958, pp. 31-34, 269）。

　1902年，フォード社の設立準備段階において，クーゼンスは多額の借金をして2,500ドルを出資した。1903年の設立当時，クーゼンスはマルコムソンの秘書であった。1906年，グレイの死後，マルコムソンは追放され，クーゼンスは同社の副社長兼全般管理者となった。同社のおかげでヘンリーもクーゼンスも経済的に成功を遂げたが，1915年10月13日，クーゼンスは取締役としては残ったものの，全般管理者としては同社を辞めた。1919年，ヘンリーはクーゼンスの株を3,000万ドルで買い取った（Bryan, 1993, pp. 69-71）。

　その後，クーゼンスはデトロイト銀行（Bank of Detroit）の頭取となり，デトロイト・トラスト会社（Detroit Trust Co.）の取締役となった。1913-1915年，路面電車のコミッショナーを務め，1916-1918年，デトロイトの地元警察コミッショナーを務めた。1919-1922年，デトロイト市長を務めた。1922年11月29日，米国共和党上院議員トルーマン・ニューベリー（Truman H. Newberry）の後継者として指名され，1924年11月4日の選挙で当選した。1930年，再選された。クーゼンスは1,000万ドルのデトロイト子供基金，その他の慈善事業を行った（Barnard, 1958, pp. 70-71, 84-85, 105, 107-112, 117-125, 134-138, 188）。

　冷静でかつ情熱的な二面性をもつクーゼンスは，フォード社設立の当時から，資金繰り，工場設備の意思決定，フランチャイズなどの販売面，広告宣伝などあらゆる面で，大番頭として活躍した。しかし，機械のことには疎く，原価管理については製造部門に従った。ヘンリーは，クーゼンスの後任を探そうと求めたが，結局，クーゼンスが果たした役目を務められる者はだれもいなかった。そういうわけで，クーゼンスが政界へ転身した後は，エドセルが秘書兼財務部長に就いた（下川, 1972, pp. 22-23; Sorensen, 1962, pp. 88-89, 119, 153, 高橋訳, pp. 102, 138, 175）。

3　ソレンセン（Charles E. Sorensen: 1881-1968）

　ソレンセンは，4歳のときにデンマークから両親とともに米国へ移民した。調査会社の助手が最初の仕事であり，その後，ニューヨークのバッファローにあるジュウェット・ストーブ工場（Jewett Stove Works）で鋳物の徒弟として研鑽を積んだ。1900年に家族とともにデトロイトへ引っ越し，鋳物工として1905年からフォード社で勤めることになった。1907年に鋳物部門長となった。ヘンリーの考えを翻訳し，スケッチや作図をして，試作やパターンを作製した。ウォルター・フランダース（Walter Flanders: 1871-1923）らとともに，移動組立方式の導入の貢献者として知られている。それによって熟練は不要となり，素人でも工場で働けるようになった。1910年のハイランドパーク工場設立の立役者でもあった（Hounshell, 1984, chapter 6）。

　その後，フォードサン・トラクターの開発，1922年にリーランドから買収したリンカーン車の改良などに携わった。1920年代後半におけるリバー・ルージュ工場への移転後，工場長エド・マーティン（Ed Martin）に次ぐ，製造部門の重要人物となった。エドは，1924年には製造担当副社長となった。1940年代初頭，フォード社の軍需対応生産の担当者となった。ジープ社，戦闘機，B-24爆撃機も含まれていた（Bryan, 1993, p. 267; Sorensen, 1962, p. 169, 高橋訳, p. 195）。

　第二次ヘンリーとヘンリーⅡ世の社長の間，フォード社を支えた。1944年，フォード社を解任された後，ウィリス＝オーバーランド社（Willys-Overland Co.）の社長に就いた。しかし，1946-1950年は取締役副会長としてフォード社と関係があった。ウィリス社は，カイザー・ジープ社（Kaiser Jeep）となり，後にアメリカン・モーター社（AMC）に買収され，さらに，同社はクライスラー社によって買収された（Bryan, 1993, p. 273）。

　このように，フランダース，ウィリス，クーゼンスがフォード社を辞めていったのに対して，ソレンセンだけは38年間も同社に残った理由として，下川は「人格面での安定性」（下川, 1972, p. 25）を挙げている。これに対してフリンクは「他の誰よりもハイハイとヘンリーの言うことをよくきいて気に入られた」からであると評している。皮肉なことに，1944年，ヘンリーはソレンセンがフォード社を乗っ取ると思いこんだ結果，ソレンセンは同社から解任された

(Flink, 1975, p. 104, 邦訳, p. 119)。

　以上，３人がヘンリーあるいはフォード社とどのようにかかわったかをみた。ソレンセンだけはその人生の大半をフォード社で費やしている。ヘンリーと同様に，フォード社こそが人生の目的であったと言ってもよい。しかし，他の人たちにとっては，ヘンリーもフォード社も自己目的にとっての一時的な手段であって，通過点にすぎなかった。とりわけ，ウィリスとクーゼンスにあっては，フォード社を辞めた後にはじめて，自らの哲学・理念を伸び伸びと具体化させていたように思われる。

　ヘンリーが，強情で，エゴイストで，巧みな広報専門家であった（Flink, 1975, p. 54, 邦訳, p. 59）がゆえに，彼ら（ソレンセンを除く）はヘンリーのもとを去っていった。しかし，エンジニア，あるいはレーサーとしてのヘンリーが，ガソリン・エンジンに没頭していたからこそ，彼らのグループはフォード社で仕事を楽しんだ。すなわち，「まるで何かにつかれたかのように，食事を忘れて遊んでいるかのように，自分で自分の尻を叩き続け」（Sorensen, 1962, p. 54, 高橋訳, p. 63）たのであった。

　ヘンリーやフォード社にとってなくてはならなかった人たちの離合集散をどう理解すべきか。ソレンセンは残ったものの，他の人たちはフォード社を去った。こうした史実は，経済的合理性の視点のみでは十全に説明できない。以下で，マルコムソンとの共同経営が破綻するまでをみたのち，第10節において，組織の重心の概念の観点から考察を試みる。

第９節　所有と経営の一致

　T型車の原型であるN型車が生産段階に近づくにつれて，マルコムソンはダッジ兄弟とも不和に陥った。マルコムソンが他の自動車会社を後援しているといううわさをきっかけに，1905年11月22日，ヘンリー，クーゼンス，ダッジ兄弟，ウィルスらのフォード社の株主はN型の部品を造るためのフォード・マニュファクチュアリング社（Ford Manufacturing Co.: 1905-1907）を設立した。同社5,000株のうち約60％をヘンリーが支配した。他方で，ダッジ兄弟は依然として高級車向けであるB型とK型の部品を造っていた。

　こうした動きに対抗して，マルコムソンは別会社としてエアロカー社（Aerocar: 1905-1908）を設立し，空冷エンジンを作らせた。当然のことながら，ヘンリーを筆頭とするフォード社本体の株主たちは，この事実に対して，マルコムソンの辞任を要求した。

　その後，フォード・マニュファクチュアリング社の業績が上向きとなり，エアロカー社の業績が振るわないなかで，1906年7月6日，フォード社社長のグレイが亡くなった。新社長にはヘンリーが就き，マルコムソンは255株の持株をヘンリーに譲渡し，フォード社から去った（下川, 1972, pp. 31-32; Sorensen, 1962, pp. 77-78, 高橋訳, p. 90）。

　ヘンリーの支配体制が確立されると，フォード・マニュファクチュアリング社は1907年5月に親会社に吸収された。こうしてフォード社は　大衆車N型を中心とする生産体制を整えた。これが改良され，1908年3月に発表されたT型車となった（下川, 1972, p. 33）。

　マルコムソンを追放するためにヘンリーと手を組んだダッジ兄弟は，1914年にフォード社の取締役を辞任して，10％所有の一株主としてフォード社と関係をもちながら，自らを独立した完成車メーカーとした。この背景には，ハイランドパーク工場の建設と，T型車の大量生産によって部品の内製化が進み，フォード社がダッジ社の部品供給に依存する度合が低下したことがあった（下川, 1972, pp. 90-91）。

　有名なダッジ訴訟事件[6]を経て，ヘンリーは，フォード社の少数株主の駆逐を精力的に進めていった。ちょうどフォード・マニュファクチュアリング社を通じてマルコムソンを追い出したのと同様に，1930年にヘンリー・フォード・アンド・サン社（Henry Ford & Son Inc.）を通じて，フォード社本体に残っていた少数株主から，持株を譲り受けることに成功した。ただし，その動きがT型車の大成功後のことであったため，株式取得のコストは莫大であった。

　こうして所有と経営を一致させた結果，その後のフォード社は，近代企業の寵児，GMに凌駕されてゆく。ところが，マルコムソンがフォード社を去ってからおよそ100年後，そのGM社が破綻した。もっとも，フォード社は1956年に株式を一般に公開したものの，フォード財団が一族の持株の過半数を種類株として引き受け，しかも一族の議決権が分散しないように慎重に管理されている。そういうわけで，ある意味で相変わらず閉鎖的な会社のままである（Lacey,

1986, pp. 474-476, 邦訳（下），pp. 203-207）。家族的な支配について，下川は「第
三者批判の道を閉ざし，閉鎖的な運営を固定化しやすくする」（下川，1972, p.
96）などのマイナス面を指摘している。

　しかし，所有と経営は，その一致も分離も，一長一短である。GM社とクラ
イスラー社が破綻した事実に鑑みると，超長期的には，フォード社に対する
フォード一族の継続的な支配，すなわち所有と経営の一致は，事業の運営に対
する一貫した責任を担保するように思われる[7]。

　企業者史あるいは経営理念の研究は，所有と経営の問題と関連づけられるこ
とはあまりない。人々の離合集散を説明するには，そのような人間の低次欲求
の中心にある資本関係だけではなく，とりわけ事業の転機においては，むしろ
人間の高次欲求としての哲学・理念・人間関係などの面からもアプローチする
べきなのである。

第10節　組織の重心

　ヘンリーは，20代のときにデトロイトとディアボーンを往来しながら知識と
経験を積み重ねてゆくなかで，農作業ではなくエンジニアとして身を立てる人
生を徐々に見極めていった。しかし，エジソンと出会ってはじめてその決意は
固まった。しかも，全面的にエジソンに仕えるわけではなく，あくまでガソリ
ン・エンジンの開発に向けて，勤務しながら電気の知識を学ぶきっかけとして
エジソン照明会社を，また背中を後押ししてくれたメンターとして，ヘンリー
はエジソンの存在を位置づけていた。このような意味での人と人との出会いを
資本主義経済（経済人）の前提から導くことはできない。

　なぜなら，たとえば，当時，前途有望なエジソン照明会社を退職することは，
経済的に安定した生活を放棄することにほかならず，しかもヘンリーのそのよ
うな決断に対して家庭を支えるクララが毅然と反対するシナリオこそが現実的
と考えられるからに他ならない。

　控えめに言っても，合理的な経済人の面のみならず，エンジニアとしての純
粋な研究志向の面をもヘンリーは備えていた。それゆえに，一方でマーフィー
やマルコムソンらを惹きつけ，他方でウィリス，フランダース，ソレンセンら
を惹きつけ，巻き込んでいった。

　ヘンリーもエジソンも組織の重心を成していた。すなわち，両名は，一定の方向性を帯び，他では得られない，かつ，経済的・貨幣的に評価・還元することができない（priceless）魅力を備えていた。不等価交換（trading items of unequal value: Diamond, 2010, chapter 5）が成立していたのである。

　ところが，一方でエジソンは自らの経営理念を自社で現実化させたが，他方でヘンリーは自らの経営理念を場当たり的ながらも徐々に実現させていった。すなわち，ヘンリーのばあい，経営理念の内容あるいは方向が変化したのである。

　ガソリン・エンジン試作の時代（デトロイト自動車会社からヘンリー・フォード社のころ），レーサーかつ競走車開発者の時代（999号とアロー号），フォード・マルコムソン社以降，これらを節目として，ヘンリーの事業としてのクルマに対する見方や価値観に変化があったと解釈できる。

　フォード・マルコムソン会社の共同経営時代においてそれを裏付けるのは，クーゼンスやダッジ兄弟の動きである。彼らは当初，ヘンリーとマルコムソンの２人に対して，平等あるいはマルコムソン寄りであった。しかし，ともに納入会社であるエアロカー社（マルコムソン陣営）とフォード・マニュファクチュアリング社（ヘンリー陣営）の間でのゴタゴタを経て，ヘンリー寄りに変わっていった。

　とりわけクーゼンスにあっては，損得勘定のみで考えれば，自動車製造以外にも一実業家として大成していたマルコムソン寄りで通すことも，けっして悪い話ではなかったはずである。事実，大番頭であったクーゼンスは，フォード社を辞めた後，銀行の頭取など，市長，議員としてのキャリアを歩んでいった。舞台を替えながら，自らの考え，理念，哲学を貫いたわけである。業主・投資家・同僚・部下らから有権者へと，巻き込まれていった相手の属性は異なるが，人々の離合集散の軸を成している。よってクーゼンスは組織の重心であった。

　こうした経緯から振り返てみると，マルコムソンではなくヘンリーについたのは，クーゼンスが，ヘンリー（と彼を取り巻くエンジニアたち）の情熱や「馬なし馬車」時代の到来に対して，他では得られない（priceless）何かを感じていたに違いない。

　エジソン，ヘンリー，クーゼンスに対して，リーランド，ウィリス，ソレンセンは，組織の重心を成していたと言えるであろうか。

　リーランドは，マーフィーとともにキャディラックを，後にリンカーンを手がけた。しかし，前者はデュランによってGM社に，後者はヘンリーによってフォード社に，それぞれ吸収された。よって，リーランドは，名うてのエンジニアであったが，経営理念や構想を備えた事業家ではなかった。

　ウィリスは，ヘンリーの弟子として，エンジニアとしてT型車の開発・生産に関与したものの，独立後のウィリス・サン・クレア社の末路をみれば明らかなように，確固たる理念や構想を持たないままであった。

　ソレンセンは，鋳物工としてヘンリーに仕え，フォード社の拡大・成長に貢献した。しかし，長くフォード社に勤務していたものの，その後のウィリス＝オーバーランド社の末路をみればわかるように，フォード社に対抗するか，あるいはそれを凌ぐほどの理念や構想を持っていたわけではなかった。

　よって，リーランド，ウィリス，ソレンセンは，いずれも組織の重心を成していない。

第11節　おわりに

　この章では，第1に，農作業が嫌いなヘンリーが「馬なし馬車」の製作に熱中していった背景を整理した。第2に，ガソリン・エンジン製作への自信につながったエジソンとの出会いに注目した。第3に，デトロイト自動車会社の設立と解散からヘンリーが得た教訓を考察した。第4に，レースへ参戦の意図を企業者概念の観点から分析し，リーランドとの出会いの意味に注目した。第5に，ヘンリー・フォード社解散後に999号とアロー号の製作に挑戦したヘンリーの意図を検討した。第6に，ヘンリーとマルコムソンの共同経営における両者の思惑を分析した。第7に，T型車の開発に至るまでの主なエンジニアたちとフォード社とのかかわりに注目した。第8に，フォード社株式を買い集める過程と，所有と経営の一致の意味を検討した。第9に，エジソン，ヘンリー，クーゼンスに組織の重心をあてはめることでその概念の意義を例証した。

　最後に，組織学構想（岸田，2009b）の見地から，組織の重心の概念がもつ理論的な位置を議論しておく。

　組織学構想によれば，組織（oragnization）は，一方で組織生成（organizing）と構造統制（organized）から共時的に統合される（**図5-2**）。他方で，前者の

図5-2　共時的統合

出所：岸田（2009b）

図5-3　経時的統合

出所：岸田（2009b）

過程（環境→組織→人間）と，後者の過程（人間→組織→環境）の両面によっ
て，経時的に統合される（**図5-3**）。また，組織革新のプロセスは螺旋のイ
メージ（**図5-4**）で説明される。

　しかし，**図5-4**における螺旋の方向は不明である。**図5-3**の循環モデルも
同様である。すなわち，**図5-3**では，循環の緩急，強弱，濃淡は説明できな
い。

　たとえば，マルコムソンとともにその設立前からフォード社に関与したクー
ゼンスやダッジ兄弟らは，フォード社の事業の方向が共同経営者の意向によっ
て高級車と大衆車で二分されるなかで，徐々にヘンリーの理念や考え方に徐々
にまとまっていった。こうした経緯は，事後的に**図5-3**をあてはめて理解す
ることはできる。しかし，離合集散が規定される要因，すなわち，人々がまと
まっていく方向とそのタイミングは**図5-3**で説明することができない。

　実際には，フォード・エンジニアリング社とエアロカー社の設立を通じて，
すなわち表面化することで，誰の目にもその対立的な構図がわかるようになっ
た。しかし，そのような例はむしろ例外的である。

　たいていの対立やいざこざのもととなる関係は水面下でのことであって，当
事者の，しかもその一部にしかわからないことが多い。問題が厄介なのは，対

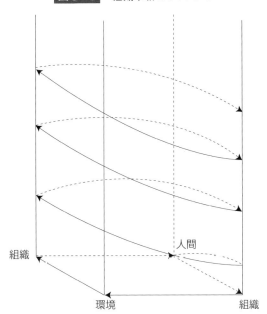

図5-4　組織革新のプロセス

出所：岸田（2009b）

立や複雑な人間関係のイメージが当事者によって異なるばあいが少なくない，という点である。

　言い換えれば，十分なコミュニケーションに時間を割かず，したがってたとえ関係する当事者が全体像を把握できていないとしても，めいめいがそれをわかっている（はずだ），と自分勝手に思いこんでいるという状態である。さらに悪いことに，自らの思いこみを疑わないことから，緩急，強弱，濃淡を含めてコミュニケーションのタイミングが噛みあわなくなる。誰もが直面する人間関係のトラブルは，そのほとんどがそういった事情による。

　人々が自らの雇用関係を簡単に脱着することは現実にはほとんどない。ハーシュマン（Hirschman, 1970）によれば，離脱する前に，たとえば上司に文句を言ってみるというように，トラブルへの具体的な対処は多様であり，直線的ではない。なぜなら，かりに情報の非対称性の問題が克服されたとしても，当事者の年齢，私生活の状態，価値観，偏見などによって規定される意思決定の価値前提，それを除去することはできないからである。

バーナード（Barnard, 1968）によれば，経営者には道徳的創造性（moral creativeness）が求められる。すなわち，相対立する価値を統合しうる新しい価値を創造して提供することである。ところが，経営者は機械ではない。生身の人間である。育った環境，私生活に伴う感情の起伏，加齢などから免れることはできない。新しい価値の創造は，常に経営者のそういった生物学的な制約の下にある。それゆえに，新しい価値が必ずしも対立を統合するとは限らない。そのつもりであっても，結果的に，一方（ないし複数方）の価値を否定してこれ（ら）を排除するということも当然ありうる。したがって，「誘因の経済」（Barnard, 1968, pp. 139-160, chapter XI）における誘因と説得の方法においては，価値に関するそういった方向性（したがって組織の重心）の存在が前提条件となっていると理解すべきである。

たとえば，マルコムソンによって設立されたエアロカー社や，フォード社を辞めたウィリスが設立したウィリス・サン・クレア社は，マルコムソンやウィリスによる新しい価値の体現であったと考えられる。しかし，そのことと，市場競争を通じた企業の存廃とは直接には関係がない。事実，エアロカー社もウィリス・サン・クレア社も市場から消えていった。であるからこそ，人々の離合集散は経済人モデルだけでは説明できないのである。

組織の重心とは，方向性を帯びた，そのような何らかの価値や理念のことである。したがって，具体的には，実在する生身の人間（企業者など）の理念であることもあれば，故人や先代などのそれであることもある。後者はその内容が変化することはない（ただし，それが多義的であることは十分にありうる）。しかし，前者はそれを免れることができない。たとえば，本章でみたように，ヘンリーによるレースへの熱中から奉仕主義，あるいは共同経営からワンマン経営への転換がそれである。にもかかわらず，人々の離合集散は組織の重心によって規定されざるを得ないのである。

●注────────

1　たとえば，グレイヴは，ヘンリーがエジソン照明会社を辞めてからフォード社の設立に至るまでの過程をほとんど割愛している（Graves, 1934, pp. 20-28, 邦訳, pp. 24-34）。また，フォード社成立の経緯に関するチャンドラーの説明も，

きわめて簡略的である。デトロイト自動車会社のことも，ヘンリー・フォード社のことも割愛され，エジソン照明会社時代からレースのことがわずかに紹介されるだけで，1903年のフォード社設立へと一気に話が飛んでいる。たしかに，フォード社の株主構成として，マルコムソンとグレイ（John S. Gray: 1841-1906），それにクーゼンス，ダッジ兄弟が紹介されてはいる。しかし，その後，株主としてのマルコムソンが追い出されるまでにグレイが亡くなったことや，さらに後々のダッジ兄弟との裁判については，まったく触れられていない（Chandler, 1964, pp. 25-26, 邦訳, pp. 29-30）。技術に関する文献としては，和田（2009）が代表的である。下川による年表（下川, 1972, pp. 340-341）にはフォード社設立の1903年以降だけが紹介されている。

2　この点，岸本（2011）をみると，「フォードの組み立てラインの概念は，フレデリック・テイラーの科学的管理法と密接な関係があった」（『日経産業新聞』2011年6月1日18面）というように，誤解を招く表現となっている。フォード・システムと科学的管理法の関係の詳細については，Hounshel（1984, chapter 6）を参照。

3　たとえば，高橋俊夫（2005）は「ソレンセンの著書には多くの事実が語られているとみたい」と述べている（p. 351）。

　「著者ソレンセンが，はじめてヘンリー・フォードに会ったのは，ちょうどヘンリーがこの『ヘンリー・フォード自動車会社』をやめたころのことであった。ヘンリーは，レーサーとしては一応名はとおっていたが，事業の面では失敗者であり，すでに38歳になっていた。その自動車は他とくらべてもとびぬけたところがあるわけではなく，彼の素性も経歴もさしたるものではなかった。それがわずか10年あまりの後に世界で最も有名な自動車会社のボスになると，誰がいったい想像しえたであろうか？」（福島, 1969, p. 20）

　高橋俊夫（2005, p. 350, 注10）は，この引用文がJ・K・ガルブレイスによるものであると紹介しているが，事実に反する。ソレンセンの邦訳には2つあるがこの引用文はその1つの訳者である福島正光自身が記した「プロローグ」（最終頁）からのものである。ガルブレイスによる「序文」は同書pp. 21-24に紹介されている。「プロローグ」が高橋達男訳に存在しないこと，また原書（Sorensen, 1962）にも存在しないことから，それが福島正光による文章であることは明らかである。これに対して，フリンクはソレンセンとヘンリーの関係を皮肉と冷笑を交えて紹介している（Flink, 1975, p. 104, 邦訳, p. 119）。複数の当事者の言を一定の方法で総合することが研究者の仕事である。

4　「（前略）クルマづくりの情熱が芽生えた彼は，40歳で副社長兼主任エンジニアとしてフォード社を設立。フォード社は，1908年までにAからSまでのアルファベットを冠した車を開発しました。しかし，どの車も実験的要素が強く，また大衆にとっては高価であったために，あまりアピールすることはありませんでした。特に2500ドルの高級大型車K型フォードの失敗により，ヘンリー・フォードは『安い車をつくるべきだ』という結論にたどりついていました。し

かし，社長で資金の調達役であったアレキサンダー・マルコムソンは異なる意見であり，社を去ります。そして，ヘンリー・フォードが社長に就任しました。」（フォード社公式ウェブサイト）

5　Always ready, always sure.
Built to save you time and consequent money.
Built to take you anywhere you want to go and back again on time.
Built to add to your reputation for punctuality ; to keep your customers good-humored and in a buying mood.
Built for business or leisure---just as you say.（Nevins, 1954, p. 242）

6　ダッジ訴訟事件とは，フォード社の株主であり，同社にモーターや部品を供給したデトロイトの機械製造業者ダッジ兄弟（John F. and Horace E. Dodge）と，ヘンリーとの間で，1916年11月に発生したフォード・リバー・ルージュ工場建設のための株式配当の削減をめぐる裁判事件である。巡回裁判所の判決は，1917年12月5日に示され，ヘンリーは全面的に敗訴した。工場建設を目的とする利益配当支払いの制限は自由裁量の濫用，というのが主な判決理由であった。ところが，控訴審において，1919年2月7日，デトロイト州最高裁判所は　巡回裁判所の判決を覆した。フォード社が鉄の精錬事業を手がけ，銑鉄から鋳物を鋳造することは会社の権能の範囲内であること，同社が採用してきた低価格・高賃金政策は取締役の裁量に属するものであって株主の利益を脅かすものではないことが判示された。ただし，利益配当と遅延利子の支払いも同時に命じられた（向井, 1984, pp. 23-53）。

7　2013年12月15日に開催された経営史学会関東部会と企業家研究フォーラム冬季部会大会の共催の研究会「組織能力とイノベーション」（東京理科大学）において，出光興産の天坊氏による同社の株式公開について，その意味をめぐって，フロアーと報告者島本実氏の間で活発な議論が交わされた（島本, 2013）。すなわち，出光興産は株式公開によって有利子負債の大量返済を実現することができたものの，それまでの一族による安定支配を失うこととなった。V字回復の代償としてその意味をどう評価すべきか。一族が買い戻して再支配する見込みはありうるのか。それらが主な論点であった。本章で取り上げたフォード社の事例と比較する価値のあるテーマであるように思われる。

第 **III** 部

マクロ・アプローチ

■境界・同一性・適合概念・共約不可能性

第 **6** 章

境界と重心

第1節　はじめに

　学生は大学を構成するか。顧客は企業を構成するか。組織論における古くて新しい問題である。その問いに対する答えは，人間観，組織観，要するに何を明らかにしようとしているのかという，個々の研究者の態度や問題意識によって左右される。答えが一意に定まることはない。であるからといって，境界問題を巧妙に避けながら，組織についてあれこれと論じる態度はどうか。それはちょうど，次のような前提を措くことと同じである。いま，きわめて裕福で欲の欠片もないような人間が，あるいは余命数カ月と宣告された重篤な患者が，常に利潤極大化志向で行動する，と。そのような前提に立つ議論は，無益であるとは言わないまでも，社会科学の面白さ興味深さを半減させる。

　欲がまったくないとか，余命幾ばくもないとか，なるほどそういうケースは例外的かもしれない。しかし，人はだれでも，欲の大小，寿命の長短，それぞれの間のどこかに常に位置づけられる。そればかりではない。その位置は，固定化されることなく時々刻々と推移してゆく。しかも厄介なことに，社会的に相対的に定められたはずのその位置は，当事者が主観的に構成した位置とは必ずしも一致しない。

　たとえば，余命幾ばくもなしと医師から告知される。専門家がそう言うのならそのとおりなのであろう。放蕩してその運命に身をゆだねよう。そういう消極的な者もいれば，そう言われたとて具体的に最期がいつなのかは誰にもわからないから最期まで精一杯過ごして人生を充実させてみよう。そういう積極的な者もいる。

　また，ひとかどの財をなした成功者の行方を考えてみよう。そこに胡座<ruby>胡座<rt>あぐら</rt></ruby>をかくことなく事業に対してさらに厳しい態度をとって精進し続ける。獲得した資産の維持・管理に腐心するなどして守りに徹する。慈善事業に投じる。子や孫に囲まれて余生を満喫したいがために徹底的に甘えさせる。などなど，多様である。

　こういった違いはいったいなぜ生じるのであろうか。よく知られているように，あのM・ウェーバー（Weber）は，ブレンターノ（Brentano）が依拠する「単なる営利心」から，「禁欲的な営利追求」というプロテスタント的倫理観（ethos）を峻別した（大塚，1969）。これを個人レベルに適用して先の例で言うなら，単なる営利心は消極的な人生観に繋がり，禁欲的営利心は積極的なそれに繋がると考えることができる。人生のどこかで何らかの事情で改宗すれば，前者と後者が入れ替わる可能性もある。

　この章で注目しようとしている境界も，それと同様にして考えることができる。

　職場などの人間関係における境界という見えない（見えると思われているものを含む）線は，「引かれる」，「引き直される」，「消される」といった具合に表現される。言い換えると，境界を問題にするということは，その線をいったい誰が引いたり消したりするのか，という問題と同じである。これは入れ子構造になっている。過去や現在の線を読む，新しい線を引く（あるいは，引かない，見えないようにひそかに引く，消す，など。以下同様）ことによって他者と自身にどのような影響や反応があるかを考慮する，その線を引く，という具合にである（内藤，1992）。したがって，境界を問うことは組織の本質に迫ることでもある。

　多くの職場には，必ずしも法的拘束力のない組織図（あるいは組織表）と称されるものがある。また，法的拘束力を伴う，売買，請負，賃貸借，雇用などの各種契約書類，商業登記簿，定款などがある。しかし，当事者の合意さえあれば，それらの内容は容易に書き換えられるし，何らかの事情によって信義が貫かれないことは大いにありうる。それが現実である。この「何らかの事情」，ここに組織の本質が潜んでいる。

　こうして以下では，境界をめぐって，第1に，先行研究を考察する。第2に，英語のボーダー（border）とバウンダリー（boudary）の違いに通じる，サント

スとアイゼンハート（Santos and Eisenhardt, 2005）による分類を紹介する。第3に，その分類の特徴，意義，限界を指摘して，組織に関する新しい見方としての「重心」との関係を議論する。

第2節　先行研究

　以下，中條（1998）を出発点として，境界に関する先行研究をレビューする。

　中條は，顧客は組織メンバーか，というように問題を設定する。これに対して，顧客を組織メンバーとする組織定義は組織論として大いに問題である，と結ぶ。

　そのために，まず，川端（1971），三戸（1985），バーナード（Barnard, 1968）による組織の定義をたどってゆく。一口に言えば，川端は，バーナードの組織観に拠っているがゆえに，後述するように任意的で開放的な側面に偏っているという限界を持つ。三戸は，所有概念にこだわるがゆえに，所有の目的を資本とみるか価値とみるかによって結論が異なるという問題を抱える。バーナードにあっては，組織定義それ自体に問題がある。すなわち，あの「意識的に調整された諸力の体系」なるものが，瞬間的な協力関係に他ならず，妥当性を欠く，と中條は断じる。さらに，市場と組織を連続体として把握する最近の議論を一蹴する。すなわち，費用と便益の関係から統一的に説明しようとすることによって，任意と強制，開放と閉鎖という重要な側面が捨象される，と。

　これらの議論を踏まえた上で，団体メンバーが必ずしも組織メンバーではない具体例として，蛸部屋の労務者，刑務所の囚人，教育現場の学生を挙げ，団体メンバーが組織メンバーとなるそれとして，企業の従業員，軍隊の兵卒を挙げる。

　こうして，中條は，団体の境界を閉鎖的な社会関係に求め，組織の境界を団体の維持運営のための社会的関係とし，組織の概念を「強制力や拘束性を伴う社会的関係」と定義するのである。端的に言うなら，協力，協働，支え合いといった，職場の現実における任意的で開放的な，いわば人間関係論的な側面に惑わされることなく，中條は，組織の本質を，上下，支配服従といった，強制的で閉鎖的な側面に求めているのである。

　このような中條による団体と組織の位置づけとは対照的に，中條を意識して

いるとは必ずしも認められないが，正村（2006）は次のように論じている。

　「自発的選択行動の基本単位は個人または家族である。複数の個人または家族の自発的参加に基づく行動単位である多様な団体（corporation）が結成される。団体と組織は別のものである。組織（organization）は，複数の個人が，共通の目的を追求するために，分割された多様な役割を担い，継続的に連携して活動する状態を意味する。従業員は，会社の目的を追求する組織に組み込まれ，上司の指示に従い，ほかの従業員と協力して，割り当てられた職務を遂行しなければならない。」（正村, 2006, pp. 74-75）。

　これを要するに，団体が任意的で開放的な人の集まりであって，組織が合目的的で継続的な活動の状態である，と正村は見る。

　こうしてみると，協力や支え合いは，団体にも組織にも存在しうる要素であるし，そこに強制があるかどうかは不明である。強制面に焦点を当てると境界は狭まり，任意面に焦点を当てると境界は拡がりそうである。

　しかし，境界はそれほど単純な問題ではない。以下，具体例から簡単に考察する。

　蛸部屋の労務者，刑務所の囚人，学校の学生，企業の従業員，軍隊の兵卒。なるほど，中條が挙げているいずれの例も，社会的な身分，職業，あるいは所属と称されるものである。これらに対し，応援団というのはどうであろうか。高校野球，プロ野球，プロサッカー，応援される対象はなんでもよい。団と称しているからには，団体とみることができそうである。しかし，応援団は必ずしも団体ではない。いわゆる陰で応援する人たちを総称して応援団とみることもできれば，スタンドで華やかに踊り声援を贈る人たちこそが応援団であるとみることもできる。さらに，味方チーム側のスタンドにいるのに心では敵側を応援している，という場合も現実にはある。

　なぜここで応援団を挙げるのか。なぜなら，中條が挙げた例に対して，境界を議論する上で応援団が好例であるからにほかならない。「何らかの事情」のあらわれかたの1つとしての「心ここにあらず」と称される現実を説明するのにもわかりやすい。たまたま担任の先生が中日ファンである。地元チーム贔屓（びいき）がクラスに多い。であるから，巨人ファンを明言できない。声援をあげると気

まずい。おつきあいで1塁側スタンドに座っているにすぎない。そのような「事情」の例は日常生活では枚挙に暇がない。言うまでもなくビジネスにおいてもしかりである。

　あの東京ディズニーランドを誕生させた中心人物，高橋政知。その彼に対して，オリエンタルランド社の親会社，三井不動産は否定的であった。そのために多くの金融機関が支援に消極的であった。そういった状況のなかで，日本興業銀行の菅谷隆介は積極的に高橋を支援しようとしたし，千葉県知事の川崎千春も同じく支援にまわった（林，2005）。

　あのウォルマートにおいては，次のような一件があった。守旧派フェロルド，進歩派ロン，社長サム。ロンは，ウォルト社を経営する夢を持っており，それができないなら外へ出て（退社して）別の会社を経営するつもり，そうサムに宣言していた。こうして，ロンは会長兼CEO，サムは業務執行役員会長，フェロルドは社長にそれぞれなった。要するに，ロンは引退に失敗したのである。古参はフェロルドに，新参はロンに，こうしてウォルト社は二分された。果たして，会長就任から2年後の1976年6月，サムは会長兼CEOに復帰してロンを更迭した。ウォルト社では，この出来事は「土曜の夜の大虐殺」と言われる。ロン陣営の上級管理職，財務部長，データ処理部長らも，ロンを追ってウォルト社を辞めた。これは「大脱走」と言われる（Walton, 1992）。

　『渋谷ではたらく社長の告白』の著者藤田は，学生時代に何社かを受験して落とされた後，皮肉なことに，アルバイト先であったオックス社のライバル，インテリジェンス社の宇野社長に感銘して内定を得た。その後，オックス社の渡辺義孝専務，オックス社の親友の中山伸之とともに，3人で新会社設立を目論んだ。ところが，自身がインテリジェンス社子会社社長となる形でのスピンオフを宇野社長から提案され，藤田は悩んだ。結局，藤田は，渡辺と中山を裏切り，子会社社長の道を選択した（藤田，2005）。

　以上のような例をみるとき，境界とはいったい何であろうか，そもそも議論するに値する問題なのであろうか。そういった疑問すら浮かぶ。なぜなら，中條による境界の定義からみると，これらの例はいずれも説明がつかないからである。

　中日の応援団は，どこからどこまでで，だれがその一員でだれがそうではないのか。東京ディズニーランド誕生の中心人物，高橋を名指しすることは容易

であるとしても，その高橋グループと言ったときに誰が入って誰が入らないのか。ロン，フェルド，サムは仲間とみるべきか，そうでないのか。渡辺，中山，藤田の3者についてもしかり。要するに，その線引きをどうすればよいかが，当事者からでも，観察者からでも，実のところよくわからない。にもかかわらず，何となくそれをイメージして理解すること，あるいは決めつけることはできる。そこに応援・支援の本質があるように思われる。

これと関連して，よく知られている「階級」という伝統的な概念に関して，多くの社会学者は，階級に関する自分のぼんやりとしたイメージに，多少の論理的整合性を加味した言語的表現を与えているだけにすぎないと言われる（盛山, 2003）。

再び，中條が紹介した例に戻ろう。蛸部屋の労務者，刑務所の囚人，学校の学生，企業の従業員，軍隊の兵卒。いずれも，時間とともに個々の，身分，職業，所属は，本来，また別のそれへと推移してゆくはずである。しかし，中條はそこには立ち入らない。市場と組織を連続体として把握する議論を批判しているのにもかかわらず，静的な議論で通すのである。

時間という変数を導入したうえで境界を議論している先行研究の例として，遠田（2005），山本（2007）がある。以下，それらをみることにする。

遠田は次のように言う。同じ組織は同じ共有意味世界を構築する。共有する意味世界が異なれば組織も異なる。もうひとつの条件は持続性である。仲良しグループとか「○○先生を囲む会」といった集団のように，特定の人がいなくなったり交替したりすると共有意味世界が大きく変わって持続性は覚束ない。それに対して，共有する意味世界には，関与する人々の交替では左右されないいわば頑健性がある。メンバーが頑健な意味世界を共有していれば，メンバーの一部が欠けたり新たにメンバーが加わったりしても，共有された意味世界は維持され，協同も持続される。頑健な共有意味世界，これが組織の必要十分条件である。言い換えれば「組織とは頑健な意味世界を人々の間に構築する装置」である（遠田, 2005, pp. 16-17）。

ここで，意味世界の重要性を認めるにせよ，頑健さとはいったいどの程度のものか。持続性とは具体的にどれぐらいの時間的な長さを指すのか。少しずつズレながら意味が再構成されて持続するような共有意味世界というのは組織ではないのか。たとえば，いわゆる日本の文化や日本の伝統はどうなるのか。メ

ンバーが入れ替わることなく意味付けが更新された場合（ストラテジックラーニング: 桑田, 1991）はどうなるのか。こうして遠田による定義からは次々に疑問が生じる。けれども，その定義に持続性という要素を含めている点については留意しておきたい。

　他方，山本はこう論じている。人間の外部世界の把握の仕方は，大きく分けると2類型になる。まず，外部世界を固定された枠とみる。その枠内における自己を，自己の出生から死亡までという形で把握する。これを空間的把握（1型）と呼ぶ。次に，歴史の一段階における一定期間を担うものという形で自己の生涯を把握する。自分の生涯を歴史の進行方向に適合させる。これを時間的把握（2型）と呼ぶ。1型には時間的把握という要素は入っていない。論理的合理性に時間的要素がないのと同じで，それは必然的に停滞を招く。西欧的な組織の原則は，1型と2型の両把握をその内部においていかに調整していくか，この矛盾の調整能力がその存続を左右する（山本, 2007, pp. 90-93, 102-103），と。

　遠田にせよ山本にせよ，時間の重要性を意識しているのに，あるいは逆にそうであるがゆえにと言えるのかもしれないが，境界と時間の関係，あるいはそれらが織りなす総過程を，必ずしも体系的に展開していない。

　従来の組織論においては，組織を構造とみるのが当然であった。にもかかわらず，存続・成長という大義名分を盲目的に受けいれ，そこに時間という要素をいたずらに組み込むも，境界の議論はあやふやなまま放置された。その結果，論理的な不整合を招いてきた。境界と時間に関するこのような不整合に関して，山本が言う「矛盾の調整」を問題として取りあげ，その解明に向けて挑むこと，これが本章の課題である。こうして，以下では，サントスとアイゼンハートの所説を整理して紹介し，これに検討を加えることにする。

第3節　boundary か border か

　英和辞典によると，「boundaryは，地図や図面に明記されるような厳密な意味での国境や境界線で，条約や契約によって決定・変更されるものをいい，borderは，山や川などの地理的条件による境界を意味してboundaryほど厳密でなく，また，国境沿いの地域一帯も指す。」『ライトハウス英和辞典』（研究社）

　他方，スタンフォード哲学百科事典（*Stanford Encyclopedia of Philosophy*）によれば，境界（boundary or border）は，まず，所有/非所有，自然/人工，明瞭/不明瞭，無形/嵩，の4つの面から分類され，それらに対して，現実主義的と消去法的の2つの見方がある。こういった予備的な知識を携えながら，以下，サントスとアイゼンハートによる分類をみることにする。

1　サントスとアイゼンハートによる分類

　境界の研究の中心は取引コストアプローチである。この視角を拡げるため，サントスとアイゼンハート（以下，サントスら）は境界に関する4つの概念（効率，パワー，能力，同一性）を以下のように展開している（Santos and Eisenhards, 2005）。ただし，（boundary/border）は引用者による。

　効率（boundary）は，ミクロ的な境界決定に関して，法的所有権の見方を採る。パワー（border）は，影響面を強調する。ただし，ここで，サントスらが紹介しているパワーは，心理的なそれ（林, 2005, 2011）ではなく，物的なそれである。能力（border）は，資源のポートフォリオとその形態に注目する。同一性（border/boundary）は，メンバーが「われわれはだれであるのか」を理解することと，ときに意識下の精神面に注目する。

　第1に，効率に基づく境界の概念は，**図6-1**のとおりである。すなわち，境界は，市場と階層のコスト比較，ここから論理的に導かれる。したがって，境界の管理は，管理上のコスト最小化基準に基づいて個別に行われる意思決定，その積み重ねである。

　第2に，パワーによる境界の概念は，**図6-2**のとおりである。すなわち，境界は，決定的に重要な関係者に対する最大限の統制，ここから論理的に導かれる。したがって，境界の管理は，対外的な関係者に対する優位性，その形成と維持である。

　第3に，能力による境界の概念は，**図6-3**のとおりである。すなわち，境界は，経営資源の利用可能性の最大化，ここから論理的に導かれる。したがって，境界の管理は，経営資源の形態と市場機会，その関係づけである。

　第4に，同一性による境界の概念は，**図6-4**のとおりである。すなわち，境界は，同一性と整合的な創造活動，ここから論理的に導かれる。したがって，境界の管理は，組織的な活動や市場と同一性の間のズレを修正することである。

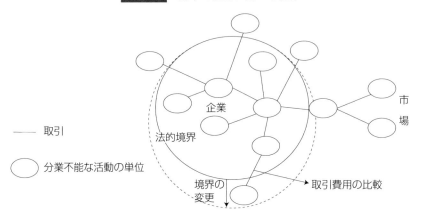

図6-1 効率の概念に基づく境界

―― 取引

◯ 分業不能な活動の単位

企業

法的境界

市場

境界の変更

取引費用の比較

出所：Santos and Eisenhardt（2005, p. 492）

図6-2 パワー概念に基づく境界

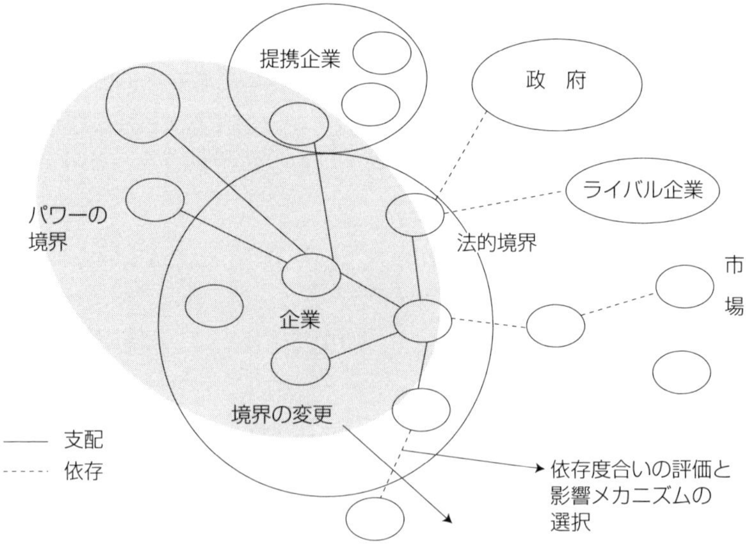

提携企業

政　府

ライバル企業

パワーの境界

法的境界

企業

市場

境界の変更

―― 支配

------ 依存

依存度合いの評価と影響メカニズムの選択

出所：Santos and Eisenhardt（2005, p. 495）

図6-3　能力の概念に基づく境界

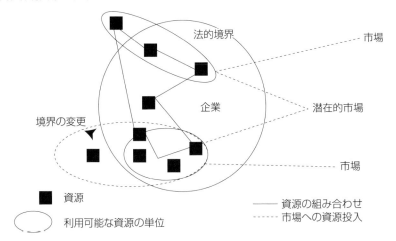

自社保有資源と市場の魅力の適合性の評価

法的境界

市場

企業

潜在的市場

境界の変更

市場

■　資源

◯　利用可能な資源の単位

―― 資源の組み合わせ
----- 市場への資源投入

出所：Santos and Eisenhardt（2005, p. 497）

図6-4　同一性の概念に基づく境界

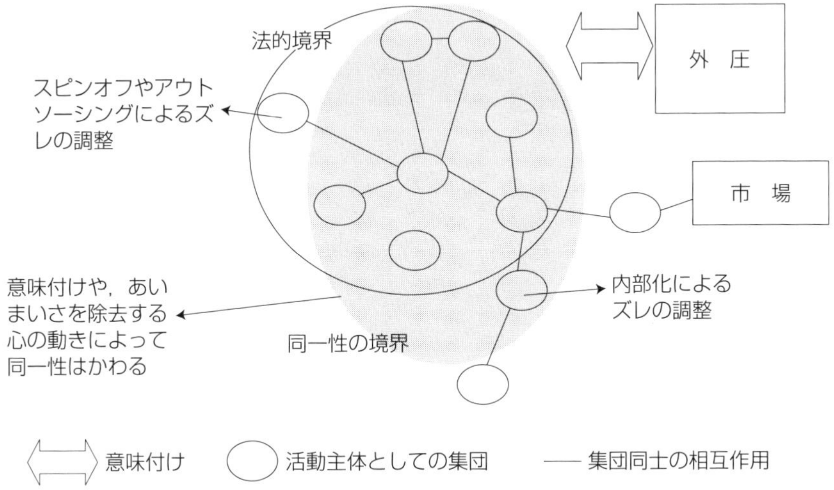

法的境界

外　圧

スピンオフやアウト
ソーシングによるズ
レの調整

市　場

意味付けや，あい
まいさを除去する
心の動きによって
同一性はかわる

内部化による
ズレの調整

同一性の境界

◁▷ 意味付け　　◯ 活動主体としての集団　　―― 集団同士の相互作用

出所：Santos and Eisenhardt（2005, p. 500）

表6-1　4つの概念に基づく境界

	効率	パワー	能力	同一性
組織の概念	命令，監視，誘因による統制機構	依存を減らしてパワーを行使するための調整を促す制度	製品－市場の競争優位につながる資源の束	意味生成を可能とし愛着を後押しする社会環境
境界の特徴	組織の内部における取引	組織が影響を与えている領域	組織が持っている資源	「われわれはだれであるか」をめぐる支配的心理
目標	コスト最小化	自立	成長	結合
理論の起源	法，制度派経済学	産業組織論，資源依存モデル	構造的コンティンジェンシー理論，資源理論	経営者の認知，組織同一性
分析単位	取引	戦略的関係	資源	同一性の帰属
境界の動因	取引，測定，調整などのコスト最小化	依存減らしと市場における力による優位関係の最大化	市場機会と資源の協調を通じた資源価値最大化	組織の行動と同一性の連携維持
境界管理の手段	買収，撤退などによる階層メカニズム	買収・雇用などの所有メカニズム	買収・撤退・連携などの対外的な動態的能力	他の心理構造の明示的な取り入れや幹部交代などの意識的なメカニズム
独自性	市場対階層	所有対統制	所有対配備	意識対無意識

出所：Santos and Eisenhardt（2005, p. 494）

表6-2　4つの概念の適用可能な面

環境の状態	効率	パワー	能力	同一性
価格競争の激しさ	＋	－	0	0
産業集中度	0	＋	0	0
制度の影響力	－	（規制による）	－	（規範による）＋
技術，市場，参入者，規制などの変化の速さ	－	0	＋	0
構造は安定しているが将来のための知識不足に基づく不確実性のレベル	（行動の不確実性）＋	＋	（技術の不確実性）＋	0
構造の欠如と不明な因果関係による曖昧さのレベル	－	0	0	＋

出所：Santos and Eisenhardt（2005, p. 495）

以上，境界に関する４つの概念について，組織の概念，境界の特徴，目標，理論の起源，分析単位，境界の動因，境界管理の手段，独自性，これらの面から比較したのが，**表6-1**である。

さらに，環境の状態に応じて，４つの概念について，それぞれ適用可能な領域を整理したのが，**表6-2**である。ただし，**表6-2**において，「＋」は正の関係（たとえば，価格競争が激しいと効率概念の関係も大きくなる），「０」は関係なし（たとえば，産業集中は同一性概念には何の影響もない），「－」は負の関係（たとえば，制度的圧力が大きいと競争概念は小さくなる），をそれぞれ示している。

2　考　察

サントスらによる分類における問題は次の３点である。第１に，管理の対象として境界が捉えられていること，第２に，４つの境界の相互関係，第３に，同一性という主観的側面，これらである。以下の考察は，第３の問題から出発する。なぜなら，第１，第２の問題は，第３の問題に従属的と考えられるからである。

サントスらによれば，同一性という概念は２つの理論的制約から導かれる。ひとつは，経営者の認知である。すなわち，世界に関する経営者・管理者の解釈や行動の基礎となる認知的枠組み（Prahad and Bettis, 1986; Walsh, 1995; Weick, 1995）。いまひとつは，組織の同一性である。すなわち，組織の中心的で際立った特性を構成する価値観や規範の起源や役割（Albert and Whetten, 1985; Dutton and Dukerich, 1991; Elsbach and Kramer, 1996）。

表6-1に示されるように，同一性に関する境界の特徴は，「われわれはだれであるか」をめぐる支配的心理にある。「われわれ」とは，われわれ「以外」を措いてはじめて成立する概念である（佐伯, 2001）。われわれも，われわれ以外も，両方とも時間とともに変化する。こうして，主観的にのみ把握される「同一性」は，他の３つの概念とは根本的に異なる。なぜなら，他の３つの境界が，現在ないし過去の貌しか示し得ないのに対して，同一性のみが，現在，過去に加えて，将来の貌をも画き得るからである。同一性による境界は，それが主観的な実体（boundary）であるという意味において，構想，ビジョン，戦略（三品, 2006），と共通点を持つ。パワーも能力も同一性に応じて変わる。

　また，三品（2006）による戦略は，トップ・マネジメント，経営者，幹部に
固有のものである。サントスらが示した同一性もそれと共通する。
　しかし，サントスらは，**表6-1**において，一方で境界管理の手段として
「他の心理構造の明示的な取り入れや幹部交代などの意識的なメカニズム」を
挙げており，他方で独自性として「意識対無意識」を挙げている。これについ
て，取締役会が新社長を招聘する決議を行うこともあれば，有能な若手部下が
退社した結果ライバル会社が誕生することもある，というように解釈できる。
後者はそもそも取締役が口を挟む問題ではない。
　実際，大樹の陰で安穏と過ごすか，それとも大樹を根付かせるべく成りあが
るか。成果主義からの揺り戻し（高橋，2004）とも相俟って，長期雇用慣行の下，
そのような自己選択を迫られる機会が乏しいゆえに，大多数の若い彼/彼女ら
はその意識も低い。
　しかしながら，そのような一介の従業員が，何らかの事情により，ひとたび
独立の野心を抱いたり，退職の時機を模索し始めると，事態は一変する。なる
ほど，他の3つの境界から見れば，構造上，ボトムでもなければ，トップでも
ない。いまそこに「何か」が意識され存在しているにもかかわらず，である。
3つの境界でそれを切ってみても，その「何か」あるいは「何らかの事情」を
説明することはけっしてできない。
　このとき，同一性の概念は，他の3つの概念と比べるとひときわ精彩を放つ。
と同時に，「トップに固有」という概念として規定したことによる限界もまた，
露呈する。なぜなら，サントスらは，同一性の概念に基づく境界の動因を行動
（または行為）の連鎖，すなわち一体感の「維持」に求めている。既存の同一
性から別の異なる同一性が，あたかもエビが脱皮するかのように新たに生じて
くる面について，これに立ち入っていないからである。
　このような考察の結果，第1の問題，すなわち，境界を管理の対象として捉
えるという考え方は妥当でない。というのは，同一性の概念を導入するやいな
や，その境界は一意に定まらず，不明瞭となる。管理とは，そもそも秩序維持
を目的する精神活動である（Fayol, 1916）。よって，秩序の対象としての境界が
不明瞭のままでは，その管理について論じることは無意味である。
　ただし，いまかりに，既存の境界を公式，次なる境界を非公式と措く。その
ばあい，ちょうど鶏と卵のように，公式と非公式の間で繰り返し交互に織りな

されるバランスの継続（Weick, 1979; 岸田, 1985; Jelinek and Schoonhoven, 1990; Lemberg, 2007），これに注目するなら　一連のそれは，時間的把握と空間的把握の両方（山本, 2007）を伴う管理の対象となりうる。

　第2の問題，すなわち4つの境界の相互関係について。同一性の概念は独立変数であり，他の3つの概念はいずれもその従属変数，原則としてそうみることができる。しかし，その逆の関係がないわけではない。

　たとえば，パワーを固定的な対象，所与とみるなら，同一性はその範囲に留まる。そうではなくて，同一性による境界それ自体が主観的・意識的に拡張されれば，パワーによる境界も伸縮自在な対象となる。両者の関係は，ちょうど，組織（同一性）と戦略（他の3つ）の関係と同じ（林, 2000）とみてよい。

　したがって，同一性の概念を規定するのは「目的」としての当事者の意図であり，他の3つの概念を規定するのはその「手段」である。手段相互の関係を明らかにすることは，細かな戦術を云々することになる。したがって，3つの概念に基づく境界は本質的ではなく，同一性の概念に基づく境界こそが決定的に重要である。

第4節　組織の重心

　ある同一性からそれと異なる別の同一性が新たに生じるとき，境界もまた意識的/無意識的に引き直されている。実際にはこれはたいへんわかりにくい。なぜなら，円満な子会社化や，派閥抗争の果ての枝分かれ・独立といった，外部から認めやすい場合だけではないからである。すなわち，表面上は従順であっても「心ここにあらず」という状態は，これを明示的・客観的に観察することはできない。

　バーナード（Barnard, 1968）の議論は，手足の寄せ集めを組織と称したり，協働意欲の裏付けを伴うシステムを公式組織と称したりして，境界をわかりにくくしている。職務の性質や内容によって，心ここにあらずとも手足さえ提供してくれたらそれでよしという場合もあれば，意欲さえあればたとえば空間的な隔たりは問題とされない場合もある。

　工場内作業者の動機づけと秩序維持を問題とする科学的管理法の時代から，知的労働やサービス産業がますます重視される時代へと世の中が大きく変化し

たいま，心が問われぬ手足の寄せ集めとしての境界ではなく，心こそが問われる意欲の束としての境界，これこそが同一性の根幹を成している（山下, 2008）。**図6-4**における波線と実線の関係は，それを端的に示してくれている。

　しかし，同一性それ自体がいかに推移するかを説明するには，新たな考え方が求められる。組織の定義がそれである。同一性の概念に基づく境界で囲まれた部分は，これを組織と称することができるであろうか。バーナードが言う非公式組織（集団）とも必ずしも符合しない。

　われわれは，組織を組織図（表）ではなく価値体系の集合としてみる。価値体系の集合は，同一性に基づく境界内とほとんど同一である。しかし，同一性に基づく境界では，心理的結合の基礎あるいは軸となる何かが不明瞭であるのに対して，価値体系の集合にはその軸となる何かが措かれている。それが重心である。それとサントスらによる同一性との異同を指摘しておく。

　第1に，どちらとも抽象的な概念であるにもかかわらず，同一性（**図6-4**）は何らかの事情による見えざる境目（境界）が可視的に表現されているのに対して，重心は可視的に表現することができず，したがってこれを捉えがたい。

　第2に，同一性には具体的な人物やその思想の有無が不明であるのに対して，重心は必ずそれを伴う。第3に，同一性がその変態に関して不明であるのに対して，重心は，保革など価値観の対立や人間的魅力の得喪を契機として流動化する性質を持つ。

第5節　おわりに

　本章では，サントスらによる4つの概念に基づく境界を紹介し，わけても同一性の概念に基づく境界に焦点を当てて，その特質，意義，限界を議論した。そのうえで，組織の重心との異同を簡単に整理した。

　境界の線を引く（消す，引き直す）といった心理的な営みが，組織（とその変動）を語るうえできわめて重要であることは，あらためて指摘するまでもない。組織図に示された公式組織を支える非公式組織が点線で囲われることで，境界が図示されたことがなかったわけではない（e.g., Weirich and Koontz, 1993）。しかし，それはあくまで，既存の組織図を中心として教科書的・通説的な理解を促すための補助的なものにすぎなかった。

　その意味で，**図6-1**から**図6-4**において，サントスらが可視的に境界の違いを示したことは実に画期的である。しかし，理論的には，同一性と重心を比べてみると両者はよく似ているものの，重要な食い違いを指摘することもできる。

第7章

同　一　性

第1節　はじめに

　第1に，身近な例として国土交通省が管轄するクルマの継続検査を取り上げよう。消耗品としてのバルブ，オイル，タイヤ，バッテリー，ワイパーブレードなどを交換したとき，厳密に言えば交換前とは異なる状態にあるにもかかわらず，その同一性（識別）が争われることはない。心臓部といわれるエンジンを丸ごと新品に載せ替えたらどうなるであろうか。たとえ外観は同じであっても，常識的には，もはや以前のそのクルマではないはずである。

　驚くべきことに，実際，エンジン本体の交換をしても同一性は維持（識別）される。なぜなら，車検におけるクルマの識別は車台番号に基づいて文字どおり機械的に行われるからである。検査場で体験してみればわかることであるが，再検査のために同一日にレーンに再進入させるとき，当初の検査で不合格の箇所を指摘した検査官は，申請者もクルマもついさきほどのそれらと鮮明に覚えているにもかかわらず，いちいち必ず車台番号を確認する。替え玉を防止するためである。逆に言えば，レーンを通過するその瞬間，また対象項目についてのみ，検査は実施されるのである。このように，常識的な理解と車検の実際とでは，クルマの同一性が食い違っている。

　第2に別の例で考えよう。どの大学でも，大学当局が交付した学生証は本人確認（同一性）の手掛かりとなる。しかし，その学生が一卵性の双子（あるいはそれ以上）であるとき，同一性確認は，実務上，不可能に陥る。このような場合，学内であれ学外であれ，あらゆる試験において替え玉を防ぐことは簡単ではない。個人のコピーという，建前上「ありえない」存在は，近代社会の管

理不能を招く，制度上の落とし穴なのである。その原因は，個性豊かな名のある人々を記号としての番号に置き換えるという，機械的な管理手法に求められる。いわゆる官僚制の逆機能（Merton, 1957）である。

　第3に，身近な企業が提供する商品，コマーシャル・メッセージ，ホームページなどを基に，その受け手が抱くブランド・イメージについてはどうか。すなわち，発信者である経営陣はもとより，株主，取引銀行，従業員，得意客，地域住民など，利害関係者の立場によって，同じ立場でも人によって，あるいは時と場合によって，その企業ブランドのイメージが多かれ少なかれ食い違うことは，けっして珍しいことではない。

　第4に，医学・生物学的な意味でのヒトの同一性を考えてみよう。いま，脳死患者から提供された肝臓や腎臓の一部を移植する手術が施され，無事退院して社会生活に復帰したとしよう。そのヒトは手術前のヒトとは解剖学的には同一ではない。にもかかわらず，そのことが世間一般で争われることはない。ますます医学が進歩して，次々に臓器が移植され，次々に美容整形が繰り返され，次々と遺伝子治療が施されて，もとの状態と大きくかけ離れてしまっても，それでもなお，本人は同一性を認識できるであろうか。ひとたび本人の思考が停止し，植物状態に至れば，その身体の扱いは比較的容易となるが，本人が自ら意思決定ができる限り，どこまでもその身体は変容しうる。幸か不幸か，このようにして，長寿社会がもたらす問題は深刻にならざるをえない（本川, 2011）。そのとき，いったいどのように，そのヒトの同一性は担保されるのであろうか。

　これとは別に，同じ「人」であっても，心理面に関する同一性の研究は相当蓄積されている。「わたしはいったい何者か。」という，精神疾患のない人なら誰もが経験したことのある問いを出発点とするテーマである。それは，通常，カタカナでアイデンティティと表記される（e.g., 草津, 1988）。理論的には必ずしもその問いの延長上にあるわけではないが，組織の同一性についても盛んに問われている（e.g., 金, 2012）。その出発点は，1979年，イリノイ大学において経費削減とそれに伴う学部再編の方向性が本部から示され，各学部や研究者が直面した，「イリノイ大学は何を失ったらイリノイ大学ではなくなるのか。」という，各部局の当事者たちが自らに投げかけた問いにあった（Whetten, 1998, pp. vii-ix）。

　静態ではなく，その動態に注目するとき，企業組織の境界を分析する際に，

経済的効率性，所有権，技術的優位性，これらに対して同一性（identity）の概念が説得的であることを第6章で確認した。ただし，その同一性と，前述のイメージの関係については掘り下げていない。

　こうして「組織の重心」を精緻化するために，同一性と一体化（identification）の概念の先行研究を渉猟して，組織の動態の視点から整理する必要がある。これがこの章の目的である。この意義について，アルバートらは次のように指摘している。

　　「同一性と一体化を研究することの意義は，組織生活における意味や感情の重要性の再発見にも由来している。それらの概念の美しさは，組織の枠組みにおける人間の行為の作用を説明する1つの方法を提供している点にある。それらの理論は，動機づけや感情と関係している。また，個人行動や集団行動の方向や持続性を説明する。」（Albert, Ashforth, and Dutton, 2000, p. 14, 傍点は引用者）。

　これと軌を一にして，桑田（2012）もまた，リーダー（経営者）の育成と選抜の見地から，バーナードによる社会的統合（social integration: Barnard, 1968）を手がかりに，バーナードへの回帰ではなく，経営学の再構築の必要性を展開している。その際，鍵となる概念は，意味と変化であるとしている。

　同一性については，パルメデニス，ゼノン，ヘラクレイトスに始まる西洋哲学（坂部, 1988）はもとより，性・人種・国籍・文化をめぐる社会学（e.g., 河原, 2009; 宮崎, 2009; 佐伯, 2008; 谷本, 2008; Taylor, 1989），CI（企業アイデンティティ）や企業イメージの文脈におけるマーケティング，企業文化・組織文化，経営理念，エリクソンに代表される出自からキャリアに至る心理学など，様々な領域で広く研究されている。

　それらの先行研究の多くに共通する点として，対象を静的（static）にかつ論理的に捉える方法が指摘される。ところが，そのような精神は組織の動態を説明するためには障害でしかない。なぜなら，公式組織の管理にあっては非論理的な過程が決定的な役割を演じている（Barnard, 1968）からにほかならない。同一性は，弁証法的に，変化や差異と相対立しながら，かつ，それらを包含する（坂部, 1988, p. 517）。したがって，外界が安定的でない限り，直線的な論理

とは馴染まない。しかもこの「安定的」という評価もまた，第8章で取り上げる適合の概念と同様に，意味構成または解釈と無関係ではあり得ない。

　また，老舗における創業者の理念や企業文化は，代々と受け継がれてゆくなかで，時代の変化に伴って何らかの変化を余儀なくされているし，また，積極的に変革されてもいる。生き続けるために変わり，あるいは変え，その結果，変わらずにいる（消滅しない），という逆説的ないきかたこそが，経営実践上の要諦である（e.g., De Geus, 1997; Pascale, 1990; 帝国データバンク史料館・産業調査部, 2009）。

　一体化の概念は，組織の動態の観点から見れば，同一性ほど重要ではない。なぜなら，端的に言えば，それは，組織均衡論における貢献（contribution）と誘因（inducement）の比較という文脈で把握されるに留まるからである。したがって，ある均衡から不均衡を経て別の均衡へ移行（別の均衡は元の均衡を含む: Greenwood and Hinings, 1988）するという，動態の説明には必ずしも十分ではない。なお，精神分析用語における無意識的な模倣（岸田, 1988, p. 516）としてのそれ（identification: 同一視または同一化）については，本章では取り扱わないことにする。

　こうして以下では，第1に，組織の動態の説明という観点から，学際的な領域における同一性と一体化に関する先行研究を整理する。それをふまえて，遺伝子における突然変異と組織革新に共通する点を抽出し，それに対して理論的な考察を加える。第2に，同一性，狭義の企業文化としてのCI（企業アイデンティティ），組織の重心，これら3者を理論的に関係づける。第3に，教育心理学におけるライフストーリーと組織の重心の理論的な接合を試み，組織の重心の位置と意義を明らかにする。最後に今後の課題を示す。

第2節　同一性と一体化

　以下では，第1に，組織の動態の観点から，エリクソンによる同一性の概念を中心に整理しながら検討する。第2に，渡瀬（1982）による同一性と一体化の概念整理に倣（なら）って一体化の概念を簡単に吟味する。第3に，現代科学における同一性と時間の関係を展開している池田（2002）から，組織の動態と関連する論点を抽出して検討する。

1　同一性の意義

　草野（1988）によれば，アイデンティティ（同一性）の概念には，大きく2つの意味がある。1つは，個人の他者に対する隔たり（親密さの度合い）であり，いま1つは，パーソナリティの核心，一貫性（継続性），本来性，これらに関係する心理である。

　前者は権威受容説（Barnard, 1968）またはフォロワー・アプローチ（e.g., 日野, 2010）と同じである。ただし，その範囲については，その対象が当代の人間に限定されるか否かで見方が分かれる。後述するように，限定されないのが重心である。後者は，エリクソンによる発達心理と関係している。同時に，分析レベルは異なるが，アルバートとウェッテンによる「組織のアイデンティティ」の3要素（Albert and Whetten, 1985）にも対応している。すなわち，中核的性質（core），特異性（distinctiveness），時間的継続性（enduring）である。

　これらのうち中核的性質と特異性は，具象化されればイメージとして共通に理解されうる。3要素のうち2つの要素にかかわる「組織のアイデンティティ（同一性）」の具象化の手段が「ものの形作りの3方式」（美宅, 2008）である。ものの形作りの3方式は，積み木方式，粘土細工方式，彫刻方式，これらである。言い換えると，材料を寄せ集めて，材料を増減させることなく，材料を削って，となる。

　先述のイリノイ大学における予算削減を契機としたウェッテンによる組織の同一性研究の起源は，彫刻方式と位置づけられる。したがって，組織の同一性は積み木や粘土細工のアナロジーによっても理論的に説明できる。問題は時間（的継続性）である。これについては後述する。

　エリクソンはアイデンティティの概念を3つに分類している（Erikson, 1968, p. 61）。

(ⅰ)　ある人の「アイデンティティ」というとき，その人の氏名とその人がその社会において占めている社会的な立場が問題となる。

(ⅱ)　「パーソナル・アイデンティティ」は，それ以上の意味を持っている。すなわち，継続的で主観的な存在感と一貫した記憶が加わる。

(ⅲ)　「心理社会的アイデンティティ」は，さらに難解な性質を帯びている。主観性と客観性，それに個人レベルと社会レベルの双方が，同時に加わる

からである。

『幼児期と社会2』の翻訳者である仁科は，その「解説」においてエリクソンの考えをこう説明している。

「同一性とは，自我の心理社会的統合能力であり，自分の自我は，各発達段階を効果的に統合することができ，かつ社会的現実のなかで，有効に組織化された自我へ発達しつつあるという感覚と確信から生じるととらえられている。」（仁科, 1980, p. 220, 傍点は引用者）。

また，鑪は，エリクソンによる発達論の意義を次の3点に集約している（鑪, 1990, pp. 66-72, 傍点は引用者）。

(a) 生まれてから死に至るまでの生涯を展望に入れて心の変化の様相をみた点。
(b) 歩ける話せるといった外に示される変化としての発達課題とは異なり，心の変化による発達を問題にしている点。
(c) 自他の調和を図るという倫理的な問題を中心に据えて，人格の発達を捉えている点。

「『自我の心理社会的統合能力』ないし『自他の調和を図る』とはどのような意味であろうか。鑪による説明を要約すればこうである。
　私たちが生きていく上で，なくてはならない心理・社会的な能力は，自我の力といってよく，これをエリクソンは心理力動的な観点から捉えている。『心理力動的』とは，社会的に生きていくためのプラスとマイナスの力が拮抗し合って働く，心のバランスである。」（鑪, 1990, pp. 53-56, 傍点は引用者）。

アイデンティティに対するこうしたエリクソン流の考えに対して，上野は次のように批判している。

「エリクソンによれば，自己アイデンティティとは個人的アイデンティ

ティと社会的アイデンティティとの『統合』によって確立するものだが，（中略）若者がだれのようにも『らしく』なりたくないとすれば，それは同時に役割分化とそれへの同一化によって成立した近代社会の終焉をも意味するであろう。（中略）もはや子どもたちは，『何にもなりたくない』のかもしれない。」（上野，2005, p. 299, 傍点は引用者）。

　上野によるこのような批判は，エリクソンの真意を捉えていない。その理由は，「偽りの自己」や「偽りのアイデンティティ」がもたらす結果を考慮すれば明らかである。「何にもなりたくない」心理は，鑪によって「偽りのアイデンティティ」と名づけられる。これに偏ることから生じる危険性は，要約すれば次のとおりである。

　すなわち，鏡の自己像を現実の自分と考えて生活していくことは，架空の自己像の上に立って生活していくことを意味する。それを「偽りの自己」と呼ぶ。これをアイデンティティの面から見ると，私たちが真の自分に出会っていないとき，偽りのアイデンティティが私たちを覆うことになる。偽りのアイデンティティをもつ人は，誰との人間関係も表層的な関係で終わってしまい，深いかかわりをもつことができない（鑪，1990, pp. 117-120）。また，経験とは，孤独な生活の中で，自分の肉体を通して，「感覚のことば」で語られねばならない性質のものであり，時間とともに思索を深めてゆくものである（鑪，1990, pp. 154-155）。

　上野の指摘はいわゆるモラトリアムの長期化を指しており，それはマズロー（Maslow, 1970）の言う「満足から生じる病理」のいわば現代的な顕れでもある。その遠因は，子離れできない親による過保護や自立を阻害しかねない過度の社会保障などによる経済的安定にある。しかし，それらは遠因にすぎず，「満足から生じる病理」を克服する道，すなわち何事にも挑戦してみようといった真の「経験」を選択するか否かは，本人の「心のバランス」に依存する。そのような心のバランスの問題を，上野は掘り下げていない，または捨象している。

　組織の動態の観点からは，エリクソン自身による説明のうち，次の部分がとくに重要である。すなわち，「真のリーダーは重要な新しい連帯を生み出すことができる。それは，内的なアイデンティティを発展させることのみによってである。というのは，新しい，啓蒙された倫理観のみが，消えゆく道徳観に

取って代わることができるからである。」（Erikson, 1968, p. 65, 傍点は引用者）

　これは，一方で，バーナードによる社会的統合ないし道徳規準の創造（Barnard, 1968）と符合しており，他方で，後述するように，社会的勢力（高田, 2003a, 2003b）や組織の重心の概念とも関連している。

２　一体化の概念

　渡瀬（1982）によれば，一体化（identification）は「帰属」に，同一性（identity）は「主体性」に，それぞれ置き換えられる。サイモンが「帰属」を強調するかぎり，サイモンの組織論における人間モデルには主体性の意味合いは全くない（渡瀬, 1982, pp. 3, 6）。

　ここで，サイモン（Simon, 1997）による一体化の定義を確認しておこう。

　　「一体化（identification）とは，個人による組織の決定を左右する価値指標として，個人が自分自身の目的に代えて，組織の目的（サービス目的ないし存続目的）をとる過程である。」（Simon, 1997, p. 295, 邦訳, p. 453）。

　組織の均衡を分析する際に，サイモンは，インデュースメンツ（inducements: 邦訳では誘因）とインセンティブ（incentive）を使い分けている。前者は，マズロー流の高次欲求に繋がる動機づけ要因としての個人的な目標や価値の集合と，低次欲求に繋がる物的・経済的報酬の双方を含み，後者は，低次欲求としての物的・経済的報酬に限定されるように思われる。一部混乱はあるがバーナード（Barnard, 1968）も同様に，物質的誘因（material inducements）と非物質的誘因（non-material inducements）を指摘している。サイモンが言う一体化は，前者の場合も後者の場合もともにありうる。にもかかわらず，渡瀬は，なぜ，サイモンの人間モデルに主体性の意味合いがないと言うのか。後者に関しては異論はない。問題は前者をどうみるかである。

　サイモンは，一体化のありようとしての個人の組織への参加を，忠誠心の面からも説明している。忠誠心の根拠は，インデュースメンツが前者の意味のとき，動機づけ要因に拠るものであるのか，物的・経済的報酬に拠るものであるのかが曖昧である（Simon, 1997）。

　いま，かりに，ちょうど創業まもないベンチャー企業がそうであるように，

物的・経済的報酬が短期的に相対的に低いと仮定しよう。にもかかわらず，そのような企業と雇用契約を結ぶのは，その従業員が中長期的にその仕事の内容に魅力を感じて（動機付けられて）いるからにほかならない。これに対して，物的・経済的報酬がある程度満たされていると仮定しよう。その場合，忠誠心の根拠は不明瞭となる。動機付けられていることもあるが，そうでないこともありうる。

　こうして，サイモンのアプローチでは，物的・経済的報酬が小さい場合にしか，参加者としての個人の主体性の存在を論証することができない。こういうわけで，サイモンの人間モデルには主体性の意味合いがないと，渡瀬は断じているのである。

　簡単にまとめておこう。一体化は帰属ないし参加の言い換えである。参加の決定に生産の決定が含まれるなら，一体化は参加と生産を区別（March and Simon, 1993）する概念ではない。したがって，帰属の根拠が動機づけによるものなのか，それとも経済的なインセンティブによるものなのか，はっきりしない。後者に重点があれば，加護野（1997）がそれを麻薬であると喝破したように，たとえ短期的には帰属が続くことがあるとしても中長期的にそれが続くという保証はないから「満足から生じる病理」に陥らざるをえない。これに対して，前者に重点があれば，したがって，主体性によって根本的に支えられていれば必然的に中長期的に帰属は継続する。

　橘木（2011）は，動機づけ要因の一例として虚栄心の意義をこう述べている。

　　「虚栄心があるからこそ，人は労働に励み，競争にも立ち向かうのである。人はこの虚栄心を満足させたときに，たとえ苦しい労働であったとしても，労働の喜びを感じるのである。」（橘木, 2011, p. 29）。

　また，アカロフとクラントン（Akerlof and Kranton, 2010）は，帰属意識が金銭的インセンティブよりもずっと重要な動機づけ要因であると主張している。

　　「労働者は帰属意識を持てる仕事に配置されるべきだし，企業はそのような愛着を後押しするべきだ。（中略）企業に共感する労働者は，金銭的イン

センティブ（monetary inducement）をほとんど必要とせずにきちんと仕事を
するので，組織はうまくいくのだ。」（Akerlof and Kranton, 2010, p. 41, 邦訳, p.
58, 傍点は引用者）。

以上より，組織の動態の観点からみて同一性の概念と比べると一体化の概念
を理論的に掘り下げる価値は乏しい。

3　同一性と時間

「生きもの」としての面をもつ組織は，時間という変数が与えられることに
よって，変化も差異も避けられない。にもかかわらず，組織の同一性（アイデ
ンティティ）が，学術上も実務上も，ますます注目されているのはなぜか。組
織文化の概念と何が異なるのか。

以下では，現代科学における同一性と時間の関係をめぐる池田（2002）の議
論を中心にして組織の動態に関連する論点を抽出する。

そもそも，物理学や化学などの現代科学における，物質と法則という2つの
同一性は不変で普遍であるが，時間が抜けている。なぜなら，現代科学は理論
から時間を捨象する努力を傾けてきたからである。これに対してオートポイ
エーシスは，外部と内部を区分けすることにより自分で自分の同一性を維持し
続けるシステムである。したがって，この同一性は物質と法則という2つの同
一性と同じではない。生命系の理念型としてのオートポイエーシスは作動しつ
つ変貌しながらも原理的には崩壊しないシステムである。これに対して免疫系
は，ミクロに見ればオートポイエティックなシステムのように見えるが，マク
ロに見れば作動しつつ変貌しながら崩壊を回避することができないシステムで
ある。生命系で保たれていて，免疫系で保たれないものは（あるいはことは）
何か。保たれているのは何らかの同一性である（池田, 2002, pp. 9, 30, 44）。

このようにして池田は，生命系における同一性の本質を抉り出そうとしてい
る。それは，われわれが明らかにしようとしている組織の動態，さらには組織
の本質を解明するための導きの糸でもある。ところが，池田は，以下にみるよ
うに，第1にダーウィンの進化理論の原理的な問題点を指摘しながらも，また
第2に時間を非決定性と言い換えながらも，第3にネオダーウィニズムの進化
理論から論理的に導かれる突然変異や創発の条件を解釈するにとどまっている。

したがって，「何らかの同一性」を明示的に述べるまでには至っていない。

　ダーウィンは自身の進化理論からニュートンの力学法則と同型の統一的，普遍的な同一性を排除した。ダーウィンが独創的であるのは，変異を進化のための原資と考えるにとどめ，進化の主因と考えなかった点にある。進化の主因はあくまで，アド・ホックで状況依存的な自然選択であると考えたのである。ダーウィンが明らかにしたのは，生物でありさえすれば進化は不可避という理屈である。今日，主流の進化論（ネオダーウィニズム）もこの線上にある。ところが，ダーウィンのこの理屈では原理的に説明できないことがある。それは無生物から生物がどうしてできたか，ということである。なぜなら，無生物は生物ではないので，ダーウィンの理屈では進化して生物になることはできないからである（池田, 2002, pp. 131, 133, 135, 傍点は引用者）。

　組織の動態の観点から解釈すればこうなる。すなわち，なぜ組織は生成・維持・成長するのか。この問いに対する通説的な答えは，環境操作を含む環境適応（岸田, 1985）である。ではなぜ，ある戦略が採られたのか。ある支配的連合（Cyert and March, 1963）の利害が他のそれより優先された結果である。ではなぜ，ある支配的連合は服従する道を選ばずにそうしようとしたのか。というように遡ってゆくと，究極的には「なぜ，いかに，生き（ようとす）るのか」という問いに辿り着く。この問いは，ワイク（Weick, 1979）流の意味付け（sensemaking）やイナクトメント（enactment）とは決定的に異なる。なぜなら，やれると思うことと実際にやってみることとの間には，天地の開きがあるからである。

　この点，アカロフとクラントンも同趣旨の疑問を呈している。規範とアイデンティティ（同一性）はどこからきて，いかに変化し，進化するのか。集団や国によって規範や同一性が異なるのはなぜか（Akerlof and Kranton, 2010, p. 130, p 邦訳, pp. 183-184）。

　これに対して池田による次の指摘は1つの回答として正鵠を射ている。

「未来が現時点で厳密に決定されるなら，わざわざやってみる必要はない。やってみなければわからないから時間が進むのである。」（池田, 2009, p. 209）

　ここで言う「やってみる」主体は何か。ドーキンス流の利己的な遺伝子

（Dawkins, 2006）などの要素還元主義的な見方を採るのは妥当でない。「やらされている」ことになってしまうからである。「やってみなければわからない」という表現は，試行錯誤への傾倒，問題解決の技術（稲葉, 2010），あるいは勇気の言い換えにほかならない。心のバランスと言ってもよい。したがって，社会関係のなかで何らかの意思を持つ人である。

　他方で，池田は，以下のように遺伝のルールと「ルール」の面から生命系における創発と時間を関係づけている。

　「遺伝とは，自分自身でルールを作りつつそれに従っている，という『ルール』に従っている布置が保たれること，と解される。ただし，ルールは記述可能であるが『ルール』は記述不能である。生物は『ルール』に従っているのであってルールに従っているわけではない。しかし，『ルール』は記述可能でないので，科学としてはとりあえずルールを記述するより仕方がない。比喩的に記せば，『ルール』からルールをマイナスしたのが時間であり，ルールを記述している限り，ルールから別のルールに変換した時に，時間が生成し，創発が起こるということになる。」（池田, 2002, pp. 225-226）。

第3節　突然変異と組織革新

　生命系における時間をそのような意味で捉えたうえで，以下では，遺伝子の突然変異と組織革新に共通する点に対して考察を加える。
　まず，ネオダーウィニズムの進化理論を池田の説明に即して要約すると次のようになる。

　「進化とは，無方向的な突然変異によって偶然生じた遺伝子の変異が，自然選択または遺伝的浮動により，集団中で増減したり消滅したりすることである。たとえば，ラクトースという糖を分解する酵素を作ることができなくなった細菌を，ラクトースしかない培地に入れ（飢餓状態にし）てやると，通常の偶発的な突然変異とは比べものにならない頻度で，ラクトースを分解する酵素を活性化するような（適応的な）突然変異が生じる。」（池田, 2002, pp. 139-140）。

　こうして池田は適応的な突然変異の理由を首尾よく説明している。このような適応的な突然変異の仕組みは，組織革新の条件（林, 2000, 2005, 2011）と通底しているように思われる。ただし，細胞の遺伝子の突然変異と異なり，経営史上の事業部制成立の過程に代表される組織革新（Chandler, 1962）においては相対立する社会的勢力（高田, 2003a, 2003b）を必然的に伴う。細菌の飢餓状態は，したがって財務上の危機意識に相当する。またそれは，組織革新の必要十分条件，すなわち経営理念の保革対立にも繋がる。組織には複数の当事者・利害関係者が巻き込まれているから，危機意識から導かれる具体的な対応は必ずしも一様であるとは限らない。

　池田の説明によれば，遺伝子においては進化に繋がる突然変異は無方向である。しかし，組織革新においてはそうではない。その方向を規定するのが組織の重心である。それは，組織の同一性の3要素のうち中核的性質と特異性，したがって，方向性を備えた特定の経営理念と言い換えることができる。理念であるから，それは必ずしもカリスマ性を備えた特定の人物である必要はないし，当代の人間に限定されない。方向性があるからこそ，高尾・王（2012）が言う

表7-1　組織をめぐる概念と成立要件

組織をめぐる概念/成立要件	中核的性質 (core) または共通目的	特異性 (distinctiveness)、方向性または差異	時間的継続性 (enduring)	属人性	コミュニケーション	貢献意欲・帰依
同一性（Albert and Whetten）	○	○	○	−	−	−
経営理念・哲学	○	○	−	−	−	−
カリスマ（Weber）	−	−	−	○	−	○
官僚制（Weber）	○	−	−	−	−	○
公式（Barnard）	○	−	−	−	○	○
非公式・無関心圏（Barnard）	−	−	○	○	○	○
重心（林）	−	○	−	○	−	○
社会的勢力（高田）	−	○	−	−	−	△注
エナクトメント（Weick）	−	−	−	○	○	−

　注：「服従せらるる」
出所：筆者作成

ように，特定の経営理念に対する人々の反応・実践は一様ではなく多様なのである。

　組織の重心，すなわち方向性を備えた特定の理念は，保革対立による淘汰を経た後，それに3番目の要素である時間的継続が加わることで，定義上，組織の同一性が識別される。3番目の要素としての時間的継続は，生命系における「ルール」からルールが差し引かれたもの，すなわち創発の「定着」と言うことができる。このような，創発，定着，創発……が繰り返されているとすれば，それは，理論的には，企業者による創造的破壊（Schumpeter, 1912），すなわち組織革新の創始，定着，創始……の繰り返しである。組織の動態もこうして説明される。

　佐藤（2009）によれば，組織の同一性について語るとき，特定の正当性をめぐる政治的交渉のプロセスとその結果としての，同一性の新旧交代を視野に入れる必要がある。そのような新旧の交代は，理論的には，上述の，創始，定着，創始の繰り返しと同じとみてよい。そのばあい，「ものの形作りの3方式」における粘土細工方式は，その構成要素に変更がないから，外形的にはリーダーとフォロワーの入れ替わりとして理解される。たとえば，ロックバンドにおけるバンド・リーダーの交代（林, 2011）がそれである。他方，積み木方式の好例は，あの稲盛和夫が自らの勤務先であった松風工業を辞めて，社内外から彼に追従した上司や仲間たちとともに新たに京都セラミックを創業したという経緯（第3章）である。このとき，その稲盛が組織の重心である。

第4節　同一性，CI，および重心

　企業をめぐる同一性に対しては，上述の組織の境界や組織革新の見地とは別に，CI（企業アイデンティティ）からのアプローチがある。以下，同一性，CI，重心の関係を検討する。

　和田（2012）によれば，顧客などが抱く具体的な企業イメージの像は，(i)企業の戦略に直接結びついたイメージ（属性イメージ）と，(ii)様々な企業属性が全体的に把握されて（ゲシュタルト的に）描かれる意味構成イメージとに分かれ，さらに，(iii)これらのイメージの像に対する「良い・悪い」の評価の面，これらから構成される。こうしたイメージの像を操作するために企業が発信する

情報には，企業が意図的に発信する広報活動・広告販売活動などによる情報，製品や製品にかかわるマーケティング戦略の具体的な実行，さらには営業マンの行動や社員全体の行動なども含まれる（和田, 2012, pp.51-52）。

　具体的には，人間が日常生活において受容する情報の8割以上は視覚情報であるから，VI（Visual Identity）と呼ばれる情報伝達の手段が重視される。一般に，内容は外観に反映していると判断されるから，企業は外観を開発・管理するのである（中西, 2010）。

　けれども，受け手の主観に依存するため，イメージの像は，必ずしも企業の意図通りに伝達・普及するとは限らない。そのため，CIとイメージの像の相互依存関係は，ジオイアら（Gioia, et al., 2000）による「同一性とイメージの相互依存についてのプロセス・モデル」によって体系的に理解される。

　それはまず，何らかの事象や外界からのフィードバックを起点とする。そこで，自分たちのアイデンティティとイメージについて，(i)自分たちがどう見るかという像と外部の人たちがどう見るかという像を比較して離齬があると認識されるとき，(ii)自分たちの見方を変えてみるか，または(iii)外部の人たちの印象を操作する（CI）ことで，暫定的に適切な印象や評価を得る（起点へ戻る）（Gioia, et al., 2000, p. 60）。

　このようにCIは，現職の経営陣によって常に慎重に操作されるべき対象である。したがって，組織革新の創始と定着の繰り返しという文脈で識別される組織の同一性は，CIとは異なる。それゆえに，CIは組織の重心とも関係がない。組織の重心は，見え方（外観）ではなく，いきかたや考え方と関係しているからにほかならない。

　山田（1993）は，組織文化が持つ両面性を指摘する。すなわち，共有価値や共有信念による人々の統合という図式で与えられる「管理の道具」としての面と，そのような色彩がなく構造や機能とも関係がない「組織の同一性」に関係する面である。前者は，いわゆるVI（visual identity）やCIによって人々に直接訴える方略である（山田, 1993, p. 21）。

　こうして，組織文化は，一方で，元来，意味や変化と連動する組織の同一性の面もあるが，他方で，イデオロギーを帯びたCIの方略によって操作される面もある。

第5節 ライフストーリー

再び，エリクソンが言う個人の「経験」に戻ろう。個人の経験という裏付けなくしては，他人に非物質的な誘因，すなわち動機づけとなる魅力を提供することはできない。その意味において，他人を動かすこと，組織を機能させること（管理・運営）もできない。そういうわけで，以下では，組織の同一性と個人のアイデンティティ，すなわちマクロとミクロの関係を理論的に検討する。その際の手がかりとなるのが教育心理におけるライフストーリー研究である。

人が経験を積んでいくと価値観（values）が変わる。価値観の変わるような経験は「忠誠心フィルター」（loyalty filters: Ackerlof, 1984）と呼ばれる。忠誠心フィルターは，人間関係にも強い影響を与え，そうした個人の行動や人間関係の変化は多岐にわたって現れてくる（Sem, 2006）。

ただし，アカロフは「人は自分の経験を選択できるので，自分の価値観についても選択することができる。」（Akerlof, 1984, p. 175, 邦訳, p. 209）と言っているが，反面，実際には余儀なく選択するばあいもある。いわゆる影響力の運河（田中, 1990）がそれである。そうであるからこそ，組織論（e.g., March and Simon, 1993）は社会科学として独自の位置を占めるのである。現実の意思決定者が経営人（Simon, 1997）と言われる所以である。にもかかわらず，カーネギー学派は，アカロフが重要視している忠誠心フィルターすなわち価値前提の起源について，何も語っていない。

忠誠心フィルターの起源を解明することは，あたかも無生物から生物の誕生を説明するかのごとく，とりわけエイコフ（Ackoff, 1986）が言う「演習漬け」にされた人々にとっては，どこから手を着けてよいのかわからないほどの難問である。しかし，手がかりがまったくないわけではない。「感覚のことば」に繋がる「経験」の積み重ねがそれである。

教育心理学者のやまだ（2000）は，心理学の主流が，伝統的な論理実証モードから，物語とその時間（ライフストーリー・モード）へ向かうべきであると主張する。なぜなら，心理学は，短いスパンで自己の行動の説明や内観を研究してきたが，人生という長い時間軸で人が自身の経験をどう組織するか，どう意味づけるかという問題を無視してきたからである（やまだ, 2000, p. 148）。

　このような反省は，個人のアイデンティティ，すなわち忠誠心フィルターの重要性を強く意識していることの表れでもある。そのうえで，やまだは，行動主義心理学の「カテゴリー化」とフロイト流のそれの「事例の例示」，それらの系譜をふまえて，質とモデル構成による第3の道が，ライフストーリー研究の方法論上の位置であるとしている（やまだ，2000，p. 151）。

　こうした物語とその時間の特徴は次のように要約される。すなわち，物語は生成的であって完結しない。なぜなら，書くという行為が，書くことと書き直しの繰り返しの過程であるからであり，また，物語が書き手だけでは完成されず，読者も参与する意味生成の共同行為，「出来事」として読まれるからである。他方，物語の時間は，クロノロジカルな時間とは異なり，逆行，回帰，循環，停止，いろいろな流れ方をする。このような時間は人間が経験するそれに近い。人生を物語とみるアプローチは，多様で多次元の時間軸を扱う視点をひらく（やまだ，2000，pp. 148-149）。こうした特徴を持つ「物語としての自己」の概念によって，アイデンティティ（同一性）の概念は物語論へ移行し，自己観も変わる。さらに，過去と現在の自己が結ばれ，未来の自己，可能性としての自己が有機的に意味づけられる（やまだ，2000，pp. 156-157）。

　以上から，ライフヒストリーとライフストーリーの違いが浮かび上がる。すなわち，前者は，クロノロジカルな時間の枠組みによって事実を羅列するが，それだけでは「感覚のことば」は生まれない。成功にせよ失敗にせよ，過去の経験的事実は回顧的に意味づけられる（Weick, 1979）。であるからこそ，それがその人の物語を形成し，その後もその物語は幾重にも書き換えられる。その過程こそがライフストーリーである。したがって，クロノロジカルに時間帯を区切って記述されるライフヒストリーにおける成功が，ライフストーリーによって失敗に転化することもあれば，その逆もある。ある時期に下された失敗が烙印のごとく転化の余地を残さないと信じること，また，過去の成功によって安住し，「満足から生じる病理」に陥ること，そのようなライフヒストリー的な見方こそが，真の悲観である。

　「多様で多次元の時間軸」は，物質的誘因，すなわち物的・経済的なインセンティブの意味を後退させ，非物質的誘因，すなわち精神的・社会的な動機づけ要因を前面に押し出す。その理由はこうである。ひとたび自我に目覚めれば，夢や希望（都筑・白井，2007）なくして豊かな「経験」を楽しむことはできない。

逆に，いかなる経済的成功を収めたとしても，それが社会的に認められない限り，虚無感が漂うだけである。希望こそは，人が主体性を維持するための決定的な要因なのである。

　洋の東西を問わず，雇用を継続的に創出し，商品の提供と納税によって人々の暮らしを豊かにすることで，社会的に受けいれられた創業者たちに共通している点がある。希望に満ちた明るさである。それは，特定の経営管理理念として具現化される。さらに，創業者があたかもコンサートマスター（小松, 2011）であるかのごとく振る舞うことによって，その理念は「感覚のことば」として響く。それがモーメント（組織の重心）となり，実践のなかで幾通りにも幾重にも解釈を圧しつけられ（enactment: Weick, 1979）ながら，一定のフォロワーたちの支持・帰依を呼ぶ。こうして組織の同一性が識別されるに至る。実際には，卑近な経済的誘惑が先行し，高尚な動機づけとしての理念が後回しにされることもある。しかしむしろ，そのような人間くささを感じさせるケースは物語として共感を集めやすい。物語の時間の所以である。

　以上から，忠誠心フィルターの起源は，自我に目覚めた人の「経験」の積み重ねによって形成されるライフストーリー，これである。

第6節　おわりに

　本章では，第1に，組織の動態の説明という観点から，学際的な領域における同一性と一体化に関する先行研究を整理した。まず，エリクソンによる同一性の概念を中心に整理して検討した。次に，渡瀬（1982）による同一性と一体化の概念整理に倣って一体化の概念を簡単に吟味した。最後に，現代科学における同一性と時間の関係を展開している池田（2002）から，組織の動態と関連する論点を抽出して検討した。

　第2に，遺伝子における突然変異と組織革新に共通する点を抽出してそれを理論的に考察した。第3に，同一性，狭義の企業文化としてのCI，組織の重心，これら3者を理論的に関係づけた。第4に，教育心理学におけるライフストーリーと組織の重心の理論的な接合を試み，組織の重心の位置と意義を明らかにした。

第 8 章

修正コンティンジェンシー理論批判

第1節　はじめに

　ドナルドソン（Donaldson, 2001）は，伝統的なコンティンジェンシー理論における問題点を抽出し，それらに修正を加えることでこれをネオ・コンティンジェンシー理論と称し，コンティンジェンシー理論の普遍性とその意義を主張している。

　この章の目的は，その主張に孕む問題点を抽出して，ドナルドソンによる修正の妥当性を問い，その修正理論を批判的に検討し，それらをふまえて，代替的理論の方向性を示すことである[1]。

　伝統的なコンティンジェンシー理論の紹介，それに対する批判，さらにその批判に対する反批判を通じて，それを単なる受け身的な発想にすぎない環境決定論，すなわち環境（あるいは条件，状況）「適合」ではなくて，受け身的であると同時に能動的な可能性を射程に入れた環境「適応」を理論的に展開したのが，岸田（1985）であった。

　これによって，外界から人間に対する影響（受け身的な方向: e.g., Burns and Stalker, 1994; Woodward, 1965; Lawrence and Lorsch, 1967），人間から外界への働きかけ（環境操作戦略の方向: Child, 1972），両者を繋ぐ重要な概念の1つとしてのイナクトメント（enactment, Weick, 1969, 1979），これらの関係が体系的に整理され，単なる構造論としてのコンティンジェンシー・アプローチは，体系的なコンティンジェンシー理論へと成熟化・精緻化したように思われる。

　他方，伝統的なコンティンジェンシー理論を，学説上，次のように位置づけるべきとの考え方もある。

　「細かな微妙な適応の仕方には，経営者の個性が発揮される余地があるで
あろうが，大局的，長期的に見た場合，環境に適合した効果的な組織編成の
あり方は一定の範囲に落ち着くものと考えられる。ある適合状態から，別の
適合状態への移行過程について，コンティンジェンシー理論は説得的な議論
を提示していないが，その点はこの理論の限界というよりも，理論の社会的
分業ともいうべきものであって，すべてを１つの理論に期待するのは間違い
である，と思われる。」（手塚, 2000, p. 25）。

　前段については概ね議論がわかれない（にもかかわらず後述するように，ド
ナルドソンはこれを理論的に不十分であると言う）が，後段については見方が
わかれる。端的に言えば，岸田は体系的かつ統合的に組織と環境適応の関係を
論じており，チャイルドは自由意志論に傾斜しており，これらに対して，チャ
イルドと同じアストン・グループに属するドナルドソンは，興味深いことに，
伝統的なコンティンジェンシー理論を修正することでそれを擁護しようとして
いる。
　こうして，以下では，ドナルドソンの問題意識，その修正理論をそれぞれ紹
介し，それらを具体的に検討・批判し，その批判に基づいて，広義のコンティ
ンジェンシー理論を補完するものとして（あるいはいずれ代替するものとし
て）の新理論の方向性を示唆する[2]。

第2節　ドナルドソンの問題意識

　コンティンジェンシー理論は広義の経済学と整合性があって経済的成果と関
係している。ところが，経済学にはほとんど依拠していないし，むしろ縁遠い
ものとして扱われてきた。なるほど，エージェンシー理論（Jensen and
Meckling, 1976）や，取引費用経済学（Williamson, 1975）など，経済学的な要素
を組織論に持ち込もうとしたものもある。しかし，それらは論争を招いた
（Barney, 1990; Ghoshal and Moran, 1996; Williamson, 1996）。
　コンティンジェンシー理論への批判に対する反批判（Donaldson, 1985, 1995,
1996）を踏まえても，コンティンジェンシー理論に内在する以下の３点は，依
然として深く検討されていないとドナルドソンは指摘する。

　第1に，伝統的なコンティンジェンシー理論によれば，不適合状態にある組織はその構造を環境に適合するようにかえる（e.g., Burns and Stalker, 1994）。しかし，課業の不確定性など，独立変数としての環境がかわれば，不適合状態に陥る。問題は，なぜその環境を（または環境に）かえたのか，である。そのような動きは，不適合を招いて業績を悪化させる。よって，適合後における，コンティンジェンシー要因としての環境の変化を説明するところまで，その射程を拡げる必要がある。

　第2に，コンティンジェンシー理論によれば，不適合状態にある組織は最終的には適合状態へ移行する。そこで，その適合がどのようなことであるかを管理者はいかに知るか，という問いが生じる。構造と環境の適合がわからなければ，当然のことながら，適合に向けての意思決定もできない。よって，環境適合に向かってどのように構造変革が行われるかを現実的に説明するために，理論を拡張する必要がある。

　第3に，コンティンジェンシー理論には，高業績を生み出す適合への道筋がいくつもありうるという等結果性（iso-performanceor equi-finality: Van de Ven and Drazin, 1985）の概念がある。構造をいじることで業績が必ずしも向上するわけではないのに，なぜ構造をいじるのか，という問いが生じる。よって，等結果性の概念を修正する必要がある。

　後に詳しく批判するように，第1の問題は，チャイルドがいう「管理者のきまぐれ」にすぎないとも言えるし，管理者のキャリア，加齢，あるいは，保守的か攻撃的かという性格によるとも言える。それは，構造論としての伝統的なコンティンジェンシー理論に固有のものである。岸田（1985）は，これに対して，ワイクを中心とする組織行動論の新展開に拠りながら，理論的説明を試みている。

　第2の問題は，イナクトメントの概念を導入すれば片づくようにみえるが，第1の問題とともに，かりに管理者がそう思いこんだとしても，どうしてそれに情熱・精力を傾けるのかという別の問題が生じる。「きまぐれ」が「本気」に転じる契機を理論的に説明する必要がある。

　第3の問題は，そもそも業績なるものを，だれが，どのように，何と比較して評価するのかという，社会科学に固有な主観的で政治的な色彩を帯びている。そのような面はそもそもそも構造論では捨象されるはずである。ドナルドソン

が，あるいは岸田が，にもかかわらず，あえてそのような側面に手を着けようとした。構造論に引きずられつつ揺らいでいるのか，それとも，それと訣別してそれを乗り越えようとしているのか。しかし，理論家が安易に宗旨替えをするとは考え難い。いずれにしても，理論的に立ち入った検討を要する大きな問題である。

第3節　修正理論と批判的考察

1　組織のポートフォリオ

　ドナルドソンによれば，業績全般を左右する複数の原因がいかに相互作用するかを分析するのに，リスクの概念と財務ポートフォリオの概念を利用できる（Donaldson, 1999）。

　「組織のリスク」は業績に応じて時間とともに変わる。業績が大きく揺れる組織は，不適合状態にあると，低業績をきっかけとして適応的な構造変革をおこすであろう。他方，適合状態にあると，高業績をきっかけとしてコンティンジェンシー要因（e.g., 規模）を急速に増大させるであろう。

　規模や構造の面での漸進的変化は長期的な成長と成功に繋がる。中小規模から大規模への発展には業績の揺れを経る必要がある。したがって，最適リスクはゼロではない。ゼロでないからこそ，適応と成長が可能となる。

　いわゆる「ポートフォリオ理論」によれば，ポートフォリオのリスクは，個々の要素のリスクからも要素間の相関関係からも，影響を受ける。2つの要素が高いリスクを帯びており，かつ，それらが負の相関関係（あるいはあるとしてもごくわずかな正の相関関係）にあるなら，それらは個々の要素1つよりもポートフォリオのリスクを小さくする。一方の上昇が他方の下降によって相殺されるので，全体の揺れはいずれか1つよりも小さくなる（Markowitz, 1952）。

　組織のポートフォリオ理論は，このような財務ポートフォリオ理論を組織に応用している。組織は組織全体の業績の原因からなるポートフォリオとみなされ，その構成要素は個々の原因である。個々の要素は（時間とともに変化する）ある程度のリスクを持ち，しかも他の要素とも互いに関係がある。

　組織のポートフォリオ理論には，組織の業績，したがって組織変革にとって重要な原因となる8つの要因がある。4つは組織変革を促し，それらはリスクを大きくする（景気循環と事業のリスク）か，業績を悪化（競争と負債）させる。残る4つは組織変革の前提となるものであって，リスクを小さくする（多角化，事業部制，役員）か，業績を高める（撤退）。8つの要因は適応の成否と関係し，適応的な変革と成長を規定する。

A　組織変革を促す要因

(i)　景気循環

　景気循環は，その経済の活動レベルの継続的な変化であり，時間とともに上下運動を繰り返し（Kuczynski, 1986），企業の収益性もそれによって左右される。好景気によって企業は成長し，適合状態にある企業は既存の構造に不釣り合いなまでにその規模を拡大する。不適合状態によって業績は悪化するけれども，不適合を相殺するほど景気が上向きなら，その企業はうまく行き続ける（てしまう）。

　こうして，好景気の業績への影響は，不適合状態によるそれとは負の相関関係にあるために，変革が必要であるにもかかわらず適応的な組織変革を阻んでしまう。景気が下降すると，不適合状態に基づく低業績がさらに悪化し，適応的な組織変革が起こる。すなわち，必要な構造が採用される（Chandler, 1962）。

(ii)　競　　争

　競争が熾烈であればあるほど利潤率は低下し，不適合を原因とする業績悪化から危機状態に陥り，適応的変革をせざるをえなくなる。競争は，同業他社の数からもグローバル化からも（Dunning, Kogut, and Blomström, 1990），競合他社の性質からも，影響を受ける。他の条件が一定なら，同業他社が適合状態にある限り，不適合状態であれば収益は減少するであろう。

　たとえば，競合他社が適合状態にあるなかで，多角化しているのに職能部門制のまま不適合状態にあれば業績は悪化するが，その後に事業部制を採れば，適合状態を取り戻す。他方，競合他社が不適合状態にあれば業績は相対的に悪化しないから，事業部制を採ることはない。こうした相対的な考え方が業績と組織変革に対する適合性の影響の分析に必要であって，従来のコンティンジェンシー理論に欠けていた面でもある。

(iii)　**負　　債**

　負債によって，超過利潤が減少し，業績が悪化して危機に陥る可能性が大きくなる。よって，不適合状態にあるときに負債の割合が増えると，適応的変革の可能性も大きくなる。

(iv)　**事業のリスク**

　ある事業のリスクは業績の良し悪しにあらわれる。事業のリスクは事業変革に影響を与える。ある事業部の構造とそのコンティンジェンシー要因との間の不適合に基づく低業績をきっかけとして，コンティンジェンシー要因に適合する構造が採用される。逆に，高業績は，成長の加速とコンティンジェンシー要因の増大の結果，不適合を招く。事業のリスクが大きいほどその業績も不安定となるので，その事業は適応し，成長し，長期的に成功する。そのような展開は企業全体の成功に繋がる。

　要するに，景気循環，競争，負債，事業上のリスクは，いずれも組織変革に対してプラスに関係する要因である。

　組織のポートフォリオは，BCG（Boston Consulting Group）によるあのPPM（product portfolio management）とどこが異なるのか。そのような視点から，それと組織変革の関係を中心に検討する。

　4つの要因に共通する考え方は，危機に陥れば適応の可能性が大きくなるということである。なるほど，好景気のうちに営業外収益増に基づく経常利益増となれば，肝腎（かんじん）の売上減の事実は注目されなくなりがちであるし，競合他社の失策による相対的な業績優位はありうるし，無借金なら債権者からのうるさい声はないし，リスクが大きい事業であれば業績には敏感になりがちであろう。

　しかし，ちょうどPPMにおけるマイナス面がそうであるように，いずれの要因も，変革に対してマイナスに作用する可能性もある。言い換えれば，業績の測定，評価，解釈，といった認知上の問題がそこに絡む余地があるのである。それを左右するのは，端的に言えば，あるリスクを，脅威と見るか好機と見るか，あるいは，ゼロと見るかそうでないか，その判断基準としての価値観である。

　そのような価値観は，当事者の個人的な背景，すなわち経歴，年齢，勤続年数，人脈（しがらみ），といった特殊具体的な要因と無縁でない（Chandler,

1962)。たとえ理論上「変革が必要である」と当事者が気づいていても，経済的理由以外の何らかの事情により，変革が拒否される（あるいは見送られる）ことはしばしばある。

　実際，好景気であるからこそきつく引き締める用心深い管理者もいれば，競合他社の動向を気にすることなく唯我独尊[ゆいがどくそん]の姿勢を貫くトップもいるし，無借金状態を維持するためにさらに警戒する財務担当者もいるし，さらには，リスクが小さい事業であっても業績の動向に敏感な幹部もいる。

　相対的な視点が必要であることはその通りであるが，「こうなればああなる」式の if-then 型思考，経済人仮説，あるいはミクロ経済理論的な見方を，むしろ乗り越えなければならない。コンティンジェンシー理論全体がそもそもif-then型の思考の上に成り立っているために，ドナルドソンもそこから抜け出せていないように思われる。

　手塚による指摘にあるように，存続しているならそのすべては適合に向かう傾向がある，大局的・長期的に適合していたから存続している，不適合であったから存続できなかった，そのような研究者・観察者の観点のみに拠っている限り，当事者・管理者に固有の視点は意図的に排除される。であるから，学説上の分業に頼るしかないようにも見える。

　けれども，その両者の往来は思考実験によって可能である。すなわち，環境決定論と自由意志論，これらを往来するなかで組織の全体像を記述・説明することが，後述する新理論の道筋なのである。

B　組織変革を抑える要因
（ⅴ-ⅵ）多角化と事業部化

　多角化によって企業のリスクは軽減される（Penrose, 2009）。互いに異なる産業の景気循環に由来する事業リスクの凸凹が多角化を通じて相殺されるからである。多角化は事業部制を招く（Rumelt, 1974）。また，事業部制はリスクを軽減するため，企業全体のリスクを小さくする（Hoskisson, 1987）。事業部長が各事業部の利益責任を負う独立採算制の下，それぞれの景気循環が反映されて，各事業部の利益は互いに関係なく上下する。こうして，事業部化は，多角化企業の事業部間において負の相関関係を高め，企業全体のリスクを小さくし，多角化と相互作用する（Donaldson, 1999）。

　事業部制を採っている多角化企業は，企業全体のリスクが小さく，低業績を
きっかけとして危機に陥る可能性も小さい。したがって，不適合状態に陥って
も必要な適応的変革を避ける傾向があり，長期的に「そこそこの」業績で推移
する。組織論は伝統的に，優れた戦略的意思決定，経営資源の配分，事業部の
規律，そういった面から事業部制を讃えてきた（Williamson, 1970）。コンティ
ンジェンシー理論もまた，事業部制が多角化に適合し，高業績をもたらすとし
ている（Chandler, 1962）。

　こういったことが事業部制に内在しているにもかかわらず，組織のポート
フォリオ理論は長期的には組織変革それ自体のマイナス面を示唆している。す
なわち，ひとたび事業部制を採れば企業全体の低業績を端緒とする危機とは関
係がないから適応もできない，と。

(vii)　撤　　退

　多角化して事業部制を採用している企業のこうした適応不全の傾向は，さら
に別の理由によっても強まる。それが撤退である。構造を再編成するのではな
く，低業績の事業からの撤退にとどまるかもしれない。多くの多角化企業は，
長期にわたって1つずつ事業を切り捨てながら全体の収益を維持し，かつ，核
となる部分を変えないようにする。撤退は，もっとも手近な戦術であり，適応
的な変革を避けて「そこそこの」状態を維持するための手段でもある。

(viii)　役　　員

　いわゆる平取締役（平取）もまた，企業全体のリスクを小さくする。エー
ジェンシー理論と取引費用理論によれば，平取は株主の代わりに，管理者に対
して必要な統制を行う。そのことによって，企業利益は上がり，株主利益も上
がる（Jensen and Meckling, 1976）。他方，スチュワードシップ理論（stewardship
theory）はその逆である。管理者が統制から解放されると内発的動機づけが強
まって，支配的な役員らは企業の利益を上げて株主の利益に資する（Davis,
Schoorman, and Donaldson, 1997）。

　このように，平取の企業利益や株主利益への影響の研究は複雑である（eg.,
Baysinger and Butler, 1985; Donaldson and Davis, 1991; Ezzamel and Watson, 1993;
Kesner, 1987）。実際には影響の平均値はゼロという結果もある（Boyd, 1995）。
組織のポートフォリオ理論は，役員構造の結果としての業績のレベルでなく，
業績の揺れに注目する。

　平取はリスクのある行動を常務以上ほどには認めたがらない。上級管理者な
るものは，新規のかつ大規模な工場や研究開発への投資といったリスクを伴う
拡大策を提起する。自社の内情に詳しいがゆえに，将来構想に自信を持ってい
るからである。彼らが取締役に就くと，その信念を持ち込んで取締役会で訴え
ることにより，他の取締役に影響を与える。しかし平取は，そのような予測が
単なる前提に過ぎず欺瞞であると見切って，リスクの小さい戦略を採る
(Baysinger, Kosnik, and Turk, 1991; Hill and Snell, 1988)。

　こうして，組織のポートフォリオ理論は，平取が企業のリスクを小さくし，
企業の利益の揺れを小さくする，と結論づける（Daily and Dalton, 1994）。平取
は，必要な適応的組織変革を導くような低業績，その低業績に繋がることをそ
もそも避けたがる。無意識のうちに，平取は長期的成功を妨げる要因となって
いるのである。

　多角化，事業部化，撤退，役員，4つの要因が相俟ってリスクを小さくし，
適応的な組織変革を抑え，長期的に「そこそこの」業績を生んでいる。多くの
大企業は，4つの全てではないにせよ，そのいくつかを抱えて，自らの適応問
題を慢性化させている。

　AとB，計8つの要因を考慮に入れると，次のことが言える。
　多角化しないで，職能部門別を採っていて，荒い景気循環の下で競争してい
れば，必要な変革と成長を遂げる可能性が大きい。そこには，負債を積極的に
背負い込んで，撤退を潔しとしない，そういう役員がいる。他方，多角化して
事業部制を採り，穏やかな景気循環の下でほとんど競争をしていなければ，必
要な変革も成長も遂げる可能性は小さい。そこには，負債を背負い込みたがら
ず，業績が悪化すればすぐに撤退する，そういう役員（平取）がいる。

　業績に影響を与える要因を特定し，それらと適合・不適合の相互作用を特定
すれば，組織変革の体系的な理論を展開できる。それは，業績が悪化して危機
に陥るまで必要な適応的変革を遂げることはない（Chandler, 1962）という洞察
に基づいている。

　ドナルドソンは，このように組織のポートフォリオ理論を展開しているが，
そもそも何をもって「適応的な変革」と言うのか。ドナルドソンが言う

SARFIT（structual adaptation to regain fit）は，「適合の回復による適応」を意味する。その定義から，多角化戦略それ自体あるいは（子会社化ではなくて）事業部化が適応的な変革を抑制する，と結論づけるのは短絡的である。

　なるほど，多角化戦略に応じて，職能部門制から事業部制へ構造を再編することを，適応的な組織変革と称することには異論はない。しかし，ひとたび事業部制を採用したからといって，その後の，事業の追加，予算配分による各事業部の軽重の変更，総花的から戦略的へあるいはその逆の転換（土屋, 1984），撤退，解散・精算，といった重要な意思決定はトップに固有のものである。こうした意思決定は適応的な変革と称すべきでないということなのか。

　構造面に必ずしも現われない変革はいくらでもある。たとえば，十分に時間を割いて練られて立案された多角化戦略を実施しないという土壇場の英断，投資予算額の大幅増減による主たる事業の変更，短期的な現状不採算部門に対する長期的視点からの投資額引き上げ（PPMの用語で言うなら「負け犬」への積極的な投資），生え抜きではなく引き抜きによるトップ人事政策，いわゆる定年の年齢変更，社外取締役（ないし社外執行役）の導入や割合の変更，などである。このような政策転換はSARFITには該当しないから変革とは呼べない，となるのか。

　いま，不採算部門をすべて削ぎ落とし続けた結果，かつての職能部門制に落ち着いたとする。このばあい，一連の意思決定とその実施を，適応的な変革とは言わないのか。その結果，かりに複数事業部のときよりも収益も利益も増加していたら，ドナルドソンは何と言うのか。ただし，ライバルの単なる失策に基づく自社の相対的な成功・存続は，変革ではなく，変化ないし変動と称するべきである（林, 2000）。

　平取は「守り」に徹する性向があるから，「攻め」を要する組織変革には向かない，とドナルドソンは言いたげである。しかし，そもそも，圧倒的に大多数のホワイトカラーは，自分には企業家精神がないから，自ら事業を興す勇気がないから，事業主として面倒なことにかかわりたくないから，安定した大企業に雇ってもらいたくて，希望する会社へ就職したはずである。リスク嫌いがリスク好きになれと言われても，それは無理な注文であろう。

　他方，個々の役員のリスクに対する選好が，ずっと不変であるとは限らない。たとえば，ある平取が，何らかの事情で創業者や発起人と直接接触する機会を

持ち，その結果，そういった人たちから重大な刺激を受けて，「守り」が「攻め」に，あるいは「きまぐれ」が「本気」に転じることがある。逆に，いつ引き抜かれたり独立したりしてもおかしくないと見られる「攻め」の色彩が濃い平取が，業務上の重大な失敗や結婚などの後に，急に「守り」に転じてしまうこともまれではない。

　さらに言うなら，リクルート社のような企業をどうみればよいのか。大規模でありながら，企業家精神に富んでいて，かつ事務処理能力にも長けた，いわゆるブランド校出身の若者たちが，次々に入社しては，早晩，三々五々に中途退社して独立してゆく（江副, 2003）。長期雇用慣行のなかにあって，このような企業家増殖装置とでも称すべき大企業にも，平取は存在する。かりに，同社の平取が守りに徹していたとしても，それでもなお，同社独特の雰囲気が「守り」の色彩を帯びるには至らないであろう。

2　暫定的適合と異業績適合

　第2と第3の問題について，ドナルドソンは以下のように論じる。

(i)　不適合から適合への移行

　適合とは何かを，管理者はいかに知るか。伝統的なコンティンジェンシー理論では，管理者はそれをわかっている，という暗黙の前提を措いている。これは非現実的である。規模が大きくなれば公式化も進む。ところが，規模に適合する公式化のレベルを定めるための回帰方程式がわかっている人は，研究者を除いてほとんどいない（Child, 1973）。さらに，管理者は規模に関して必要な数値を知っている必要がある（Pugh, et al., 1968）。かりに管理者がその数値を知っているとしても，公式化などの変数は抽象的なのですぐに使えるわけではない（Pfeffer, 1997）。

　現実の適応は暫定的適合への移行である。適合状態へ向かうけれども，暫定的な適合に到達するにすぎない。コンティンジェンシー要因に適合するのに必要なレベルと実際のそれとの間には完全には埋まらない隔たりがあって，そのギャップを小さくするように構造のレベルが調節される。多角化をすれば，いずれ事業部制が採られる（Channon, 1973; Dyas and Thanheiser, 1976; Palmer, Jennings, and Zhou, 1993; Rumelt, 1974; Suzuki, 1980）。それによって業績も向上する（Donaldson, 1987）。

　しかし，事業部制を仔細に検討してみてみると，その多くは構造が不完全であって完全な事業部制にみられる属性を必ずしも備えていない（Williamson and Bhargava, 1972）。たとえば，意思決定が分権化されていない事業部制もある（Hill, 1985）。かくて，多くの事業部制は多角化のレベルに完全な適合ではなく暫定的な適合をしている。

　暫定的な適合は，不適合よりはましであり，さらなる成長に繋がる可能性もある。こうして，暫定的な適合状態にあるにすぎなくても，「そこそこの」業績と成長を維持できる。コンティンジェンシー要因と構造における漸進的変化を繰り返すには，暫定的な適合を繰り返せばよい。

　この暫定的な適合という考え方は現実的であって，管理者は適合が何であるかではなく，間違いのない方向（correct direction）を知っていればよい。「間違いのない方向」とは，過去の意思決定に基づく外挿（extrapolating）である。管理者は，完全な知識を持っていないので，最適でなくとも満足できる解決策が手許にあればそれを利用する（Simon, 1976）。プリム（Priem, 1994）によれば，管理者は，必ずしも完全な適合に到達させることなしに，不適合から適合へと組織を移行させてそのギャップを小さくすることで，構造変数を増大させる。暫定的な適合への移行は，管理者の信念によって導かれる組織変革と合致する。

　そもそも，「完全な適合」なる概念は，サイモンによって糾弾された最適解の概念と本質的に同じである。けれども，「暫定的な適合」が満足解と同等の意味で提示されているわけではない。というのは，ドナルドソンが用いている「間違いのない方向」の意味が，成功とは限らないが少なくとも失敗のない過去からの延長，すなわち外挿とみられているからである。

　実際には，そのような外挿に対して，当事者たる管理者に固有の価値観，先入観，経験則が加味されて，必ずしも最適ではないであろうけれども悔いの残らないような，納得できる意思決定が行われている。それがワンマンの独断によるのかチームの合議によるのか，程度の差はあるにせよ，単なる外挿だけを「間違いのない」方向としていわば盲目的に採ることはありえない[3]。

　現実の事業部制には幅があって，教科書的な，お手本となるような構造と過程が遍く観察できるわけではない。であるからといって，そのことを，暫定的な適合の概念なしに説明できないわけでもない。現場の管理者が完全な適合の

何たるかを知らないのは，ちょうど，最適解の具体的な内容を知らないのと同じである。

　暫定的な適合は，操作可能で便利な概念であるかのように聞こえるけれども，その本質は，理論的にも現実的にも不毛である。そこそこの業績をよしとする漸進的変化は，ゆでガエル現象（Tichy and Devanna, 1986）と称される適応不全を招く最大の原因でもあって，危険な保守主義に他ならないからである。

(ii)　等結果性

　ウッドワード（Woodward, 1965）によると，低レベルの技術（単位生産と小バッチ生産）における適合は，中レベルの技術（大量生産）における適合や高レベルの技術（装置生産）におけるそれと同じ業績である。それが真実なら，ある企業が技術のレベルを低から，中，高へと高めるのはなぜか。

　この理論的欠陥は構造的コンティンジェンシー理論の本質に根ざしている。コンティンジェンシー理論では，ある構造の業績はいくつかの要因で丸められる。その中心は業績の原因たる構造である。

　規模や技術といった変数をコンティンジェンシー要因としてのみ扱って，それ以上の意味はないとみるのは近視眼的である。その一例は，戦略概念である[4]。戦略は事業部制のコンティンジェンシー要因として取り扱われる（Hoskisson, 1987）。事業部制は多角化戦略に適合するので，企業が多角化戦略を採るとき，事業部制は高業績を達成する。したがって，戦略は業績には貢献せず，構造の業績への影響を緩和するにすぎない。これが，構造的コンティンジェンシー論者の戦略に対する見方である。

　他方，戦略論においては，戦略は業績の原因であると当然視されている。多角化戦略が業績を向上する（e.g., Rumelt, 1974）という因果関係の一貫した研究がないため，戦略研究は，戦略と業績の関係に幅があることを検証している。

　戦略的経営の研究によれば構造は戦略と業績の関係を繋ぐ。ヒルら（Hill, Hitt, and Hoskisson, 1992）によると，個々の多角化にはそれに適合する構造があるため，多角化に適合する構造を採用するなら業績も向上する。相互に無関連の製品を扱う高度に多角化した企業には十分に分権的な構造が適合する。対照的に，互いに関連する製品を扱う，ある程度多角化している企業ではそこそこに分権化された構造が適合する。

　かりに，業績とコンティンジェンシー要因が関係ないとすると，コンティン

ジェンシー変数のレベルを上げる理由がない。たとえば，なぜ企業は，技術の
レベルを上げないまま，バッチ生産から装置生産への移行に必要な投資を行う
のか。

　コンティンジェンシー要因が組織の業績を向上する原因であるなら，適合の
道は，等結果のなかの1つではなく，異業績（hetero-performance）の1つであ
る。適合は必ずしもそのすべてが同じ業績を産むことはなく，様々な業績を産
む。

　もっとも低いコンティンジェンシー変数との適合は，2番目に低いコンティ
ンジェンシー要因との適合による業績よりも業績が低い。そのため，そちらに
適合するように動機づけられる。「コンティンジェンシー変数のレベルの上昇
が原因となって業績が向上する」という説明は，組織がなぜそのコンティン
ジェンシー要因のレベルを上げて，低レベルのコンティンジェンシー要因にお
ける適合に留まっていないかという疑問に対する，ドナルドソンの答えである。

　適合状態にあれば，コンティンジェンシー変数（e.g., 規模）のレベルは上昇
する。それゆえに，不適合状態へ向かう。当初はその不適合ゆえに業績は悪化
する。しかし，新しい構造を採って，新しい適合に移行すると業績が向上し，
それ以前のコンティンジェンシー変数のレベルを上昇させるきっかけとなる。

　こうして，ある組織がコンティンジェンシー要因と構造を拡大させようと思
えば，個々の段階で業績が向上するので，ある適合状態から次の適合状態へと
向かってゆく。適合の異業績理論は，適合状態にあってもそこに留まることは
ない，という組織の不均衡理論と整合する。

　異業績なる概念も，暫定的な適合と同様に，ドナルドソン自身の問題提起に
対して十分に説得的とは思われない。なぜなら，等結果性はそれほど単純な概
念ではなく，以下に論じるように，こみ入っているからである。

　まず，適合状態から不適合状態へ，あるいはその逆への移行に関して，前段
において，適合がどういうことであるかを知らなくとも暫定的な適合で十分で
ある，という前提を措いている。そうであるなら，第1に，適合から不適合へ
もその逆も，管理者はその方向すら知らなくてもよいことになる。

　それよりも厄介なのは，第2に，「（暫定的であるにせよ）適合している」と
管理者が思いこんでいることである。あるいは，コンティンジェンシー変数が

（それをだれがいつどこで評価するかは別として）完全かそれに近いかたちで
適合している場合，その結果が業績に反映されるまでにタイムラグがあるため，
せっかく適合しているのに「まだ適合に至っていない」か「行き過ぎている」
と管理者が思いこんでいることである。

　このような心理的な意味での「意図せざる結果」（長谷, 1991）を考慮に入れ
ることなく等結果性を論じるべきではない。なぜなら，それが組織の不均衡理
論の構築の手がかりの１つであると見られるからに他ならない（林, 2000）。

　次に，高業績をきっかけとする変数のレベルを上昇させる，あるいは，低業
績をきっかけとして構造変革を行う，さらに，それがごく僅かであっても低業
績から高業績をすべての管理者は選好する，ドナルドソンはこのような前提を
措いている。

　意図せざる結果を前提とすれば，わざわざ異業績適合という概念を用意しな
くてもよいし，また，異業績適合の概念を用意してみたところで，結局のとこ
ろ，その意味するところは経済人仮説と同語反復である。むしろ，ドナルドソ
ンの問題意識から掘り下げるべきは，先述の「リスクをどう評価するか」とい
うのと同様に，業績を，だれが，どのように，何と比較して評価するか，とい
うことである。

　なぜなら，過去と比べてあるいは他社と比べて高業績であると客観視できる
としても，その評価次第では，ただちにコンティンジェンシー変数のレベルを
上げようとしない，他社と比べて低業績がどれほど長く続いてもそれを危機と
は思おうとしない（思えない），そういうトップは現実に存在するからである。
さらには，業績と構造の関係が薄いとわかっていながら，自身の権限を誇示し
たり形式的な実績を示したりするために，安易に構造をいじる，そういうトッ
プも実際にはいる。その原因もまたトップの価値観にある。

　最後に，百歩譲って，上述のように「管理者は業績に反応する」という前提
を受け入れるとしても，その業績が短期のそれか長期のそれかによって，管理
者の反応は正反対になってしまう。これについてもドナルドソンは何も語って
いない。

第4節 おわりに

　修正コンティンジェンシー理論のなかで，組織のポートフォリオという考え方それ自体の評価については，ここでは留保する。そこで示されたAとBあわせて8つの要因のうち，役員（に対する人間観）こそが，冒頭の自身の問題意識に対する突破口になると思われる。残る7つの要因はどれも経済学的な色彩と偏りがあるため，エージェンシー理論や取引費用経済学と同様に，産業組織論者ポーター（Porter, 1980）による貢献と本質的に同じである。

　すなわち，それら7つは，当事者としてのトップが意識すべき対象（ポーターの場合は，既存のライバル，川上，川下，潜在的参入者，代替品）を体系的に示してくれる。ところが実際，それらをどう受け止めるか（られるか）はまったく別の話である。同様にして，また前節で詳しく検討してきたとおり，暫定的な適合，異業績，これら両概念も的を射ていない。それゆえに，役員こそが，唯一，組織の不均衡理論を体系的に記述・説明するための決定的な鍵となる。これが本章の主張である。

●注
1　本章は，平成20年度長崎大学学長裁量経費「新任教員研究支援プログラム経費」から支援を受けた成果の一部である。
2　ドナルドソンによる組織研究に関しては数家（1989）を参照。
3　こうしたありえないことが現実に起きると，たとえば老舗の暖簾を汚す不祥事のように，世間の注目を集めがちである。
4　戦略論の史的展開については宇田川（2007）を参照。

第9章

共約不可能性

第1節　はじめに

　構造論的組織論は，1960年代以降，ネオ・コンティンジェンシー，資源依存，取引費用，個体群生態学，エージェンシー，新制度，といった諸説の展開によって引き継がれてきた。

　それらを整理・統合する方法の1つにマクロとミクロの分析レベルに基づく方法がある。ミクロについては，アストレーとヴァンデヴェン（Astley and Van de Ven, 1983）とデイビスとパウエル（Davis and Powell, 1992）にしたがい，コンティンジェンシー要因に基づく個々の組織の課業環境への形態的な適応とみる。マクロについては，ディマジオとパウエル（DiMaggio and Powell, 1983），ハナンとフリーマン（Hannan and Freeman, 1977），スコットとマイヤー（Scott and Meyer, 1983）にしたがい，進化的な個体群，あるいは特徴を持つ複数の現場や部署とみる。

　前者には，ネオ・コンティンジェンシー理論，資源依存理論，取引費用理論が含まれる。後者には，個体群生態学理論，新制度理論が含まれる。けれども，このような分け方は暫定的であって，終局的ではない。

　マッキンリーとモーン（Mckinley and Mone, 2003）は，これら5つの理論の根底にある論理を批判的に検討して，それらが「共約不可能」であることを示そうとした。共約不可能の原因，すなわち概念や構成の曖昧さに彼らは注目し，そのせいで組織論が近代科学の地位を得難くなっていると断じた。その際，共約不可能性を次のような意味とした。すなわち，競合する様々な学派について，相対的に実証的妥当性があるかどうかを判別する基準，そのような広く受け入

れられている基準が存在しないこと，これである。

この章の目的は，マッキンリーとモーンによる主張（以下，MM説とする），すなわち共約不可能性によって組織論の将来は悲観的であるという見方を批判的に検討すること，すなわち反批判である。

そのために，以下の順に議論を進める。第1に，MM説の概要を紹介する。第2に，資本主義経済の理論（宇野学派），構造論的組織論，経営史（チャンドラー・モデル），これら3つの見地から「垂直統合」の説明を比較・検討する。第3に，見えざる手（Smith, 1776），見える手（Chandler, 1977），消えゆく手（Langlois, 2003）という3つの概念の限界を指摘する。それらをふまえて，第4に，共約不可能性に対する1つの異説を提示し，諸説の統合可能性を示唆する。

第2節　マッキンリーとモーンによる説（MM説）

1　ネオ・コンティンジェンシー理論

それは，ドナルドソン（Donaldson, 1995, 1999）を嚆矢（こうし）として，アレクサンダーとランドロフ（Alexander and Randolph, 1985），ドレイジンとヴァンデヴェン（Drazin and Van de Ven, 1985），グレソフ（Gresov, 1989）等によって展開されてきた。その源流は，ローレンスとローシュ（Lawrence and Lorsh, 1967），スクーノヴェン（Schoonhoven, 1981），トンプソン（Thompson, 1967），ウッドワード（Woodward, 1958, 1965）等による，構造的コンティンジェンシー理論にあり，ネオ理論はそれらの再解釈に基づいている。

コンティンジェンシー要因とは，特定の課業環境，製造技術，あるいは組織の規模を指す。組織と要因の間での「適合」によって業績は最大化され，またそれによって，組織スラックが生じて不適合に陥るが，その組織スラックが次なる「適合」に向けて再投資される。そのようにして，業績が上下するサイクルが説明される。

しかし，「適合」の概念は特定されていないし，コンティンジェンシー変数の組み合わせも不正確である。そのような構成要素は論者間で統一されておらず，理論的にも曖昧なままである。そこに共約不可能性が見出され，競合する

諸理論が裁定されにくくなっている。

　また，不適合から適合へ向かう際，どのような構造的変革が求められるかを管理者はいかにして知るのか。また変革し過ぎないようにどこで変革を止めればよいのかをいかに知るのか。こういった問題も残っている。さらに，コンティンジェンシー要因の増大に注目されることが多いが，実際，撤退等によってそれが減少する場合についてはあまり論じられない。

2　資源依存理論

　フェファーとサランシック（Pfeffer and Salancik, 1978）によれば，この理論は，内部関係には注目せず，課業環境下における他の組織との相互依存性の管理，すなわち，組織の境界に注目する。ヒクソンら（Hickson et al., 1971）によれば，課業の不確実性の源泉として概念規定される「戦略的コンティンジェンシー要因」を担う部署がパワーを持つ。資源と依存の度合いは反比例の関係にあり，また，代替不可能性もパワーの源泉である。多くの組織の相互依存関係は，共生（symbiotic interdependence）か片利共生（commensalistic interdependence）のいずれかにある。

　しかし，この理論は「富者はますます富む」という循環に陥る。また，次のような解釈が可能となる。第1に，状況が変わるまで専門家が覇権を維持し続ける。第2に，戦略的コンティンジェンシー要因は，バーガーとルックマン（Berger and Luckmann, 1966），ワイク（Weick, 1979, 1995）等によれば，意味解釈から独立ではないから，一意に定まらない。第3に，代替不可能性はそれが日常化すると，いずれ代替可能に陥るはずである。

　ドナルドソン（Donaldson, 1995）によれば，組織は，パワー獲得や依存回避の文脈というよりむしろ，課業の効率的達成の手段と見られるべきである。しかし，逆に，そのような批判はネオ・コンティンジェンシー理論にも当てはまる。したがって，両学派は共約不可能な関係にある。

3　取引費用理論

　ウィリアムソン（Williamson, 1981）によれば，市場の伝統的な概念は規制下における自律的な経済主体間における財の交換として，また，階層は公式組織として，それぞれみなされる。長期契約やフランチャイズ契約は，両者の混合

とみなされる。取引が交わされる理由は，再起性，不確実性，資産特殊性にある。また，人間は認知上の制約を受けており，エージェントは機会主義的である，という前提が措かれている。

ペロー（Perrow, 1981）によれば，取引費用理論において，効率とパワーが相反するという批判がある。すなわち，垂直統合によって，市場における組織のパワーは獲得されても，市場機構が持つ効率達成の機能は失われる。

また，ゴシャールとモラン（Ghoshal and Moran, 1996）によれば，機会主義に傾倒しすぎるきらいもある。実際には，機会主義は，グラノベッター（Granovetter, 1985）が言うように，社会的な「埋め込み」による制約を受けている。また，自己達成予言を招く可能性もある。したがって，機会主義は，マートン（Merton, 1936）の言う目的的な社会的行為の意図せざる結果を生じうる。

4　個体群生態学

オルドリッチ（Aldrich, 1979），ハナンとフリーマン（Hannan and Freeman, 1977, 1984），バウム（Baum, 1996）によれば，個体群生態学は，個体群生態モデルを援用して，組織の人口統計と，それを左右する誕生と消滅の割合を研究するものである。その特徴は，外界への適応ではなく淘汰が重視されている点である。埋没費用，制度的な日常業務，政治的連合は，構造上の慣性を生じさせ，外界への自由な適応力を弱めさせる。慣性は，淘汰の副産物である。ハナンとキャロル（Hannan and Carroll, 1992）による密度依存理論によれば，個体群の密度の大きさは時間とともに逆U字形で推移する。

個体群生態学モデルでは，環境は操作不能な対象としてみられており，組織の内部が注目されないため，同一環境下において，何が生死を分けているかが説明されない。

また，このモデルでは，環境への構造的適応によって組織の業績や死のリスクが高まる。他方，ネオ・コンティンジェンシー理論では，適応の結果として業績の向上と存続に繋がる。

しかし，「構造的適応」「業績」「死」といった概念についての共通理解がないため，両学派の間には共約不可能性が認められる。

5　新制度理論

　ディマジオとパウエル（DiMaggio and Powell, 1983），スコットとマイヤー（Scott and Meyer, 1983）によると，新制度理論は，個体群生態学とは異なり，個々の組織が直面する環境ではなく，もっとも抽象的な社会的現象や社会過程が構造的な決定要因であるとみている。

　マイヤーとローワン（Meyer and Rowan, 1977）による初期の新制度理論によれば，制度的ルールに基づく当然とみなされる処方箋に逆らわないことは，たとえ具体的な論理的証拠がなくても，採るべき正しい道であった。極端な場合，ルールが目的となってしまうのである。

　問題は，制度的なルールはいかに生じるのか，である。バーガーとルックマン（Berger and Luckmann, 1966）によれば，それは日常の慣習に由来する。

　初期の新制度理論によれば，制度的慣行への追従の動機は，技術的・財務的業績の向上ではなく，正当性の獲得と不確実性の縮減であった。他方，正当性は存続の必要条件であるとも言う。よって，新制度理論は，それを意図しているかどうかは別として，組織の合理的行動，すなわち存続を志向している。

　マッキンリーとモーン（McKinley and Mone, 1998）は，新制度理論と競争戦略論を比較して，妥当なのはいずれかを問うている。というのは，前者は模倣と正当性の獲得を通じての存続を説き，後者は差別化に基づく存続を説いているからである。業績や同形性の定義が曖昧であるがゆえに，その種の実証は困難である。よって，両者は共約不可能な関係にある。

　こうして，学派間における共約不可能性の根拠は，基本的な概念の定義や測定方法の不統一にある。組織構造論に関しては，これから，それぞれが競合する道と，収束する道が考えられる。前者は，たとえば，垂直統合なる現象を説明するのにどの学派やモデルが説得的か，存続に有効なのは模倣か差別化か，というようにである。これは，領域のさらなる細分化を招く可能性が高い。他方，後者には，統一的なモデル構築の試みに向けて，それぞれの理論・モデルの再解釈が欠かせない。しかし，個々の概念に関して理論・モデルの間で合意が得られる保証はない。

　以上がMM説の概要である。以下では，垂直統合を例にとり諸説を検討する。

なぜなら，MM説が指摘する垂直統合と垂直分離（または分解）という相反する処方箋の根拠となる諸理論に対して異論を唱えること，すなわち，新しい視角からの再解釈により，それらの統合可能な1つの道筋を示すこと，それがこの章の目的であるからに他ならない。

第3節　垂直統合をめぐる諸説

1　資本主義経済の理論（宇野学派）

　いわゆる宇野学派による資本主義経済の理論は，循環論に過ぎないため発展を説明しえないという批判（e.g., 吉村, 1966; 堀江, 1975）を受けつつも，一口に言えば，経済人モデルを前提とし，労働価値説を貫徹し，社会的生産の編成と再編成，したがってミクロとマクロの相互関係を，景気循環とともに体系化したものである（宇野, 1964; 山口, 1985）。

　そのような宇野理論の競争論（分配論）において，垂直分離ないし垂直不統合の理由が示される。すなわち，労働価値説に立脚した産業資本の競争の観点からは，商業資本と銀行資本（さらに証券業資本）は，いずれも安定的な価値増殖の根拠を持たず，したがって産業資本の補足的機構に過ぎない，というのがそれである。

　こうした経済人モデルを貫徹（あるいは経済人モデルに回帰）するかのような現実の動きが，20世紀末から21世紀にかけてのIT革命と当局による規制緩和・民営化とが相俟って，多くの先進諸国の多くの産業において出現し始めた。それが垂直分離である。たとえば，通信・放送業における大規模な再編を中心に，製造業におけるファブレス化やアウトソーシング，卸売の空洞化ないし流通経路の分断，雇用の流動化など，かつての常識が根底から覆りつつある（e.g., 原田・向山・渡辺, 2010）。

　ところが，後述するように，人類史上，それと似たような背景があったにもかかわらず，そのような動きとはまったく逆方向の現象が実際にあった。19世紀末から20世紀の米国において，あの大規模な運輸・通信の技術発展の下で，垂直統合と水平統合を重ねながら大量生産・大量流通を推進するための階層を備えた集権的な管理機構，いわゆる「経営者の時代」（Chandler, 1977）が出現

したこと，これである。

2　構造論的組織論

　まず，ミクロ・パースペクティブ（ネオ・コンティンジェンシー，資源依存，取引費用）の諸説について検討する。

　MM説において批判的に検討されているように，ミクロの見地から垂直統合を統一的に説明することは不可能である。いずれにも共通している決定的な問題は，意思決定者の認知・解釈の問題に由来している。そのような問題は経済人モデルの延長上に位置している。

　これに対して山倉（1993）は，資源依存モデルなど，組織間関係に関する膨大なサーベイをふまえて，その分析枠組みを提示している。その際，焦点組織の前提を次のように措いている。

　　「本章（第3章『組織間パワーとコミュニケーション』）では，組織が自らの目標を達成すべく，他組織との関係を形成することを前提とし，しかも組織は他組織からの自主性を確保し，他組織に対して，パワーを獲得し拡大していこうとする行動原理をもつと考えて，議論を展開する。」（山倉, 1993, p. 65, 傍点は引用者）。

　要するに，資源依存理論における意思決定者を，MM説は経済人としてみているのに対して，山倉は経営人（Simon, 1997）とみているのである。したがって，富者がますます富み，貧者がますます貧しくなる，という批判は，意思決定者を経済人とみる立場に由来している。ただし，ここでいう経営人モデルは，人間関係学派以降における，社会人モデル，自己実現人モデル，複雑人モデル，意味充実人モデル，を含んでいる（寺澤, 2012）。

　他方，取引費用理論においては，従来の展開をふまえたうえで，情報の希少性や非対称性の議論を超えた人間のロマンに注目する必要性を唱える論者もいる。

　　「リスクや確率が物をいう世界では，単なる効用極大化や利潤極大化だけでは不十分である。そこで，いわば『リスク込みの効用極大化』，つまり

『期待効用極大化』が代りの大役をこなすようになる。しかし，よく考えて
みれば，これは従来の基準の単なる『リスク拡大版』にすぎない。というの
は，リスクの『量的側面』だけが依然として扱われているにすぎないからだ。
私が思うに，リスクや不確実性の世界においては，『何だか怖い』とか，『未
知の世界だ』とか，『因習や大勢に従う』とか，『ロマンや夢を追う』とかい
うような，リスクの多様な『質的側面』のほうが，ますます重要になってく
るだろう。」（酒井, 2010, pp. 253-254）。

　これは，要するに，経済人から（先述した意味での）経営人への人間観の転
換が求められている，という主張である。このような酒井（2010）と同旨の批
判的主張をわれわれは第8章で展開した。
　次に，マクロ・パースペクティブ（個体群生態学，新制度理論）の諸説につ
いて検討する。
　個体群生態学モデルは，そもそも環境を操作可能とみていないから，垂直統
合それ自体が射程外である。その本質は，生き残ろうとしたから生き残ってい
る，というのではなく，淘汰されなかったから生き残っている，という環境決
定的な論理である。
　また，新制度理論は，端的に言えばそれが当然であるから（慣習，不確実性
の縮減，模倣，正当性）といった理由を垂直統合の説明の中心に置いているた
め，環境決定的である。
　こうして，両説ともに，垂直統合するか否かをめぐっても，いわゆる自由意
志論の立場からの考察がほとんどあるいはまったく排除されている。これらは，
当事者の視点を離れた社会学的アプローチであるという特徴をもつために，そ
の後，経営組織の研究者を惹きつけ続けることはなかった（沼上, 2010）。
　また，マクロ・パースペクティブは，本来それが中心的なテーマであるよう
に思われるにもかかわらず，今井（2008）が指摘する「コアとノン・コアの関
係」についても必ずしも示唆的ではない。言い換えると，経営陣の認知的側面
や政治的側面が脇に置かれたままなのである。

　　「現代の企業は，市場での分業が進むにつれて，自己の核（コア）となる
　　プロジェクトに経営資源を集中しなければならない。経営学の教科書が教え

ているように，核となる能力（コア・コンピテンス）を形成しなければ，市場での競争に勝ち抜けないからである。『コア』に集中するということは，コアではない『ノン・コア』の仕事はできるかぎり当該企業の外に出し，外部から購入するということになる。普通の説明はここまでだが，より重要なポイントは，外部に出された『ノン・コア』の仕事は，新たに分離されたその領域の仕事では『コア』になるという論点である。そして，その新しいコアがそれまでとは違ったかたちで成長しはじめ，新しい産業が生まれる可能性もつくられるのである。」（今井，2008, pp. 132-133）。

3　チャンドラー・モデル

チャンドラー（Chandler, 2007）は，米欧亜における大規模な垂直統合企業の到来の歴史を明らかにした。

米国にあっては，1880年代に始まり，1889年の持株会社法を経て1890年代に垂直統合の全盛を迎えた。具体的には，鉄鋼，石油精製，食品，化学，電気機器，その他の産業において出現した。他方，たとえばドイツにあっては，米国と同様な展開が，ライン川渓谷においてみられた。

垂直統合の典型的な順序は，まず，製造部門から内外流通・マーケティング部門への前方統合（川下）であった。次に，原料・半製品の内部調達を目的とする後方統合（川上），さらに，研究開発部門の内部化，というものであった。さらに，第1次大戦後は，技術・市場の変化に対応した多角化戦略にしたがって事業部制の採用へと向かった。

チャンドラー・モデルにおいて注目すべきは，その時代的背景である。限定的な地域市場から，電信・鉄道網を利用した販路拡大の際，販売面における不確実性の縮減よりもむしろ自社ブランドの周知・維持を徹底する目的が重視された。そのために，まず，川下の垂直統合が先行した。次に，同様に一定の品質を持つ自社ブランド商品の広範な安定供給を確保するために，調達面における平準化，さらに規模の経済の追求を目的として，川上の垂直統合が手掛けられた。こうして，いわゆるナショナル・ブランドを目指したいくつかの企業が，垂直統合を繰り返しながら，いくつかの産業において寡占市場を形成したのである。

こうして，あのエクソン，USスチール，GM，デュポン，などに代表される，

19〜20世紀における大規模垂直統合企業，さらには大規模多角化企業の躍進は，浮沈艦隊であるかのように思われた。

ところが，20〜21世紀にかけての*FORTUNE*誌ランキングの推移をみればわかるように，それら上位企業は，軒並み，垂直統合とも多角化とも縁が遠くて自社ブランド維持の圧力もほとんどない（水平統合はあるが）小売業ウォル・マートに凌駕された。こうした時代的背景を特徴づけるものがITとグローバリゼーションの進展にほかならない。

19〜20世紀への経営史的展開に対してチャンドラーは，いわゆる金融資本主義的あるいは独占資本主義的な見方を採らなかった。単なる技術的性格の規模の経済ではなくて，定時内原料処理量，すなわちスループット（throughput）によって測定される経済性に注目した。そのような経済性は，知識，技能，チームワークに依存する。要するにチャンドラーは，俸給経営者を中心に運営される階層を備えた管理機構，という意味での組織の重要性を説いたのである（Chandler, 1984, 邦訳者楠井による解説, pp. 54-63）。

こうした見方は，経済学者にも例外的に存在する。たとえば，マーシャル（Marshall, 1890），シュンペーター（Schumpeter, 1912），ペンローズ（Penrose, 2009），ネルソンとウィンター（Nelson and Winter, 1982）らは，「取引」ではなく「企業」を分析単位としている（坂本, 2007）。言い換えると，企業の活動を，あたかも同質・機械的で無機質な運動としては見ないで，個性的な人間たちの営為（稲葉, 1979; 稲葉・山倉, 2007）として見ようとしていること，そこが共通しているのである。

しかし，20世紀末から21世紀にかけての米国浮沈艦隊の凋落傾向をどう説明するかについて，チャンドラーは語らぬままこの世を去った（故人の追悼特集として，Business History Review, Vol.82, No.2, 2008;『経営史学』第44巻第3号, 2009, 等がある）。知識，技能，チームワークという「組織」の資産をあたかも捨ててしまうかのような，したがって，むしろ「取引」の概念に軸足を置いているかにみえる垂直分離への動きをいかに説明するか。これこそが取り組まれるべき理論的問題である。

第4節　見えざる手と消えゆく手

　「『国富論』には，『感情論』にはみられたような虚栄心や自分の暮らしを
良くしたいという願望に対する道徳的批判は存在せず，反対に，自尊心や虚
栄心の果たす役割が積極的に肯定され，その徳性化の可能性すら語られてい
る。」（田中, 1997, p. 51）。

　このように，『道徳感情論』（Smith, 1759）の利他から『国富論』（Smith,
1776）の利己へと微妙な変更はあるものの，政府または国家によってその機能
が担保されている市場を通じて，富の分配が促され，ひいてはその経済の豊か
さが確保されること，これをスミスは説いた。こうした仕組みの全体が，神の
見えざる手（invisible hand）の本質である。ただし，そのばあい，数多くの小
規模な経済主体が，地理的にも産業的にも相互に分断された市場において経済
取引を繰り返すこと，こうした前提を確認しておく必要がある。言い換えると，
水平統合や垂直統合による企業合同が未だ企てられることがなかった時代の話
である。それゆえに，その後の経営者資本主義の到来がスミス（1723-1790）の
時代に予見されなかったのは無理もない。
　これに対して，ラングロワ（Langlois, 2003）によって唱えられた「消えゆく
手」（vanishing hand）とは何か。どのような現実を説明するための概念である
のか。
　坂本（2007）はそれを要するに次のように論じている。すなわち，20-21世紀
における，電子製造業（Electronics Manufacturing Services）などのファブレス
企業においては垂直分解しており，チャンドラー・モデルによって，こうした
モジュール化を説明することはできない。それを説明するための概念が「消え
ゆく手」である。モジュール化という現象は，組織能力の概念，すなわちチャ
ンドラー・モデルよりも，むしろ取引費用理論を適用したほうが説得的である。
しかし，そうであるからといって，「見える手」の概念が「消えゆく手」に代
替されるとまでは言えないし，スミス流の「見えざる手」への回帰というわけ
でもない，と。木原（2004）の主張もこれと同旨である。また，安部（2010）
は以下のように述べている。

「21世紀に入り，いわゆる大企業病克服のための分社化，ベンチャービジネスの重視，ベンチャー・キャピタルの活用，産業集積への着眼，などの変化が生じている。チャンドラー流の『大きいことはよいこと』が衰退し，『スモール・イズ・スマート』の時代に変わっているように思われる。規模の不経済，範囲の不経済など，大企業に不利な点が，ITの普及とともに目立つようになっている。統合的な規模の経済から，分業的な連結の経済の時代への移行とみることもできる。」（安部, 2010, pp. 229-239）。

　見えざる手と消えゆく手。上述のようにそれらを異なる概念とみる向きもあるが，経済主体に対するそれらの観点は共通している。どちらとも取引費用的である。「連結の経済」はその言い換えに過ぎない。ときとばあいによって打算的に相手を替えるというのがその本質である。そのことと，利他，利己は関係がない。ゆえに見える手と消えゆく手をここでは同一概念とみる。
　要するに，19-20世紀において，専業化，垂直統合，多角化，という戦略の歴史的な流れと，単一事業単位，集権的職能部門制，事業部制，という構造の歴史的な流れが呼応した。そのうえで，MM説において指摘されているように，20-21世紀における撤退戦略と単一事業単位の構造の採用に注目するとき，それを新しい展開（消える手）と見るか，それとも復古（見えざる手）と見るか。理論的には両者は等しい。

第5節　統合への視角

　一定の条件下では垂直統合の事前事後において利潤に差はない（東田, 1985）。したがって，理論的には統合するもしないも無差別である。
　にもかかわらず，現実には，経営者（見える手）によって垂直統合も垂直分離も担われてきた。ブランドを維持するため，市場を支配するため，顧客を囲い込むため，業容拡大のため，など。どの理由をとってみても，経営者の理念・信念（あるいは幹部の間における政治的交渉の結果）に帰着する（Chandler, 1962; Galbraith and Nathanson, 1978）。
　MM説における構造論的組織論への批判の骨子はこうであった。現象を説明するための概念や理論が複数あることは認めても，それらの間にはまったく相

反するものもあれば概念規定が曖昧なものもある。したがって，それらは共約不可能であり，希望はない，と。理論の共約（通約）不可能性について，野家（2007）はこう述べている。

> 「あらゆるパラダイムから等距離に身を置いた中立的理解は存在しない。理解は常に，ある一定の立場にコミットしてはじめて成立する。それゆえに理解とは一定の立場からの絶えざる『解釈』の営みにほかならず，その意味で理解には常に『歪み』が伴う。そのような歪みは，自己理解の＜鏡＞にほかならず，したがって，通約不可能性は，他者理解の＜壁＞としてではなく，自己理解の＜鏡＞とみることができる。」（野家, 2007, pp. 152-153）。

このような考え方は開放性を強調する文化相対主義と同じである（Bernstein, 1983）。国際経営の実務に関しては，自民族中心の是非を問うたとき，文化相対主義に1つの答えを求めるのは間違いではない（林, 2000, 補論）。しかし，そのようなスタンスは，MM説への反批判としては不十分である。なぜなら，MM説が批判している対象は，文化相対主義的な意味で構造論的組織論の諸説が群生していること，それ自体であるからに他ならない。もっとも，MM説はミクロとマクロに暫定的に分けてはいるけれども。

ちょうど建築物の構造と空間が人間の生活・行動の物理的な空間と必ずしも合致していないのと同様に，組織構造は，人間の意思決定と行動を部分的に制約し，またその一面を説明するための道具に過ぎない。したがって，MM説の批判は，建築物を見ただけではその中の人々の生活実態まではわからない，という程度のものである。

たとえば，対外的な組織図では事業部制を採っていても，その過程が集権的であることもあれば，その逆のことも実際にはいくらでもある。構造的組織論はいずれも，異質な能力やロマンにつながりうる経営人ではなく，均質で無味乾燥な経済人が暗黙的にその前提に措かれているのである。

こうした構造論的組織論と相互補完的なのがワイク（Weick, 1969, 1979）を嚆矢とする意味解釈学派である。ただし，けっして代替的ではない。それらを踏まえ，両者を統合するための試みの1つが岸田（2009b）による『組織論から組織学へ』である。

　しかしながら，組織（organization）を統制面（organized）と生成面（organizing）から成る全体とみる視角を基本的には受け入れるとしても，そこには理論的な課題がまだ残されている。すなわち，発展段階説的（Galbraith and Nathanson, 1978; 岸田, 1985）な意味での組織の移行の契機とともに，その方向を規定する何か（moment）が解明される必要がある。そのような何かへの1つのアプローチが，組織の重心に他ならない。

　それは，ただし，ひとたび方向が確定され，あとは円滑な移行をいかに実施するかという，いわゆる移行過程（稲葉, 2000; 中野, 2010）の課題とは本質的に異なる。

　また，いわゆる「属人思考」（岡本・鎌田, 2006）とも異なる。両者ともに，人格面を重視する点では共通している。けれども，属人思考は人間関係が定着したことによる硬直面（統制面）から生じるマイナス面を強調しているのに対して，組織の重心は，安定と破壊の契機としての統制面（organized）と，柔軟と創造の源泉という意味での生成面（organizing）の両方を強調している。さらに，属人思考ではいまそこで影響力の源泉となっている特定の「生きている」人物のみに焦点が当てられるのに対して，組織の重心では故人やその思想までもがその射程内にある。

第6節　おわりに

　なぜ垂直統合するのか。なぜ垂直分離するのか。なぜしないのか。こうした問題を，構造論的組織論の枠組みのみによって理論的に捉えようとすると，説得的な結論に辿り着けない。そうであるからと言って，構造論的組織論に明日はないと言えるのか。本章のモチーフはそこにあった。

　MM説はそれらの諸説に共約不可能性が認められるから近代科学の資格はないと言う。なるほど，構造論的組織論のみによって垂直統合・分離を説明しようとすれば（たとえば組織能力説を採らずに取引費用理論に依拠すれば），それは見えざる手（または消えゆく手）の枠組みに回収されるため，そこに一定の限界を認めざるを得ない。

　他方，垂直統合を首尾よく説明したかにみえたチャンドラー・モデルに代表される組織能力説（見える手）は，20世紀終盤から21世紀にかけて顕在化した

垂直分離という，そのテーゼとは逆向きの現象に直面している。

　本章は，こうして，見えざる手，見える手，消えゆく手，それらのいずれでもない，新たな理論的基盤が求められているという主張を通して，MM説からの構造論的組織論批判に応えようとした。なぜなら，新しい理論的基盤は，意味解釈学派や構造論的組織論の代替としてではなくそれらの展開を前提としているからに他ならない。

　けれども，諸説が互いに共約不可能であるとみられるからこそ，統合可能性が模索されるのであって，共約不可能性それ自体に文化相対主義的な意味を見出そうとすることは，評論ではあっても，理論指向の組織研究者の仕事ではない。市場（見えざる手または消えゆく手）と階層（見える手）。問題は，ハンナと和田（Hannah and 和田, 2001）が言うように，観察者としての研究者，あるいは当事者としての経営者がそれらをどうみるか，にある。

ミクロ・アプローチ

■経営人・能力・感情労働・組織均衡論

第10章

もう1つの経済人モデル

第1節　はじめに

　「唯一の目的が金持ちになることなら，それを達成することは決してな
　いだろう。」(If your only goal is to become rich, you will never achieve it .)

　ロックフェラー（John Davidson Rockefeller: 1839-1937）の有名な言葉である。
ところが，主流派の現代経済学の前提ではこの言葉の内容は否定される。
　いま，冒頭の名言をマズロー（Maslow, 1970）流に言い換えれば，低次欲求
にのみ導かれる人生は決して成就しない，となる。この対偶をとれば，人生の
成就には高次欲求が必ず関係する，となる。ただし，「成就」の意味内容が曖
昧である。ここでは，数多ある実例のうち，かつて10年間の一時休業を経てそ
の後に見事に返り咲いた玉置一族の老舗，株式会社半兵衛麩（1689年創業）の
例（渡辺, 2013a, 2013b）を挙げるにとどめておく。
　にもかかわらず，経済学では非現実的な前提が措かれている。なぜか。また，
全面的にそうなのか。この問いが本章の出発点である。この問いに対しては，
宇沢（1989）が理論（現代経済学）と歴史（経済史）の両方のアプローチの必
要性を説いている。しかしこの章は，経済学ではなく経営学の見地から問う。
この点で宇沢（1989）とは異なっている。
　日本の経済学は世界的にみて独自の発展を遂げてきたと言われる。いわゆる
近代経済学（主流派）とマルクス経済学の共存である。ベルリンの壁が打ち砕
かれ，ソビエト連邦が崩壊し，中国が改革開放政策を採り，かつての東西対立
の構図は過去のものとなった。

　それでもなお，独自の歴史観に立つ宇野学派は，マルクス経済学の一派でありながら，絶えることなく脈々と受け継がれている。その根拠は，あの「独特の歴史観と教義」を明確に切り離したうえで，社会科学の立場からマルクス＝エンゲルス『資本論』を再構成し，資本主義社会を3つの段階によって体系的に把握しようとした点にある。すなわち，原理論，発展段階論，現状分析，これらである（宇野，2008）。

　そればかりではない。原理論における経済人（以下，原理論経済人）は，新古典派における経済人（新古典派経済人）と比べると，ある面では似ているものの，決して同じではない。むしろ，端的に言えば，原理論経済人と経営人（Simon, 1977）の間に，少なからず共通点を見出すことができるのである。ただし，その点に格別の意義を見出している先行研究は，筆者の知る限り，経営学の分野では存在しない（cf. 林, 2000）。

　それゆえに，原理論の枠組みに新古典派経済人をそのままあてはめると，後にみるように，原理論は成り立たたなくなる。社会的生産の基準編成に対して論理的に支障をきたすのである。このように原理論経済人と新古典派経済人は，ともに経済学の範疇にありながら，理論的には異なっている。

　こうした背景から，以下では，第1に，小室（2004）に依拠しつつ，ヒックス『価値と資本』によって純化されたと言われる新古典派経済人の内容と特徴を確認する。第2に，それと対比させながら，原理論経済人（山口, 1985）の内容と特徴を確認する。これらをふまえて，第3に，稲葉（2010）によって整理された「企業の経済理論から企業の経営理論への変遷」，ならびに寺澤（2012）によって整理された「経営思想における人間観の変遷」に対して，原理論経済人の位置と意味をそれぞれ検討する。第4に，経営組織論において人間モデルが果たす役割と意味を再考し，原理論経済人と経営人の異同を議論する。

第2節　新古典派

　そもそも，何をもって主流派と言うのか。この問いに対して，小室（2004）は次のように明確に答えている。

　　経済現象の特性は，相互連関にある。すべてが，他のすべてと，互いに依

存し合う。一方的にXがYを決めるというような，線型因果関係は，ごく例
外的な場合にしか見いだされない。一般的には，XとYとは相互連関関係に
ある。(中略) ワルラスは，経済現象における相互連関関係を，連立方程式
を用いて解明する方法を発見したのであった。この大発明によって，経済学
は科学になった（小室，2004, pp. 227-228, 傍点は引用者）。

　要するに，ワルラス以前の古典派やマルクス派，とりわけ労働価値説は，鶏
が先か卵が先かの循環論にすぎないから，科学ではなかった。価値を捨てて価
格に一元化することこそが現代経済学の特徴である。小室はそう言うのである。
研究対象についてみると下のように述べている。

　　経済学理解の第一関門は，経済「循環」の構造を理解することにあり，経
済を動かす論理が，すでに循環的である。というのは，経済においては，
「すべてが，他のすべてと相互関連し合う」。ここに経済の本質があります。
また，その解明こそが経済学の主任務なのです（小室，2004, p. 276, 傍点は引
用者）。
　　理論経済学の神髄が，最単純ケインズモデルに見られる。
　　　Y = C + I
　　　C = aY + b
　　ただし，Yは国民所得（内生変数），Cは消費（内生変数），Iは投資（外
生変数，与件）。（小室，2004, pp. 230-232, 傍点は引用者）。

　すなわち，現代経済学の研究対象は資本主義経済に限定されている。しかも
それは，資本主義経済それ自体が不変で永遠に循環を続けるという前提の下で
の，システムという特殊な世界なのである。そういうわけで，現代経済学にお
ける経済人は，以下にみるように現実の人間や社会とはまったく異なる世界の
概念なのである。

　　『経済人』とは，生身の人間ではない。高度の抽象化の産物である。(中略)
消費者も企業も，個人ではない。社会体系である。(中略) ここで言及され
ているのは，この人の役割。消費者行動の主体であるという役割であるから

である。この人の宗教，人権，法的諸権利，義務などはいっさい捨象（無視）されている。経済学における人とは，かかる人のことを言う。』（小室, 2004, pp. 250-251, 傍点は引用者）。

こうして，システムと現実社会は完全に別のものである。けれども，実務家ではなく学者によって経済人という概念が導入されたからには，それなりの歴史的な経緯があるはずである。小室はそれを次のように説明している。

　『経済人こそ，経済理論の根底にある。それは，古典的にはヒックスの『価値と資本』における消費者と企業である。（中略）大塚久雄博士は，ディフォーの『ロビンソン・クルーソー』の中に，「近代の合理的な産業経営を可能にするような経営者と労働者」を発見した。かかる経営者と労働者があって初めて近代資本主義は発生しうる。近代資本主義は，合理的な産業経営資本主義であるからである。合理的産業経営資本主義とは，合理的な簿記（複式簿記），特に正確な原価計算，それによる結果の合理的な予測，そういうものを踏まえた産業経営を不可欠の土台としている経済である。
　かかる産業経営を行う経営者（労働者）とは，如何なる人間か。この人は，『さまざまな外的諸条件を見極めたうえで，合理的な経営計画を立て，道具や資材，またそれに見合う労働力を調達してきて，それを組み合わせる。そればかりではありません。それらすべてが簿記の形式をとって表現され，原価計算や損益計算がはっきりと数理的に行われなければならないのです』。かかる経営者と労働者とが，経済人の原型である。』（小室, 2004, pp. 248-249）。

　このように小室は，ウェーバー，大塚にならい，よく知られている西欧資本主義社会におけるプロテスタンティズムの倫理に，経済人の原型を求めていることがわかる。にもかかわらず，経済人という概念は，現実の人間の姿から意図的に切り離され純化された。なぜか。
　現実の人間を対象とする観察にはじまり，いったん現実の世界から離れてシステムを構築し，それに基づいて効率を上げるための実行可能解を数理的に求め，その解を現実にあてはめ，その結果を観察・評価して……こういった一連の手法。それは近代合理主義の本質でもある。その手法はちょうど，あのテイ

ラーの仕事とピタリと重なる。科学的管理は精神革命であって，その技法のみ
を杓子定規にあてはめることがあってはならない（Taylor, 1895）。テイラーは
そう警鐘を鳴らした。にもかかわらず，その後，実際には労働強化の道具とし
て誤用されるに至った。

　こうしてみると，新古典派経済学の黎明期における学者は，テイラーと同じ
考え方に立っていたように思われる。古典派やマルクス派はその意味において
前近代的である。経済学には科学的管理法のような「誤用」の史実が取り沙汰
されないためにそれを云々するすべはないが，システム思考に裏付けられた近
代合理主義という点において，現代経済学と科学的管理法は通底している。そ
の意味において現代経済学は主流派なのである。

　ところが，FEED（Foundation for European Economic Development）によれば，
1990年代に入り，主流派の研究者たちは，自らの進んできた道，すなわち一方
で数学的モデルの構築とその解析という常道を反省し，他方で，学術専門誌に
おいて，スミス，マーシャル，リカード，マルクス，シュンペーターなどの古
典の引用が皆無に近い現実を憂慮するに至った。主流派が確立した「世界」を
疑い，その代わりに多元的なアプローチに眼を向け始めたのである。その多元
的なアプローチとは，「宗教，人権，法的諸権利，義務など」といった，新古
典派経済人において捨象されている面，ヒックスによって純化される際に取り
除かれた不純な面，これに対する配慮に他ならない。

　以上が，新古典派経済人の内容とその特徴である。以下では，これと対比
させながら，原理論経済人の内容とその特徴をみることにする。

第3節　宇野原理論

　原理論の対象と方法は明瞭である。すなわち，純粋資本主義社会のみを対象
としており，その方法は思考実験である。

　「純粋資本主義社会とは，商品経済的な関係が人間と自然の物質代謝を一
　元的に処理している社会である。」（山口, 1985, p. 3）。
　「商品経済的な利益の最大化を唯一の行動原則とする経済主体，すなわち
　経済人を想定し，経済人に自由に行動させ，その思考実験の結果として進行

する社会的生産編成を観察すること，これが経済原論の方法である。」（山口，1985, pp. 3-4）。

　このように原理論経済人が利益最大化を行動原則とする点は，新古典派経済人のそれと共通している。しかし，思考実験においてそのような原理論経済人を行動させるばあいに，新古典派のアプローチとの違いが際立っている。具体的には次のようである。

　「（流通主体の経済人的効率化行動の）原則は単純でも，具体的な行動となると，商品流通世界について入手しうる情報が完全なものではないため，現在の状況判断なり将来の予想なりは流通主体によって個々バラバラになり，個々の流通主体の行動は不均質で不確定なものになる。このような個別主体の行動の集合体としての無政府的な市場経済は，こうしてそれ自体としては不断に不確定的な変動を行うきわめて不安的なシステムとして措定されるのである。」（山口，1985, p. 12, 傍点は引用者）。

　一口に言えば，完全合理性に対して部分的に修正が加えられ，それが前提とされる。さらに，「原理論の世界は必ずしも法律や制度を必要としない」（山口，1985, p. 48）特殊な空間である。しかも原理論においては労働価値説が決定的に重要である。その本質は次の引用のとおりである。

　「賃銀は短期的，個別的には様々に変動しうるとしても，長期的には維持ないし回復されなければならないある水準があって，それを重心とするような変動をするとみなすことができる。この重心をなす賃銀とは，要するに労働者が主体的に労働意欲と労働能力を発揮するのに最低限必要な生活資料を購入する賃銀である。（中略）ここでの最低限必要な生活資料とは，人間としての労働者のいわば文化的欲望とでもいうべきものを充足しうるような質と量の生活資料でなければならないが，この欲望は1つの歴史的産物であり，社会の種々の文化的状況によって規定されるものなのである。」（山口，1985, p. 111, 傍点は引用者）。

　こうして，賃銀の重心は社会の種々の文化的状況によって規定される。他方で，社会の種々の文化的状況は賃銀の重心に依存する。これが，あのボェーム・バウェルク（Böhm-Bawerk, 1932）によって批判された，労働価値説における循環論である。

　実際，衛生要因は労働に対する報酬の一部にすぎない。衛生要因のみによって「主体的に」労働意欲と労働能力が発揮されることは，長期的にはありえない。なぜなら，衛生要因は，ちょうど麻薬のように作用し，使えば使うほどその効果が薄くなるからである（Herzberg, 1966, p. 170, 邦訳, p. 191）。

　にもかかわらず，経済学や社会保障政策においては，賃金のみが労働の報酬として生活を保障する基盤に位置づけられている。すなわち，その仕事やその職場でしか得られない人との出会い，達成感や生き甲斐，切磋琢磨を通じての成長などの，賃金以外の報酬が一切捨象されているのである。

　賃銀に加えて，原理論にはもう１つの重心がある。利潤率である。その性質上，労働力商品の供給には限界があるがゆえに，賃銀の水準が上下する。それを背景として，利潤率は次のように説明される。

　　「個々の産業資本の利潤率増進活動の結果として形成される均等な基準利潤率は，一種の均衡利潤率であるということができるとしても，そこで運動が停止するような均衡点を意味するものではない。これは種々の産業部門の基準利潤率の変動が，それより上がりすぎれば引き下げられ，それより下がりすぎれば引き上げられる重心としての利潤率なのである。」（山口, 1985, p. 190）。

　労働価値説から必然的に導かれる２つの重心によって社会的生産の基準が編成される。ところが，経営学の見地からみるとき，その社会的生産の総過程が説明される第３篇，恐慌論（分配論）の恐慌期において，原理論経済人は実に不可解な行動をする（とされている）。

　　「恐慌の過程で社会的再生産過程は収縮し，労働者の失業と商品の滞貨が大量に発生する。（中略）固定設備は大量に遊休し，その価格も暴落しているので，固定資本はその資本価値を喪失し，この時期には固定資本はほとん

ど資本家的行動の基準要因としての意味をもたなくなる。価値増殖意欲を持
つ資本家がいて，多少とも資金なり商品なり生産手段なりを持っており，流
動資本部分について多少でも増殖が見込めさえすれば，資本投下が行われ，
生産が継続される。（中略）このような時期には生産条件の優劣が諸資本の
競争において決定的な意味をもつ。」（山口，1985, pp. 255-256, 傍点は引用者）。

　このように原理論経済人は，思考実験によって行動させられると，不均質と
なり，不完全な合理性を帯びる。しかも，上の引用からわかるように，思考実
験者に都合のよいタイミングで，また都合のよい割合で「価値増殖意欲を持
つ」資本家が俄に登場する。経済人の意欲に対しても散らばり（濃淡）が与え
られるのである。したがって，この局面においては階級は存在しないかまたは
不明瞭である。こうした都合のよい思考実験を正当化する根拠はいったい何か。
他でもなく，現実の経済社会における「宗教，人権，法的諸権利，義務など」
はもちろんのこと，さらに地理的・技術的・年齢的な意味での差ないし多様性
である。であるからこそ，原理論から離れる部分ではあるが，現実の経済史を
説明する基礎が与えられるのである。

　　「各国の資本主義は，一方ではその非資本主義的外囲の分解をいっそう進
　めると同時に，他方では非資本主義的関係を温存し，あるいは新たに導入す
　ることによってかえって新たな不純化を進めることになったのであって，資
　本主義はヨコにもタテにも多様な展開を示すことになったのである。」（山口，
　1985, p. 8）。

　思考実験という枠内において種々の差が与えられるがゆえに，原理論経済人
（の行動）は原理論を可能とするのである。しかし，新古典派経済人には，文
化的・歴史的な影響は一切排除されているために，そのような種々の差はない。
したがって，そもそも労働価値説は成立しない。それゆえに2つの重心も存在
しない。意欲がないかまたは小さい資本家も労働者もいっさい存在しない。そ
うなれば，銀行と流通資本による利潤増進の補助機構も不要であるから信用の
伸縮に由来する景気循環もない。以上から，原理論は成立しない。
　にもかかわらず，原理論には理論的な魅力がある。なぜなら，経営学の視点

からみるなら，原理論経済人が思考実験によって行動させられるとき，その限りにおいて，原理論経済人のイメージは，サイモンが唱えた経営人のそれと重なるからである。

第4節　企業観と人間観の変遷

　以下では，原理論経済人の観点から，まず，稲葉（2010）によって整理された「企業の経済理論から企業の経営理論への変遷」を，次に，寺澤（2012）によって整理された「経営思想における人間観の変遷」をごく簡単にレビューして，原理論経済人の位置と意味を検討する。

1　企業の理論

　稲葉（2010）によれば，新古典派の経済理論は，現実の企業それ自身をモデル化するためではなく，市場均衡という事態を説明するためにつくられたものである。その後，FEEDにみられるように，主流派内部からの反省を経て，それ以降の代替的な諸理論をひきだす契機を与えた（稲葉, 2010, pp. 148-151）。

　まず，新古典派の企業理論の特徴を概観し，次に，現実の企業を説明するための理論，すなわち企業の経営理論の特徴と比較する。そのうえで，企業の，契約理論，経営者理論，行動理論，進化理論，成長理論，知識理論における仮定を，原理論経済人と照合する。

　クリーランド（Cleland, 1960）によれば，企業の経済理論が前提としている仮定は次の5つである。
　①　定常性：願望，資源，知識の集積などは所与または不変
　②　独立性：願望，資源，知識の集積などは相互に，また企業自身の行動からも独立
　③　動機：企業の目的・目標は利益の最大化
　④　情報：技術，人間関係，市場に関する情報の収集・伝達が完備
　⑤　組織：成員の思考や行動が相互に関係づけられる意思決定・行為の仮定が存在

これに対して，企業の経営理論が前提としている仮定は次の５つである（稲葉，2010, p. 152.）

(i)　動機：満足化

(ii)　情報：情報の歪み・雑音

(iii)　組織：意思決定過程と情報システムは構造次第

(iv)　成長：願望，資源，知識の集積などは可変

(v)　影響：願望，資源，知識の集積などは相互に，また企業自身の行動からも影響

以上を比べてみれば，新古典派経済人と原理論経済人の違いとほぼ重なっていることが読みとれる。

この(i)から(v)の仮定を後続研究に照らせば以下のようになる。

第１に，企業の契約理論（所有権理論，取引コスト理論，エイジェンシー理論など）は，(i)(iv)を満たさないが，(ii)(iii)(v)をおおむね満たしている（稲葉，2010, pp. 152-155）。

第２に，企業の経営者理論（売上高最大化説，成長率最大化説，経営者効用最大化説など）は，(i)から(v)のすべてをおおむね満たしている。ただし，(iii)については暗示的である（稲葉，2010, pp. 155-157）。

第３に，企業の行動理論，進化理論，知識理論は，(i)から(v)のすべてを満たしている（稲葉，2010, pp. 157-167）。

原理論経済人と親和的な仮定の具体例を示すなら，経営者の名声や威信（経営者理論），経営者チーム内での成長の速度や方向に関する期待の不一致（成長理論），個性的で非均質的な人間（知識理論），が挙げられる。

これらの仮定はいずれも，現実の経営史，すなわち企業の生々しい活動を牽引してきた，いわば企業の動力であると言ってよい。こうしてみると，原理論は，ただ単にそれがマルクス経済学の一派であるという理由だけで忌避（きひ）されるべきでなく，むしろ現実の企業行動を説明する経営学の観点から，再評価される理論的価値を持っていることがわかる。

2　人間モデル

組織行動論における組織の中の人間像は，管理する主体である経営側が労働

者である従業員をどのような存在として捉えていたかを表しており，その捉え方に合わせた管理手法が開発されてきた。

寺澤（2012）によれば，それらの人間像は主な論者に応じて以下の5つに分類される。

ⓐ　経済人モデル（Taylor）：金銭に代表される物質的な自己目的の追求

ⓑ　社会人モデル（Mayo, Roethlisberger and Dickson）：良好な人間関係や他者からの賞賛，承認を求める社会的な自己目的の追求

ⓒ　自己実現人モデル（Maslow, Argyris, McGregor, Herzberg）：自らの理想を実現する目的の追求であり，物質的な自己目的と社会的な自己目的の両方の要素が必然的に関わることになる

ⓓ　複雑人モデル（Schein, Alderfer）：画一的な仮定から判断するのでなく，社会学的・状況的・発達的・組織的観点などさまざまな視点から総合的に分析し，短期と長期の双方から捉える必要がある

ⓔ　意味充実人モデル（Frankl）：全人格の観点から，ある特定の組織（パターン化された状況）での部分人格における行為の意味を付与できる主体

ⓐの経済人モデルは文字とおり新古典派の企業理論の仮定である。また，企業の契約理論の仮定もほぼこれと同じである。ただし，テイラーは徹頭徹尾その人間モデルを貫くべきであるとは主張していない。あくまで，時間研究と動作研究を通してもっとも効率が高いという意味での「標準」を設定し，差別的な賃率に根拠を与える段階までのことである。科学的管理の原則を一律に実地に適用することは誤りである。そうではなくて，作業員1人ひとりの健康状態や家庭環境などの事情に応じて，適宜修正を施した上で慎重に適用しなければならない。さもなければ労使共栄の精神は没却されてしまう（Taylor, 1911）。テイラーはそのように注意を促している。

これに対して，ⓑの社会人モデルからⓔの意味充実人モデルまでは，企業の経営者理論，行動理論，進化理論，成長理論，知識理論の仮定と総じて親和的である。

寺澤（2012）によれば，ⓔの意味充実人モデルは，次のようである。

「組織という統制主体からの影響を全人格的な視点から把握し，組織の統制

に従うことで組織における社会的生活に適応しながら，組織の統制を完全に受け入れているわけではないという人間の特徴を示している。またそれは，自分にとって何が幸せであるか，何が真の目的であるかを熟考したり，自らのおかれた立場や役割期待に関する意味を生成もしくは既存の意味とは違う意味を付与することで，組織に焦点をあわせた部分人格を全人格の観点から受容させる可能性をもっている。こうして，組織という統制主体に疑問を呈し，組織による管理を離れたところでの組織メンバーの意思決定が可能であることを意味しており，変革への動機づけと深いかかわりをもっている。」（寺澤, 2012, pp. 107-108）。

　この説明からわかるように，寺澤は組織を制度的・構造的・統制的な面から捉えている。心理面に特化されているため，組織の生成面，ないし間主観的な側面をこの説明から明示的に読みとることはできない。言い換えると，一般従業員がストレスやバーンアウトをいかに回避して勤務し続けられるか，そういった視点に立っている。こうした意味充実人モデルの意義については，たとえば，中小企業において，職務とは関係のないAOGU（藤澤, 2012）と呼ばれる活動が生産性の向上に寄与している事実によって裏付けられている。

　しかしながら，それに対して，企業の経営理論においてみられる，経営者の名声や威信（経営者理論），経営者チーム内での成長の速度や方向に関する期待の不一致（成長理論），個性的で非均質的な人間（知識理論），といった諸側面への配慮は，寺澤（2012）の問題意識の性格ゆえに，薄いかあるいは捨象されている。

第5節　おわりに

　原理論経済人には経営者・一般従業員の区別はない。それゆえに，労使双方の視点，言い換えれば上下左右斜めの人間関係を同時に配慮する必要がある。なぜなら，マネジメントの本質は「いかに人を動かすか，または動かさないか」に他ならないからである。上下関係に限定してしかもそれを固定的にみるなら，企業の経営理論の射程はごく一部に狭められ，たとえば成長を論じることができない。そればかりではない。上下関係は，現実には保革対立から逆転

あるいは分裂を招くこともあるからである。実際，組織革新はそのようなかたちで生じることが少なくない（林，2000, 2005, 2011）。

　こうしてみると，逆説的ではあるが，原理論経済人に労使の区別がないことそれ自体に，理論的な意義を見出せる。一般に，経営分野における研究では，ある対象に対する一面的なアプローチが主流である。たとえば，科学的管理法では「組織的怠業」が排除されるべき対象として槍玉に挙げられた。それに対して，その後の人間関係論では，ほぼそれに匹敵すると思われる「職場の非公式集団」の意義が強調された。物的条件よりも社会的条件の生産性に対して持つ意味がそれである。マネジメントのテキストはこれらを取り上げ，しかも時系列で紹介するに留まっているのが一般的である（cf. 岸田・田中, 2009）。

　そういうわけで，ある意味で経営学はその他の社会科学に対して遅れをとっているのかもしれない。けれども，そのような事実は近代科学のアプローチの限界を示している，と解釈することもできる。であれば，原理論の体系「を」ではなく「に」学ぶべきである。なぜなら，原理論は，分配論（恐慌論）における若干の理論的な問題はあるにせよ，社会的生産の編成というかたちで，全体と個のダイナミクスを体系的に首尾よく扱っているからである。

　ただし，原理論経済人は（寺澤（2012）におけるⓑからⓔを含む広い意味での）経営人と類似している面が多いものの，同じではない。であるからこそ，そこに，経営や組織の新しい理論を構築するための手がかりがあるように思われるのである。

　この章の冒頭で株式会社半兵衛麩の例を挙げた。ゴーイング・コンサーン，ワン・イヤー・ルール，取締役や執行役の任期など，新古典派経済人と親和的なこうした既存の制度や概念をもって，同社の例を説明することはできない。というのも，10年間という物理的時間（chronos）が，各種の時効によって，それまでのあらゆる法律関係をことごとく覆してしまうからである。そればかりではない。当事者の生命や健康にも影響を与える。したがって，当時の玉置一族にとって時間が特別な意味を帯びていた（kairos）ことは容易に推察される。

　注意深く読めばわかることであるが，「法律や制度」に加えて時間についても，原理論は必ずしも必要としていない。その意味で，思考実験によって行動させられた原理論経済人のイメージは，経営人のそれと親和的である。であるから，企業行動の基礎となる組織の説明においても時間の取扱いは慎重でなけ

ればならない。

　玉置一族の経営理念が代々受け継がれるなかで，同社の経済的目的のみがその指導原理でなかったことは明らかである。他方で，その理念によって同社における時間の感覚も規定されたとみてよい。希求水準が崇高なままぶれなかった，と言い換えることもできる。それゆえに，日和見的に商機を模索するといった行動が導かれることも，ありえない。個別特殊的な事例ではあるが，こういった点こそが，分配論（恐慌論）における原理論経済人の説明とは符合しないのである。

　時空を超えて判断に影響を与える何か。戦略論者のルメルトは，それを「バーチャル賢人会議（a virtual *panel of experts*）」と称している（Rumelt, 2011, p. 271, 邦訳, p. 359）。その実体こそ，企業の経営理論の基礎を成す，価値体系としての組織に他ならない。ルメルトの場合，「師匠ならどうするか」という彼なりの思索が，組織の具体的な構成要素となっている。直面する経営課題を矯めつ眇めつ分析するとき，対立あるいは矛盾する複数の考え方に優劣をつけるのは，自らが取捨選択した何らかの考え方，判断基準である。判断は，その意味で，すぐれて組織的なものである。玉置一族の経営理念もそのようにみることができる。

　バーチャル賢人会議はロックフェラーの金言と矛盾しない。むしろ，「人生の成就には高次欲求が必ず関係する」ことを一部例証している。なぜなら，年々歳々豊かな知恵と知識に彩られてゆくそのような会議は，短期的で金銭的な目標のみに猪突猛進することを戒め，長期的で多面的な思考を促す，そういった性質を備えているからである。

第11章

能力と企業組織

第1節　はじめに

　経営上の判断には，総論として守りと攻めの同時表出が求められる（e.g., Barnard, 1968; Weick, 1979; Wolf, 1974）。個別的には，逐次的か同時的か，短期か長期か，内製か外注か，参入か撤退か，先行か追随か現状維持か，独占か競合か，等々がそれである。しかし，通常，そのタイミングと投入すべき資源量の問題は，ORなどの計量的手法によって一般解を導くような性質の問題とは本質的に異なるうえに（Ackoff, 1986; Cyert and March, 1963），法的・制度的意味での組織の目標設定と，自然人たる個人のそれが同一視されたり混同されたりする面もある（Ansoff, 1965）。

　組織能力論の先行研究において，能力と時間の関係を，システム論でなく，学習する個人のレベルまでさかのぼって理論的に深く掘り下げた研究はほとんどない。

　たとえば，効率的な生産管理の現場の調査研究に基礎をおいた「ものづくり経営学」（藤本, 1997）では，組織能力の本質が「心構え」であるとされており，さらなる理論的探究の必要性が示唆されている。

　他方，組織学習論においては通常，幹部以外の構成員については，その個性も将来性も捨象され，ルーティン（Nelson and Winter, 1982）を成す均質な構成要素として取り扱われている。したがって，性急に組織能力を論じるのではなく，まず，その前段階として個人レベルにおける能力を解明する必要がある。

　その際，いわゆる成果と能力のトートロジー（Collis, 1994）に陥らないためには，生命時間（e.g., 本川, 2011）の視点が不可欠である。なぜなら，いかなる

能力も，それが社会的・有機的なものである限り，成長と衰退のライフサイクルを伴うからである。そこでは推移律は成立しない。

　現実の経営は，市場での勝ち負けが繰り返され，希望と絶望の間を往復しながら展開されるリーグ戦である。連敗をしないように反省し，挑戦し続ける。これを怠る者は必ず駆逐される運命にある。それがビジネスの世界である（Kanter, 2004）。

　けれども，何をもって勝ち負けとみるかは，究極的には，その人の平均余命，健康状態，あるいは自身と周囲の人たちの間の人間関係に対する意識，これらに左右される。個人レベルの能力を議論する際，こうした前提に立つ必要がある。

　たとえば，どんなにずば抜けた運動選手であろうとも，早晩その身体は衰える運命にある。知的判断力についても，個人差はあるものの，身体のそれと同様の傾向を持つ。ある成功に甘んじて凋落する者もあれば，自らが経験した敗北や失敗に教訓を見出し，次に備えて心身を鍛える者もある。若手指導を通じて自らの夢を後続に託すいき方もある。

　すなわち，心身両面における天賦の才能や資質（ability），努力の成果と限界（power），ライフ・コースにおけるそれらの自覚的な制御（consciousness）。このようにいくつかの側面に分解することは，トートロジーに陥ることなく個人レベルの能力を説明するための前提を成す。

　天賦の資質，努力の成果と限界，自覚的な制御。これらの分類は，「限界の自覚（consciousness of the limits）が，それ自体，限界を変える」（Simon, 1997, p. 47, 邦訳, p. 67）というサイモンの所説を基に，ウェブスター（Merrian-Webster Online）を参照しながら筆者が独自に整理を試みたものである。

　こうして個人の能力は，他者との関係のなかで時間とともに上下するという特徴を持つ。その場合，次の2点に注意する必要がある。第1に，時間について生命時間の下，物理的/心理的の2つの側面があること。第2に，他者について，それをリアルタイムの手足を持つヒトとしての存在に限定するべきでないこと。これらである。

　たとえば，職務上あるいは私生活において影響力を持っていた人が，その死後に，他者の時間の流れ方，すなわち職業上の動機や生き方に対して，生前と同じかそれ以上に影響を与えることはしばしばある。その一例として，東京

ディズニーランド開業までに，人間としても事業家としても高橋政知から薫陶<ruby>薫陶<rt>くんとう</rt></ruby>を授かり，名実ともにその衣鉢<ruby>衣鉢<rt>いはつ</rt></ruby>を継いだ加賀見俊夫が挙げられる（加賀見，2003）。また，これから誕生する新しい生命への期待が周囲に勇気と元気を与えてくれるという現実もある。その一例として，83歳で欧米視察に出かけ，食道癌とわかってもなお「死ぬなら事業を急がねばならぬ」と言って，仕事を止めさせようとする医師を振り払った男，浅野総一郎（齋藤，1998; 宮本，1999）が挙げられる。

　にもかかわらず，そのような側面に光をあてた組織研究は存在しない（cf. 都筑・白井，2007）。端的に言えば，死者や子孫を組織の構成要素に明示的に含む見方が求められるのである。そのような独特な人間モデルに立つ組織観は従前の学説にはない。

　このように競争市場の外部に位置する，絶対的あるいは普遍的な価値は，経営理念や経営精神（加護野，2010）と密接に結びついている。けれども，組織文化や経営理念はその企業の長期にわたって一枚岩であり続けることはまずない。そうした文化や理念について，なぜ，どのように，その亀裂や新たな境界が生じ，やがて一方で旧い文化・理念が衰退・崩壊し，他方で新しい文化・理念が生成・台頭するのか。こうした問題は，企業経営に関する政治経済学（沼上，2000）の基礎を成してもいる。

　そうした文化・理念を軸として目的整合的に個人の関係が整序される過程が一体化（identification）である。そのような一体化の総体として把握されるのが同一性である。その境界は，第三者から特定できる物的・便宜的に仕切られる企業や会社の概念，すなわち会計や法律のそれとは本質的に異なる。

　以下では，第1に，能力を3つに分解する試論を紹介する。第2に，物理的／心理的な時間と市場競争／組織文化との関係を理論的に検討する。第3に，組織の境界に対する新しい見方を提示する。

第2節　能力の分解：天賦，努力，および自覚

　現場力，人間力，会議力，段取り力など，日本語の能力に関する「〜力」（高橋，2009）や，コンピテンシー（永井，2009; 古川，2004）と同じほど，組織能力（ケイパビリティ，ダイナミック・ケイパビリティなどを含む）の概念は論

者によって多様（e.g., Penrose, 2009; Teece, et al., 1997; Ulrich and Smallwood, 2004; 今野, 2007; 坂本, 2009; 中橋, 2005; 藤本, 1997; 矢田, 2004; 古田, 2005; 與那原, 2010）である。

　たとえば，矢田（2004）は，各部署の機能を統合して顧客の価値を作り出すまで途絶えることなく結合してやること，すなわち機能連鎖の創造と維持が組織能力であるという。中橋（2005）もまた，システム的思考に特有の定義をしている。「組織能力とは，企業という組織を通じて種々の資源が適切に組み合わされて，それらが協働することによって生まれる価値創出力を意味している」（中橋, 2005, p. 8, 傍点は引用者），と。

　これらは，協働の対象と協働の運営主体を同一視することにより循環定義に陥っている。能力を要素分解する理由は，こうした循環定義を避けることにある。もっとも，そのような技術・機能に限定したシステム的・経済学的で没個性的な議論は，組織能力をめぐる議論では少数派である。多くはその個性に焦点を当てている。

　そのなかで多くの論者が共通して取り上げている点は，模倣困難性，要素還元不可能性（全体性またはシナジー），ルーティンとその更新（開発），発展段階との関連，アイデンティティ（いわゆる組織間関係をも含む広義の境界），である。

　わけても，ルーティンとその更新は，脱コア・リジディティや脱成熟とほぼ同じであり，能力としての個性を形成する究極の要因であると言える。その必要性の認識と実行こそは経営者の役割である（橋本, 2007）。

　たとえば，吉田（2005）は，環境の分析可能性の有無の観点から，組織能力を，業務ケイパビリティと即興ケイパビリティに分類し，後者の中心にブリコラージュと即興があるとしている。他方，坂本（2009）は，未利用の組織能力（潜在能力）を引き出す方法として，摩擦（対立）を減らすことの意義を試論している。

　しかし，ブリコラージュも即興も，後述するように，基本的には個人レベルの，とりわけ経営者個人に帰属する。栽培思考に対する野生の思考（Lévi-Strauss, 1962）は，組織レベルの議論とは必ずしも直結しないように思われる。ただし，手法としてのブレインストーミングやKJ法が組織的に執り行われ，かつ，それが生産的な成果に繋がるなら，いわゆる知識創造の議論（野中・遠

山・平田, 2010）と接続される可能性はある。

　また，摩擦（対立）を減らせば潜在能力が引き出される面もたしかにある。
が，職場内部での摩擦（対立）をきっかけにして健全な競争が促される例は枚
挙に暇がない。「『人と人を争わせる』技術は通常トップの管理者によってしば
しば使われる」（Simon, 1997, p. 195, 邦訳, p. 301）のである。事業部制はその典
型である（Chandler, 1962）。

　このように，組織能力は当然のことながら個人レベルの能力と密接に関わっ
ている。したがって，以下では，第1に，経営者の能力，第2に，一般従業員
の能力に関する著名な先行研究をそれぞれ検討し，第3に，集団（チームワー
ク）にかかわる個人レベルの能力を分解する。これらは，多岐にわたる組織能
力の諸議論を整理・統合するために不可欠な基礎的作業として位置づけられる。

1　経　営　者

　清水（1983）によれば，まず，現実の経営者は企業家型と管理者型に分類さ
れ，両者に共通して常に欠かせないのが健康と知識である。したがって，健康
または知識のいずれかに瑕疵があれば，それだけで経営者としては不適格とい
うことになる。

　また，経営者の3機能，すなわち，①将来構想，②意思決定，③執行管理，
これらは状況に応じて異なる対応が求められる。したがって，経営者能力は普
遍的なかたちでは存在し得ない。

　そのような特質を前提にして経営者能力を要素分解すると（**表11-1**），主と
して将来構想と意思決定にかかわる企業家型に共通する要素として，野心，使
命感，理念，信念，直観力，想像力，洞察力，判断力，危険をおかす力，不連
続的緊張を自らつくり出す力，が挙げられる。主として意思決定と執行管理に
かかわる管理者型に共通する要素として，包容力，人間的魅力，人柄，倫理感
（ママ），道徳感（ママ），システム意思，時間の有効利用，計数感覚，統率力・
リーダーシップ能力，責任感，連続的緊張に耐えうる力，が挙げられる。これ
らの諸要素は，現実の経営者の記述・説明を成す例示列挙であるとともに，規
範的な側面も持っている（pp. 66-67）。

　したがって，これらの諸要素，健康と知識，状況に応じて異なる対応，これ
らが相俟って経営者能力の必要十分条件を構成する。これらの必要十分条件を，

表11-1　経営者の能力の諸要素

経営者の能力	共通	要素
企業家型	健康と知識，状況に応じて異なる対応	（将来構想）野心，使命感，理念，信念，直観力，想像力，洞察力，判断力，危険をおかす力，不連続的緊張を自らつくりだす力
管理者型	健康と知識，状況に応じて異なる対応	（意思決定と執行管理）包容力，人間的魅力，人柄，倫理感，道徳感，システム意思，時間の有効利用，計数感覚，統率力・リーダーシップ能力，責任感，連続的緊張に耐えうる力

出所：清水（1983, pp. 66-67）

表11-2　諸要素の修正分類

自覚	天賦	努力
状況に応じて異なる対応	一部の健康，一部の知識，野心，使命感，理念，信念，危険をおかす力	一部の健康，一部の知識，時間の有効利用，計数感覚，システム意思，不連続的緊張をつくりだす力，連続的緊張に耐えうる力，想像力，判断力，洞察力，直観力，責任感，人間的魅力，人柄，倫理感，道徳感，包容力，統率力，リーダーシップ能力

出所：表11-1を基にして筆者が分類。

天賦，努力，自覚の面から整理し直せば，以下のようになる（**表11-2**）。

　天賦のものには，一部の健康，一部の知識，野心，使命感，理念，信念，危険をおかす力が含まれる。なぜなら，人は親を選ぶことはできないから，経済的貧困は自我に目覚めるまでの生まれ育った環境そのものであり，それに由来する野心，使命感，理念，信念，また，失うものが何もないがゆえの危険をおかす力，これらは天賦として分類される。逆に，経済的に恵まれているからこそ芽生える慈悲心と表裏一体の野心，使命感，危険をおかす力も，同様にして天賦と位置づけられる。

　努力のものには，一部の健康と一部の知識，時間の有効利用，計数感覚，システム意思，不連続的緊張をつくり出す力，連続的緊張に耐えうる力，想像力，判断力，洞察力，直観力，責任感，人間的魅力，人柄，倫理感，道徳感，包容力，統率力・リーダーシップ能力が含まれる。

　ブリコラージュや即興は，これらのうち，想像，洞察，直観の3つによって表現されていると思われる。野生の思考は確かに天賦（てんぷ）の側面もある。しかし，

孤独な努力のなかで培われる創意工夫がそれにあたると思われるので，想像，洞察，直観の3つは，ここでは努力のものとして分類している。

　自覚のものは，状況に応じて異なる対応，これである。状況には，経営者自身の加齢，部下や同僚の加齢，利害関係者の加齢，マクロ経済，政治関係，なども含まれている。それらは，時々刻々と，かつ，不均一な速度でそれぞれ変化する。対応には，自身の健康と知識をどうするかという心構えも含まれる。

2　一般従業員

　ここでは，正規・非正規を問わず，企業との雇用契約に服する一般従業員を対象とする。

　コンピテンシーとは「職務上の高い成果や業績と直接に結びつき，個人が内的に保有するが，行動として顕在化する，職務遂行能力にかかわる新しい概念」（古川・JMAMコンピテンシー研究会, 2002）である。要するに，目的や成果のイメージとそのための方法の探索の習慣によって伸ばすことのできる，業績直結能力（古川, 2004）である。

　永井（2009）によれば，経済産業省が日本の大学生の教育目標に「社会人基礎力」を示しており，英語ではそれがコンピテンシーに当たるとされる。新卒一括採用が圧倒的に多い日本では，これを日本型コンピテンシーの概念であると言ってよい。それは，成果主義（報酬制度）と成果行動を無理に統合した概念である。これに対して，米国におけるコンピテンシーとは，特定の職務への採用または任用基準のことであり，人事実務上，それと成果主義（報酬制度）とは無関係である。

　以上を要するに，わが国の当局は，広く一般従業員に対して，態度・行動と成果の両面を要求している。したがって，一定の範囲内での個人差は認めるとしても，「社会的基礎力」を備えた個々の従業員は，基本的に代替可能な均質的な存在にすぎず，1人ひとりのキャリアは考慮されてない。

　しかし，あのテイラー（Taylor, 1912）は「科学的管理法特別委員会における供述」において，そう短絡的に語ってはいない。「どんな人でも使いどころによっては，一流になるものです。『二流』の工具には2種の区別があります。1つは仕事をする力はあるがしようとしない人，いまひとつはその身体または精神がその仕事に適していない，またはその仕事をするだけの心的才能をもっ

ていない人たちです。」(Taylor, 1912, p. 174, 邦訳, pp. 456-457)，と。

　これを経営者の能力の３要素と関連させて整理すると，個人レベルの能力は次のようである。すなわち，天賦のものは心身の一部であり，努力のものは実践ならびにその成果としての心身の一部，知識と技能であり，自覚のものは自身のキャリアの展望ならびに内省に基づく努力傾注の範囲と時期の特定，平たく言えば「心構え」である。

　テイラーが指摘している「力」とは，天賦としての心身の一部と，努力の成果としての心身の一部ならびに知識・技能を，「しようとしない」とは，天賦と努力の成果を総動員する意志・意欲の欠如を，「心的才能」とは，天賦・努力を司る自覚を，それぞれ指していると思われる。

　自覚としてのキャリアの展望は，ある一時期において，あるいは常にそれまでの成果としての心身の状態と努力の成果を分析・評価し，内省を経て，相対的にかつ絶対的にその後の自身の余命を検討しつつ人生の方向を定めることに他ならない。相対的に定めるということは，競争相手や自身を支えてくれる人たちとの関係に配慮することであり，絶対的に定めるということは，自身の信念なり思想なりを何らかの形で実現させるのに適切な手段を選ぶか，もしくは信念や思想の一部または全部を修正することである。

　しかし，テイラーによるこうした能力論には重大な側面が欠けている。それは，チームワークの問題である。なぜなら，よく知られているようにテイラーは，組織的怠業を職場から排除するために工具同士の人間関係を切断し，集計的な意味における労使共栄を目指していたからに他ならない。

3　チームワーク

　以下では，チームワークやチームプレイを前提とする個人を対象として，これを要素分類する。したがって，集団や組織のレベルの能力それ自体を対象とするものではない。

　第１に，天賦のものとして，経営者や一般従業員と同様に，一定の知識と健康があげられそうであるが，これには注意が必要である。

　その理由は２つある。まず，ちょうど，われわれの脳や身体の一部が損傷したとき，他の神経や筋肉がその損傷部分を補おうとしてバイパスや代替の機能を果たすのと同様に，知識や健康において，専門性や偏りや未熟な面があるか

らこそ，チームワークやチームプレイが機能するという面が現実にはあること。
次に，先述の通り，組織の構成要素について死者を排除すべきでないという独
特な立場をわれわれが採っていること。

　ここで，死者のみ（または子孫のみ）から構成される組織は観念されるか，
という問題が提起されうる。先述したように，当時の上司である高橋政知から
強い影響を受けた加賀見俊夫は，高橋の死後もその影響下にあった。反対に，
浅野総一郎は，自らの余命がいくばくもない，したがって自ら指揮監督できな
いにもかかわらず，事業に対して情熱を注いだ。その遺志を後世が引き継いで
くれると信じたからに他ならない。いずれの例にも共通するのが時空を超えた
絆である。このように，死者のみ（または子孫のみ）から構成される組織は観
念されうる。したがって，天賦のものとしては，極論すれば，何も求められな
い。それは，いわゆるリーダーなきリーダーシップの議論と通じている。

　第2に，努力のものとして，後述するフォロワーシップ(I)とリーダーシップ
(I)の両方（Collinson, 1985）がある。というのは，チームワークやチームプレイ
にかかわる個人の努力は無関心圏（Barnard, 1968）をその基礎としているから
である。ただし，一般従業員における努力の成果としての心身の一部ならびに
知識・技能の有無が問題となる。なぜなら，死者（または子孫）に関する前述
と同様に，知識・技能の陳腐化・老齢化，あるいは未習得・未習熟であっても，
その人の存在それ自体によって，他の構成員のフォロワーシップを引き出す場
合があるからである。なお，後述するように，フォロワーシップ（(I)·(Ⅱ)）と
リーダーシップ（(I)·(Ⅱ)）は筆者による分類である。

　他方，フォロワーシップ(I)とリーダーシップ(I)のいずれかが欠ければ，ある
いは，その存在を自ら否定するかのような言動があれば，過去にどんなに優れ
た成果や実績があろうとも，チームワークの観点からすれば，その人は努力な
し（無関心圏が存在しない）と評価されざるを得ない。なぜなら，「協働を分
裂するような方法でなされるどんな行為も組織能力（the capacity of
organization）を破壊する」（Barnard, 1948, p. 89, 邦訳, 1990, p. 84）からにほかな
らない。

　ここで言うフォロワーシップ(I)とは，端的に言えば，自らが受容した権威
（としてのリーダー）の下で口出しをしないことである（Barnard, 1968; 国分,
1984; 日野, 2010）。他方，リーダーシップ(I)とは，パーソナルな基軸（志，信念，

価値観，思い，ビジョン，構想，心意気，アイデンティティ）に基づくいわば思想家としての自己研鑽（国分, 1984; 高橋, 1970; 古川, 2004）である。自己卑下や自己蔑視はリーダーシップ(I)を否定する。

　第3に，自覚のものとして，フォロワーシップ(II)とリーダーシップ(II)の両方（Collinson, 1985）がある。これら両方が相俟っていわゆる適材適所を成す。

　ただし，ここで言う適材適所とは，単なる人員配置（staffing）のことではない。時々刻々と変化するパブリックな基軸（目標や課題）に基づく役割分担と，自らのあるいは他者の「隠れた役割」（hidden role）の両方を含んでいる。

　すなわち，やってみれば期待に応えてみせようと自己主張することがフォロワーシップ(II)である。他方，やらせてみれば期待に応えてくれるであろう他人に協力を仰ぐことがリーダーシップ(II)である。これは同時に，ある人の隠れた役割を引き出すため，すなわち未熟な人を育てる目的から，自らを抑えて譲ったり，十分な資格と実績のある人に待ってもらったりすることも含んでいる。さらに，現実的な報酬や条件の提示・交渉や，強気・弱気に見せるタイミングもかかわってくる。

　しかし，フォロワーシップ(I)とリーダーシップ(I)の両方が満たされてなければ，適材適所は意味をなさない。このように，適材適所は，チームワークにおいて個人に求められる能力の，きわめて高度な構成要素なのである。

第3節　相対的評価の罠

　本書では組織レベルの能力それ自体には立ち入らないが，その橋渡しとして，以下では，企業組織の会計的・法的側面と，能力の3要素の関係を整理しておく。なぜなら，冒頭で述べたように，法的・制度的意味での組織の目標設定と，自然人たる個人のそれが同一視あるいは混同される面がある（Ansoff, 1965）からである。

　複式簿記，会計学，各種財務手法の発展により，近代企業は，期間損益（one year rule）と効率性の数値によって統一的に測定され，比較され，評価されてきた（黒澤, 1983）。さらに近年，役員の任期が通常1年であるにもかかわらず，世界の株式市場は1年ルール（の公準）を逸脱して，四半期，さらにそれより短い期間における業績の開示・提出を要請するようになった。

表11-3　企業能力の一分類

天　　賦	努　　力	自　　覚
資本金（利益剰余金を除く），一部のインフラストラクチャー	利益剰余金，資産（模倣困難性，チームワーク，ルーティンなどを含む），一部のインフラストラクチャー	利害関係者，幹部を含む，広義の経営組織

出所：筆者作成

　こうした背景と相俟って，元来，組織と不即不離であるにもかかわらず，とくに1980年代以降，ポーターによる5要因論（Porter, 1979）に代表されるように，経営戦略（政策）は組織から分離され，経済学・産業組織論からのアプローチが主流となった（宇田川, 2007）。

　こうした見地から，企業能力を3要素に分解するなら**表11-3**のようである。すなわち，「天賦」としては，創業者や発起人による元入れ，株主による引き受けと払い込みがある。現金，現物，労務，といった出資形態は，具体的な開業貸借対照表を通して集約的に表現される。「努力」の成果としては，営業中の決算日における貸借対照表がある。「自覚」は，財務諸表には表現されない「何か」である。その何かこそが，利害関係者やその幹部を含む広義の経営組織である。

　短期的・相対的評価は，努力の成果としての財務諸表によって明確にされるが，長期的・絶対的評価は，自覚としての企業文化や経営精神によって抽象的に表現される。結果として，両者の整合性がとれない，または意図的にその努力を怠る自覚があるとき，通常，精神的健康が害され（Hertzberg, 1966），内発的動機づけが低下（Deci, 1995）することで，相対的評価の罠を招き，創業者的な精神，長期的な戦略思考（三品, 2004），あるいは企業文化が攪乱され，破綻を招く。

第4節　おわりに

　会計主体の公準や登記による法人格取得は，それぞれ会社の計算を明確にせしめ，その権利と義務の帰属主体を創造させる，という効果を持つ。しかし，それらはともに対象を物的なものとみるために物理的な時間と親和的である。よって，天賦と努力の成果を把握するには便利であるが，心理的な時間と密接

に関わる自覚という要素が厳格に排除されている。こうして，会計上や法律上の企業や会社の境界はその実態と乖離せざるを得ない。

　サイモンによれば「一体化（identification）とは，個人による組織の決定を左右する価値指標として，個人が自分自身の目的に代えて，組織の目的（サービス目的ないし存続目的）をとる過程である。」（Simon, 1997, p. 295, 邦訳, p. 453）から，成果と能力のトートロジーは，価値指標を観察者や当事者が事後的かつ恣意的に入れ替えた結果と言ってよい。他方，そのような価値指標の混同は，管理の主体と対象の混同でもあり，循環定義の原因となる。

　それゆえに，本章で試みた能力の分解は，そのような一体化と密接にかかわる同一性，または境界の問題を分析するための枠組みとしても貢献する。組織の境界は，短期的・相対的な市場価値に基づく物理的時間のみならず，長期的・絶対的な経営理念に基づく心理的時間を基礎としても分析されるべきである。

　その基礎となる時間の枠組みが，心理的なそれから物理的なそれへシフトすればするほど，その存続は危険にさらされる。逆に，心理的なそれへシフトすれば，どんなに短期的・相対的評価が劣悪であっても，自覚によって，理念に裏付けられた希望が喪失されていないなら，その一体感も失われず，存続の根拠を成す。そのような存続への希望は，会計主体や法人といった物的な境界から，外部者的に認識することは不可能であるが，実際，内部者的にはその実在を観念しうる（Santos and Eisenhardt, 2005）。であるからこそ，どんなに赤字続きでも，破綻を繰り返してもなお，挑み続ける企業が存在するのである。

　経営の理念や精神は，現職の経営者のみならず，他界した先代や遠い昔の創業者によって吹き込まれ，当代に伝播し，また子孫へ引き継がれる。公式組織の3要素（Barnard, 1968）のうち第1に取り上げられ，したがって特別な位置を与えられている「貢献意欲」の根底に，経営の理念や精神，もしくは大切な（であった）人との絆があるとするなら，従来の組織観は修正される必要がある。

　サントスとアイゼンハート（Santos and Eisenhardt, 2005）が言うように，そのような組織観の核には同一性（identity）があり，その境界は，制度的，法的，効率的，といった伝統的なものとは必ずしも同じではない。物理的時間と心理的時間の両者から把握されるこの同一性による境界こそが新しい組織観の本質である。

第12章

感情労働と二要因理論

第1節　はじめに

　感情労働なる概念が問われて以来，その後続研究は，広義の経営学の観点から俯瞰すると大きく3つに分類されるように思われる。すなわち，組織均衡論，個人–環境適合理論，それに動機づけ（高次欲求），これらである。言い換えると，組織，人事労務管理，それに心理である。組織均衡論を動機づけ理論と同じものとして扱う見方（March and Simon, 1993）もあるが，ここでは両者を分ける。

　また，感情労働に関する先行研究を分類した一覧表（佐藤・今林, 2012, p. 282）もある。しかしそれはただ分野別に並べたというレベルで未整理という印象は否めない。

　見方や立場が異なれば演技（感情労働）の効果も異なる。たとえば，就職活動で苦労している学生Aを担当者Xが励ます場面を考えてみよう。大学入学以来，Aはアルバイトやサークル活動に明け暮れていたということが相談のなかで判明したとしよう。本人に対してけっして口に出すことはないけれども，今の苦労はA自身が招いた結果に他ならないとXは受け止める。他方で，早々に内々定を獲得した現役の体育会系の学生Bの目には，友人Aに対するXの言動は偽善的にうつるかもしれない。BがAにそれをどう伝えるかによってXの演技がAに与える効果も変わってしまうかもしれない。

　このように，どの時点・期間でどの視点から何を分析するかという目的によって，感情労働に対する研究の射程は広くもなるし狭くもなる。それゆえに感情労働は，様々な学問領域から，互いに異なる関心に導かれて取り上げられ

てきた。

　一見，それらすべてを包括的に相互に関係づけることは容易でないように感じられる。しかし，先行研究の内容を横断的に見渡せば，冒頭に示した3つの分類は1つの試みとしてではあるが，一貫しているはずである。それを論証しつつ，経営学における感情（労働），すなわち「対人関係」の位置づけを試みること，これが本章の目的である。

　以下では，まず，感情労働の専門別分類を3つの視点からあらためて整理し直す。そのなかで，二要因理論において「対人関係」という項目が衛生要因として扱われることの妥当性を吟味する。次に，心理学や社会学の文脈では無視または軽視されてきた，職場内人間関係＝対顧客サービス＝経営成果，この三者関係を居酒屋の現地調査を通じて明らかにしようとした研究（Fu, 2013）を紹介し，その学術上の意義を指摘する。

第2節　先行研究の整理

1　組織均衡論

　それが伝統的な経済学の枠組みでは明確であるのに対して，組織均衡論は，協働体系という枠組みの下に企業と顧客（市場）の境界（B to C）を曖昧にする（Barnard, 1968）。というのは，企業も顧客も従業員も三者三様に協働体系の「貢献者」として共通しているからである。こうした見方は現実とかけ離れていて違和感を与える（e.g., 中條, 1998）という立場もあり，学界ではいまなお論争の対象とされている。おそらくその論争の根源は，伝統的な権威階層説と権威受容説の違いに求められるように思われる。

　以下にみるように，サービスという商品が交わされる場面においては，提供側のみならず顧客もまた感情「労働」を求められる。たとえば，大学の学部ゼミ選考において，互いに馴染みではない学生と教員が面接をするばあい，サービスの提供者は教員である。にもかかわらず，顧客であるはずの学生は，あたかも自らが慣れない労働を始めるかのような立場に置かれることで，多かれ少なかれ余儀なく精神的緊張を体験する。

　しかし，労働を「貢献」と読み替えるなら，そのような視角はけっして奇異

なものではない。そもそも組織均衡論の前提に含まれている。すなわち,

　　「感情労働における主体と客体は,場面や状況などによる互いに入れ替わ
　る,ということである。」(佐藤・今林, 2012, p. 279)。
　　「われわれはあるサービス産業の前では,感情労働の受け手としてのクラ
　イエントであると同時に,自らも感情労働者として立ち現れなければならな
　いのである。」(崎山, 2008, p. 43)。

　これらに対して,以下のように,顧客からのプレッシャーの大きさを強調す
る文献もある。しかし,こうした見方をとったからといって提供者と顧客の関
係が根本的に変わるわけではない。上記の指摘に鑑みれば,相手の立場からの
表現でしかない。

　　「感情労働の従事者にとっては,状況とは他者によって与えられるもので
　あり,個々の感情管理に関しては裁量が認められるにせよ,相手に一定の傾
　向の感情変化を与えねばならないという制約のもとにある。またその成否は,
　監督者や,本来対等であるはずの相互行為の相手——顧客——から監視され,
　一方的に評価されることになる。」(石倉, 2008, p. 121)。
　　「顧客は労働者による高質で迅速なサービス提供をのぞむので,ミスや手
　抜きによるサービスの劣化や遅滞をゆるさないように労働者の行動を監視す
　る。労働者は管理者のほかに,顧客という『追加的なボス』(Fuller and
　Smith, 1991, p. 11) をもつ。顧客はどんなに友好的に見えようと,労働者に
　とって『潜在的脅威』(Benson, 1986, p. 258) をなすのである。」(鈴木, 2006, p.
　21)。

　他方で,感情労働に対するこのような見方もある。すなわち,「ホクシール
ドの問題関心を学説史的に簡単にまとめるならば,マルクス流の労働の商品化
に伴う自己疎外というテーゼと,ミルズによる人格の商品化論とを接合させる
ことであった。」(崎山, 2008, p. 1), と。疎外や人格商品化は,しかしながら,
労資対立というイデオロギー的な視角から(感情)労働の一面を捉えた表現で
しかない。組織均衡論において労働は貢献(contribution)に他ならず,理論

上，誘因（inducement）を伴わない貢献はありえない。したがって，誘因の内容を明らかにする必要がある。これについては後で取り上げることにする。

　伝統的な経営学においては，科学的管理法に見られるように，生産現場における労使関係の枠組みの下，生産効率の視点から「作業」の管理方法が問題とされた。成りゆき管理から課業管理への転換が主張されることはあっても，生産物が商品として売れるかどうかは別問題であったのである。しかし，高度産業社会の下，生産と消費が同時という特質を有するサービス，その提供にかかわる感情労働にあっては事情が異なる。

　すなわち，「接客サービスの労働過程では，製造業におけるように管理者と労働者の二極的統制構造ではなく，管理者・労働者・顧客の三極的統制構造を設定して，3人の当事者のあいだの複雑な利害関係を考察する必要がある。」（鈴木, 2002, p. 11）。

　したがって，使用者・従業員・顧客の三者関係の枠組みで，職場内人間関係＝対顧客サービス＝経営成果の関係が問われなければならない。これに関しては先行研究がまったくと言ってよいほど存在しない。この章の後段において，このテーマの一部を試みた現地調査の例（Fu, 2013）を紹介する。

2　個人－環境適合理論

　以下では，顧客に対するサービス提供を直接担う者の技能，およびその教育・訓練，人事労務管理の視点から感情労働の先行研究を捉える。このような視点は感情労働研究の主流派といってよいほど数多くの蓄積がある。

　すなわち，「個人環境適合理論は，個人属性と環境特性とが適合（fit）している状態が最も望ましいという前提」であるが，その前提の下で行われた実証研究（関口, 2011, p. 128, 傍点は引用者）によれば，「接客度合いや感情労働への要請が高い仕事環境において，外向性や情緒安定性の高い人物が働くケースで望ましい職務行動を最も高めることが示唆され，個人環境適合理論と整合的」（p. 133）である。

　こうした見方は，一見，従業員の性格に注目してはいるものの，従業員ひとりひとりの個性や精神的成長を軽視ないし捨象しており，かつ企業と市場の「適合」にのみ焦点をあてていることから，功利主義的である。暗示的ではあ

るが，市場に適合しない担当者は文字通り「不適合」ということになる。しかも，仕事の環境も個性も不変，よって人をあたかも将棋の駒であるかのように捉える見方でもある。このような見方に立っている先行研究では，具体的な職業として，①飲食店従業員（アルバイトを含む），②看護師，③ヘルパー（介護士），④教師，⑤損害保険代理人（店業）従業員，などが取り上げられている。順に見てみよう。

①　飲食店従業員（アルバイトを含む）

　「客の気持ちを理解しようとし，客に対して好意的な態度を示すことができることは，（飲食店）従業員として望ましい人物と考えられる。」（須賀・庄司, 2007, p. 81, 傍点は引用者）。

　「従業員として望ましい」という表現は微妙である。なぜなら，誰にとって望ましいかがわかりにくいからである。文脈から飲食店主にとってであることは明らかであり，むしろ「店主にとって都合のよい」と言い換えるべきである。アルバイトによって失われる機会費用を考慮すれば，飲食店従業員という経験が本人のキャリアにとって望ましいかどうかは断言できない。また，店員を指名できる接待とは異なり，飲食店は接客に限定されるため指名替えが利かない。担当店員は偶然の割り当てでしかなく，たとえば常連となって通わない限り他の店員との比較ができない。よって，顧客にとって望ましいとも断言できない。以上から，これは個人－環境適合理論と整合的である。

②　看護師

　「看護師が示す感情的な関わりは，看護師１人ひとりの力量に任されているために，非常に個別的なものである。しかし，多くの看護師が示す行為の共通要素に注目するならば，看護師が労働として提供している感情的な関わりの特性を明らかにすることができるであろう。さらに，それらの特性に基づく尺度の開発も可能となり，個々の看護師の感情労働を測定し，感情労働の要因や影響など他概念との関連を明らかにできると考えられる。」（片山ほか, 2005, p. 21, 傍点は引用者）。

これは看護師の個性を認めつつも,「行為の特性を測る尺度」の開発の意義
を説いている。科学的管理法におけるあの作業研究と同じ手法である。した
がって,個人-環境適合理論に基づいていることは明らかである。ただし,こ
れがテイラーが主張したような労使共栄という思想を伴っているかどうかは定
かでない。

③　ヘルパー

「ヘルパーの向き・不向き感と技能向上には関連性が見られ,向いている
と感じているヘルパーほど技能が伸びている傾向が見られる。」(西川, 2004,
p. 55, 傍点は引用者)。

「サービスの質はサービス提供側に依存するのではなく,利用者との相互
作用の結果としてもたらされる。」(西川, 2005, p. 69)。

まず,ヘルパーには職業適性に対する自覚が不可欠である。次に,現場で利
用者とのやりとりのなかで経験を積めばサービスの質向上が期待できる。した
がってこれは個人-環境適合理論の典型的な具体例である。

しかし,看護師,ヘルパー,いずれもそのサービスの質を定義することは容
易ではない。なぜなら,たとえば「TLC (tender loving care) は,患者を依存
的にさせ,自立を妨げている」(武井, 2006, p. 90) 面があるからである。患者を
回復の見込みのある者,または要介護者(軽度に限る)と読み替えてみればよ
い。病院や介護施設のサービスは,クライアントが受け止める期間の長さ,す
なわち短期・長期で,その成果・質が逆転することもある。

④　教　師

「教師にはカウンセリングスキルが求められる。そのなかでも,受容的態
度,傾聴的態度,共感的態度,純粋な態度(表面的,虚偽的,儀礼的かつタ
テマエではない,純粋で誠実かつ正直な態度),これらは感情労働に位置づ
けられるのではないか。」(杉田, 2010, p. 54, 傍点は引用者)。

「教師への『聖職』の強調,看護師への『白衣の天使』の表象,そして母
親への『聖母』であれという期待などが,誇りやがんばる動機付けともなる
一方,感情労働を強いている側面がある。」(戸田, 2008, p. 28)。

「純粋な態度」には微妙な面があるため後で取り上げることにする。ここでは「受容的・傾聴的・共感的な態度」に注目したい。教師にそのような態度スキルを求めているのは児童・生徒・学生ではなく教育機関に他ならない。そのようなスキルを現場でかつ適時に表出できるのなら，個性は問われず，担当者は誰であってもよい。したがって，個人−環境適合理論と整合的である。

⑤　損害保険代理人（店業）従業員

佐藤（2011）によれば，従業員のストレスの原因は，自分の知識不足と，契約者や被害者との対応のなかで生じる板挟みの状況，これら2つである。前者に関しては，業務に関する知識を身につければ正確な対応と自信に繋がる。後者に関しては，必要に応じた業務としての割り切りによって感情をコントロールすることで回避される。こうした技能は3～4年の経験を積むなかで形成される。

①から④の例と同様に，これまた個人−環境適合理論に即した研究であるかのように見える。しかし，「知識獲得，割り切り，それらに基づく自信」は，必ずしも人事労務管理の視点やその範疇（はんちゅう）に留まるものではない。「知識獲得と割り切り」はどちらともとれるが，「自信」には，個人−環境適合理論を超えてその業務に限定されない精神的成長，ひいてはその後の転職の可能性という広がりも含まれている。

ただし，「割り切り」は，「心を読む」のに不可欠なEI（Emotional Intelligence: 武井, 2006）と同様に，年齢・個性・性とも関係する，きわめて高度な技能である。そもそも感情労働は，割り切りがうまくできない人（解離またはバーンアウト）の存在，あるいはできるがゆえに隠蔽（いんぺい）される人格商品化，それらを背景に登場した概念であると言ってよい。

また，それまでの感情労働の研究においては，上記③における引用「利用者との相互作用」，あるいは，②とは異なるが看護師における「マニュアルにはない対人関係のスキルもなければ，実際には職場でうまくやっていけない」（武井, 2006, p. 189）といった指摘はあった。しかし，具体的なその技能の形成に必要な期間は，個人差などを理由に曖昧なままとされてきた。

3 対人関係の位置

以下では，上記⑤でみた「自信」や希望を手がかりに，組織均衡論や個人－環境適合理論とは異なる見地，すなわち動機づけ（高次欲求）の視点から感情労働に取り組んでいるとみられる先行研究を整理する。

それらは大きく2つに分類される。第1に，そもそも（感情労働を伴う）仕事それ自体にポジティブとネガティブの両面が存在しているという主張，第2に，仕事のなかで行われる感情管理は日常生活あるいは人生の一部として広く捉えるべきであるという主張，これらである。

「『仕事の中の幸福』を感じ続けるためには，仕事の中にのみ幸福を求めすぎないこと，私生活との間でのバランスされた『投資とゲイン』が必要なことを，バーンアウトという現象は教えてくれている。」（久保, 2007, p. 62）。

「教師の感情労働は，強制され，他律化されるという一面をもちながらも，それと同時に，日常的な教育行為を成立させるために教師自らが行うという戦略的な側面をもつものである。」（伊佐, 2009, p. 140）。

「経営学の組織行動論としては，組織も，生存，勝ち組が時代のキーワードとなっているが，希望や夢や楽しみなどのポジティブ心理学のテーマを忘れては，行為の範囲が硬直的になってしまう。緊張感をもって行為を起こすには，危機感のようなネガティブな感情もいるだろう。しかし，創造と革新を最後まで持続す（ママ）エネルギーでやり遂げるには，夢，希望がいる。」（金井・高橋, 2008, p. 12）。

「感情労働が職務満足感や職務満足感に与える影響については一貫した結果が得られていない。それは，感情労働が労働者にとって常にネガティブな影響を与えるのでなく，職業生活にポジティブな影響をもたらす可能性があることを意味する。」（須賀・庄司, 2008, p. 144）。

これらの引用に共通する点は誘因と貢献のバランスである。ただし，この章においてはこれらを組織均衡論の観点からの分類とはしていない。なぜなら，第1に，久保（2007）はワーク・ライフ・バランスの下における誘因と貢献を指摘しているのに対して，伊佐（2009），金井・高橋（2008），須賀・庄司（2008）

は，仕事のなか（したがって参加ではなく生産の意思決定）での誘因と貢献を
指摘しているからである。第2に，(1)において分類された研究がサービス提供
者と顧客の二者間における監視・脅威・互酬（参加の意思決定）を議論してい
るのに対して，これらは提供者の精神的成長や希望（生産の意思決定）に光を
当てているからである。さらに第3に，ポジティブな面，すなわち超過貢献を
引き出している主観的な誘因が物的なそれ（cf. 衛生要因）ではなく非物的な
それ（cf. 動機づけ要因）であるからである。

　やや抽象的ではあるが，動機づけ（高次欲求）の観点から表現しているのが
以下である。

　「感情管理が，当事者が感じている感情Aと，その状況に応じて要請され
ている（と当事者が考えている）感情Bの葛藤状況において生じるのだとす
れば，日常生活における感情管理と，感情労働者のそれとの間に差異はな
い。」（石倉, 2008. p. 120）。
　「感情労働ということばすら知らず，お客様からのリアクションに喜びな
がら仕事をしている者にとって，それは労働うんぬんというよりは，コミュ
ニケーション。技術ではなく，人間性すべてであたるべきもの。」（波多野,
2002, p. 21）。

　次に，感情労働の概念を超えて，対人サービスという仕事に内在するその職
務の高貴さ（聖職），それに基づく動機づけ要因（高次欲求）こそがその職業
の存在理由となっている点，いわば論者の職業観を説いているものを整理して
紹介する。

　「介護の特徴を明らかにするのには感情労働概念は必要条件であるが十分
条件ではない。」（長谷川, 2008, p. 133）。
　「疎外図式ばかりにとらわれていれば，感情労働者の生きる姿を見過ごし
てしまいかねないし，それは感情労働者を矮小化しているに過ぎない。感情
労働概念を用いて秘書職を分析するということは，秘書職の『感情』をつぶ
さに記述し考察することによって秘書職の生きる姿を浮き彫りにすることで
ある。」（伊勢坊, 2009, p. 13）。

「重度の植物患者や痴呆末期の患者のうちに，看護師は好きになれる部分を探す。その人はもともとどういう人だったのか，その人の歴史を聞くと看護の質が上がる。こうした患者ストーリーにすがることまでして他者を看護しようとする人々の行為は，感情労働というような概念に収まるものではない。人をケアする労働は，感情労働として始まっても，感情労働では終わらない。」（石川, 2005, p. 15）。

「リハビリテーション専門職は，長期間にわたりクライエントと関わり，そして長期間に渡り接する職務である。そこでの感情作業は時に楽しいものになり，時にはつらいものとなっている。」（富樫・戸梶, 2007, p. 40, 傍点は引用者）。

「対人サービス（生活保護ケースワーカー）においては，その労働に対する見返りは「貨幣」や組織による評価だけではなく，クライアントから受け取る様々な反応や「感情」である。」（小村, 2006, p. 62）。

こうしてみると，要するに自らの仕事（サービス提供）に人生や夢，そこまで崇高でないにせよ，少なくとも希望や誇りを重ねられるかどうかが重要であることがわかる。

アシュフォースとハンレイによれば，感情労働には，表層演技と深層演技のほかに，第3のタイプ，自発的なまことの感情（spontaneous and genuine emotion）がある。ホックシールド（Hochschild）が言う意味でのしなければならない感情労働なしに，サービス担当者は自然に，期待どおりの感情を表出していると感じているかもしれない。たとえば，ケガをしている子どもを見て感情を移入する看護師は「演技」をする必要がない（Ashforth and Humphrey, 1993, p. 94）。これは上記④の教師に求められる「純粋な態度」と同じとみてよい。

ただし，「期待どおり」という点は重要である。なぜなら，自然に発せられた感情は，ちょうど個人−環境適合理論に見られるように，感情労働としての質を担保するために適切な感情表現に関するその組織の感情規則と合致していなければならないからである。

アシュフォースとハンレイは，さらにこう論じている。「従業員は，自らの職業上の役割にアイデンティティを見いだしているばあい，求められている感

情を自然な経験から表出するものである。」（Humphrey, 2013, p. 83），と。

　自らの役割をどうまっとうするかに関して，アイデンティティはその知識と期待を含んでいる。たとえば，新米のウェイターやウェイトレスはこう考えるかも知れない。給仕役たる者，その顧客が常連か一見かに応じて振る舞うべきである，と。また新米のそのような考えによって，従業員の振る舞いも左右されるかも知れない。従業員が自分の役割を自分の性格やアイデンティティの不可欠な要素であると考えれば考えるほど，その期待に応えて模範的な役割を演じるべきである。従業員はそのように動機づけられる（van Knippenberg, van Knippenberg, De Cremer and Hogg, 2004, 2005）。

　このように，サービスの提供という「対人関係」の仕事にアイデンティティを見出すということは，表層演技や深層演技とは異なる「自発的なまことの感情」につながる。よってそれは，その仕事に人生や夢，あるいは希望や誇りを重ねられるということに他ならず，衛生要因としての低次欲求（物的・金銭的報酬など）ではなく動機づけ要因としての高次欲求（承認・尊敬など）と関係している。

　したがって，「従業員（部下）がその仕事にアイデンティティを感じるようにしてやれば，上司はその振る舞いを改善できる。その仕事が自分にとって重要と思えば，従業員はその仕事をきちんとやりたいと思うであろう。」（Humphrey, 2013, p. 93）。

　一部例外（動機づけ要因への倒錯という実例：Herzberg, 1966, pp. 97-121, 128, 邦訳, pp. 114-138, 145, 第3図-第19図, N = 17）を認めつつも，ハーツバーグは対人関係を衛生要因と位置づけている。しかし，これまでにみてきたように，対顧客サービスの提供に関する限り，それは動機づけ要因として修正されるべきである。残る問題は，それが職場におけるストレスの主原因であるとして（内田, 2008; 厚生労働省「労働者健康状況調査」），あるいはその逆で「上司や仲間との関係が良好ならそれが動機づけとなって接客にも好影響となる」（須賀・庄司, 2009, 2011）ものとして，対人関係の問題が対顧客に限られないという点である。

　すなわち，上司，部下，同僚など，対顧客でない対人関係も職場には存在する。ただし，対人関係は，人間関係論において取り沙汰される非公式組織（集団）と同じではない。

第3節　居酒屋の事例 (Fu, 2013)

　以下では，職場内人間関係＝対顧客サービス＝経営成果，この三者関係を居酒屋の現地調査を通じて明らかにしようとした研究 (Fu, 2013) を紹介し，これまでの議論をふまえてその学術上の意義を指摘する。

　2012年11月に実施されたこの調査の目的は次の３つを検証することであった。

(Ⅰ)　居酒屋という職場において，上司（主に店長）との人間関係は接客サービスに影響しているか。

(Ⅱ)　居酒屋という職場において，同僚との人間関係は接客サービスに影響しているか。

(Ⅲ)　上司との人間関係，同僚との人間関係は間接的に店の売上または利益にも影響しているか。また，影響がある場合，それぞれの影響はどのような特徴があるか。

　調査対象は，長崎市内の５つの居酒屋の店長（あるいは経営者）と接客従業員である。家族経営，個人経営，チェーン店も含まれている。したがって，規模，従業員の年齢層など，職場の要素も多様である。

1　属性による差異

　調査の結果，(Ⅰ)と(Ⅱ)に関しては，各回答の人数から見て，居酒屋という職場において，上司（主に店長）との人間関係，同僚との人間関係は接客サービスに大きく影響するかどうかははっきりしない。

　しかし，調査票を仔細に検討した結果，「従業員の年齢が低いほど，職場の人間関係の接客サービスに対する影響が大きい」という傾向が見られた（cf. 須賀・庄司, 2010）。また，回答者の中では「男性従業員のほうが女性従業員と比べて，上下の人間関係の接客サービスに対する影響がより大きいと感じている」ということが明らかとなった。これらの発見はこの調査の前には予見されていなかった事実である。

　ハーツバーグは「対人関係」を衛生要因としている。まず，そのこと自体が，この調査結果からもわかるように，再検討される必要がある。なぜなら，動機づけ要因としての側面が多かれ少なかれあるからに他ならない。また，対顧客

サービスと職場内人間関係の関係についても，提供者の性別，年齢，経験に応じて，一定の傾向があるかどうかを，今後さらに検証する必要がある。従来とは異なる新しい人間モデルが必要なのかもしれない。

2　経営成果との関係

　(Ⅲ)に関しては，短期的に影響があることは確認されたが，中長期的に影響があるかどうかははっきりしない。調査の方法・期間ゆえに，この結論はやむを得ない。

第4節　おわりに

　サービスが主要な産業である現在，ますます多くの人たちが，職場の人間関係，あるいはそれ以外の場面における対人関係で悩みを抱えている。ホックシールドは，肉体労働，精神労働とは別に，感情労働という概念に光を当てたが，それらはいずれも経済学や社会学の範疇の概念である。

　米国における使用者と従業員の双方に関するインセンティブの40年間の変遷の調査（Wiley, 1995; Menninger and Levinson, 1958）に基づいて，「上司は理論を知る必要はあるが，部下のインセンティブは安定しないから直接本人に訊くべきである。」といった，部下の動機づけの問題を単純に扱っている文献（e.g. Kim, 2006）もある。しかし，自発的なまことの感情を欠く態度なら，本章の冒頭で紹介した学生と教員の相談のような例では，早晩，混乱や誤解を招くであろう。

　本章では，経営学の立場から，感情労働の先行研究を，３つの観点，すなわち，組織均衡論，個人－環境適合理論，動機づけ理論（高次欲求），に分類して，慎重に吟味した。そのうえで，表層演技でも深層演技でもない「自発的なまことの感情」，それと同時にその仕事に見出されるアイデンティティー，二要因理論における「対人関係」の位置づけを，それぞれ考察した。

　その結果，部下の動機づけの問題の所在と本質が明らかとなった。また，職場内人間関係＝対顧客サービス＝経営成果の三者関係に関する調査（Fu, 2013）における発見事実から，従業員の年齢と対人関係の間の関係，とりわけ上下間における対人関係に関する性差，さらには，中長期的な経営成果との関係，こ

れらを中心に，研究の蓄積が求められる。そうした作業の積み重ねによって，人々の，対人関係をめぐる無用なストレス・不安を予防し，かつ，仕事に関するアイデンティティーを基礎とした充実した生活を獲得するための道が拓ける。

第 **13** 章

組織均衡論と二要因理論

第1節　はじめに

　かつて組織均衡論をめぐって展開された二村（1971）と土屋（1976）の間での論争に対して，両主張を越えて，組織動態の一般理論構築に向けて相対所得仮説（Frey and Stutzer, 2002）とエートス（以下，価値という）の概念の摂取が有効であること。これを本章は論証する。

　第1に，組織均衡論をめぐる批判と反批判を振り返る。第2に，ハーツバーグによる二要因理論の見地に立ち，マーチ＝サイモン（March and Simon, 1993）における組織均衡論を『オーガニゼーションズ』に基づいて読み解き，物的誘因と非物的誘因の間で揺れがあること，すなわちあたかも二要因が峻別されない「総合的満足」の誤謬と類似の側面が見出されること，さらに，組織革新の理論において物的誘因への傾斜が見られる点を明らかにする。第3に，相対所得仮説と価値の両方がハーツバーグによる指摘と親和的であることから，二村と土屋の論争を越えた組織動態の一般理論の構築可能性を示唆する。

　希求水準の議論は組織均衡論と組織革新論を理論的に接合しうる位置にある。よって，希求水準の解明と，その変化のメカニズムの探究は，組織革新の十全な説明，すなわち組織動態の一般理論の構築に資する意義をもつ。

第2節　組織均衡論をめぐる論争

　バーナードによって創始され，マーチ＝サイモンによって引き継がれたとされる組織均衡論は，参加の決定と生産の決定を峻別しており，かつ，操作的な

諸命題から成る体系を持っていることから，旧来の学説とは一線を画している
と言われた。しかし，その後の心理学分野における進展をふまえて，そのよう
な組織均衡論の学術上の意義について批判と反批判が交わされた。

　まず，二村（1971）による批判の骨子はこうである。マーチ＝サイモンにお
ける組織均衡論には，誘因が正の効用，貢献が負の効用，という仮定がある。
しかし，人は仕事を通じて精神的に成長したり希望を得たりするので，貢献に
は，他の構成員との人間関係に由来する正の効用もあるはずである。したがっ
て，マーチ＝サイモンによる仮定は不適切である。

　これに対して，土屋（1976）による反批判の骨子はこうである。マーチ＝サ
イモンの組織均衡論は，単なるモチベーション論として捉えられるべきではな
い。「やめるにやめられない」という現実（門脇, 1968a, p. 90）[1]に鑑みれば，こ
れを活動提供の一般理論として見ることもできる。しかし，バーナードが指摘
する8つの誘因（Barnard, 1968, pp. 139-149, 邦訳, pp. 148-155）[2]を考慮すれば，
たとえば，威信や地位や作業条件の変更を求める駆け引きなどによって，定型
化された行動プログラムのモザイクへの働きかけをきっかけとして，組織動態
の一般理論の基礎として積極的に捉えられるはずである。

　要するに，マーチ＝サイモンによる組織均衡論は物的報酬に過度に依存して
いて，非物的報酬からの影響を軽視・無視している。よって伝統的な経済学の
枠組みと同じである，これが批判のポイントである。他方，マーチ＝サイモン
は，バーナードによる組織均衡論を，動機づけ理論へと矮小化している面はあ
るものの，組織動態の一般理論の基礎として積極的に再評価できるのではない
か。これが反批判のポイントである[3]。

第3節　マーチ＝サイモンによる組織均衡論

　以下では，ハーツバーグによる二要因理論の見地から，マーチ＝サイモンに
よる組織均衡論に関する引用・記述を批判的に読み解く。なぜなら，サイモン
（Simon, 1997, chapter 6），サイモンほか（Simon, Smithburg, Thompson, 1991），マー
チ＝サイモン（March and Simon, 1993）で述べられている誘因（inducement or
incentive）が，非物的なそれよりも物的なそれに傾斜しており，したがって，物
的・非物的誘因（material or non-material inducement）の双方を注意深く扱ってい

るバーナードによる組織均衡論がむしろ継承されていないと思われるからに他
ならない。

1　二要因理論の特質

　まず，ハーツバーグによる二要因理論の要点を明確にしておく。この理論は，
衛生要因と動機づけ要因が完全に分離された二元性にその特質と特長がある。
ハーツバーグはあたかもバーナードの組織均衡論に回帰しているかのごとく，
ちょうど物的誘因と非物的誘因に対応するかたちで，職務不満要因と職務満足
（動機づけ）要因を峻別している。さらに，以下のようにマズローを批判して
いる。

　たとえば，「マズロー理論には落とし穴がある。低次欲求が満たされること
は絶対にない」（Herzberg, 1976, p. 48, 邦訳, p. 71）ばかりでなく，「不幸を減ら
そうとして金銭を欲するのは正常であるが，幸福のために金銭を追求するのは
異常である。心理的苦痛を減らそうとして身分を欲するのは正常であるが，幸
福を期待して身分を追求するならやはり異常である」（Herzberg, 1976, p. 65, 邦
訳, p. 94）[4]からである。したがって，マズローによる欲求5段階説は，これを
低次欲求と高次欲求の2段階に簡素化し，かつ，それらが互いに次元を異にす
るものとして，全体的に修正される必要がある。

　それゆえに，両者を合成して一元化した「総合的職務満足」あるいは「総合
的満足」という概念には意味がないし，それに基づいた何らかの仮説を検証し
てもその結論は不毛である（Grigaliunas and Wiener, 1974）。それはちょうど，
愛憎が対立する感情ではなく異質で独立した感情であることに鑑みれば，愛憎
を一元的に見ることが重大な誤解を招くのと同じ理屈である。

　加えて，ハーツバーグによれば，「二要因理論は老齢化の個人差と文化的規
範を考慮する必要がある」（Herzberg, 1976, pp. 324-325, 邦訳, pp. 451-452）。これ
は，「衛生要因の改善が短期効果しかないのに対して動機づけ要因の改善が長
期効果を持つという，両者のダイナミクス」（Herzberg, 1976, p. 101, figure 3, 邦
訳, p. 136, 表2-4）とも首尾一貫する。このようにハーツバーグは，人を，ヒ
トとして肉体的側面のみを扱うのではなく，心も寿命もある人格として総合的
に捉えている。その点はマズローとも共通してるが，満足と不満に対する捉え
方が既述の通り大きく異なっている。ハーツバーグによるこういった指摘は，

後述するように，相対所得仮説や価値と親和的である。

2　『オーガニゼーションズ』の分析

　サイモンの関心の１つは人間行動を解明することであった（March and Simon, 1993, p. 21, 初版邦訳, p. 5）。また，不確実性の研究から，人間の何らかの行為を予測する際に「人は如何にして期待や信念などを形成していくのか」を明らかにする必要性をサイモンは説いていた（Simon, 1985, p. 300; 高, 1995, p. 447）。その意味で，ウェーバーのそれと共通していたと言える。なぜなら，「ウェーバーによれば，エートスはどんな社会にもあるが，滅多なことでは変化しない。ただし，条件次第では変化することもある。宗教改革によって，カルヴァン派の人々の間で起こった。このエートスの変化が，それまで不可能であった近代資本主義社会を成立させる，決定的な契機であった」（橋爪・副島, 2011, p. 159）からである。したがって，マーチ＝サイモンにとっての組織（わけても革新）という研究対象は，ちょうどウェーバーにとってのエートス（の変化）という研究対象，これと類似の関係にある。

　けれども，マーチ＝サイモンは，先行する科学的管理法と人間関係学派を批判することにより，バーナードによってその意義が強調された「非公式組織」を分析対象から排除し，公式組織のみをその理論的な分析対象とした（March and Simon, 1993, p. 20, 初版邦訳, p. 3）。その結果，以下にみるように，マーチ＝サイモンは，非物的誘因の存在を認めながらも経済的・物的誘因に傾斜しているように思われる。

　第１に，賃金報酬を強調している記述を確認する。

　　「人間についてのモデルのうち，経済的な誘因を軽視しているものは，たいていの人間にはあてはまらない，貧弱なモデルである。」（March and Simon, 1993, p. 80, 初版邦訳, p. 95, 原文を参照のうえ改訳を施している）。

　　「効用関数についての３つの仮定：(1)効用関数は緩慢にしか変化しない(2)効用関数は，それに対応する誘因ないし貢献に関して単調である。賃金の増額のもつ効用がどうであるかわからないとしても，それは正である。(3)とても広範な階級にわたり，人々の効用関数はほとんど同一である。所与の下位文化の中では，価値観にいちじるしい違いはない。」（March and Simon, 1993,

p. 106, 初版邦訳, p. 132, 原文を参照のうえ改訳を施している。傍点は引用者による)⁵。

第2に，非賃金報酬の存在を認めているものの，それと賃金報酬との関係を明確にしないまま引用または記述している部分を順次，検討する。

　　「動機づけの手段としての賃金という誘因の自動的なききめに対して深刻な問題が投げかけられている。その一般的な結論は，すなわち，(a)賃金支払額は，報酬体系の中の数多くの報酬のうちの1つ（しかし1つのものとしてはおそらく最大のものだが）にすぎない。(b)（略）(c)これらの効用は，希求水準の変動につれて，時とともに変化するものであり，そのため賃金誘因の効果は，安定していない。」(March and Simon, 1993, p. 38, 初版邦訳, p. 29, 原文を参照のうえ改訳を施している。傍点は引用者による)⁶。

ここで彼らは，誘因/貢献の差引がゼロの点と，離職する/しないの分水嶺が必ずしも合致しない原因を非賃金報酬にあることを示している。しかし，両者の関係は明らかにされず，単純化によって論点がそらされているようにみえる。

　　「生産部門のある従業員が満足していない（dissatisfied）と想定しよう。そのばあい，代替的選択肢は次のようである。(1)その組織を離れる。(2)その組織の生産規範に従う。(3)生産を向上させずに満足の機会を求める。」(March and Simon, 1993, p. 70, 初版邦訳, p. 78, 原文を参照のうえ改訳を施している)。

ここでは生産性と満足（satisfaction）の関係について議論している。しかし，その満足が，職務不満要因の解消によるものか，職務外における満足要因の探索ないし獲得によるものか，それとも両方なのか，不明である。

　　「雇用関係から退出する動機について，3つの命題を言明できる。(1)個人自らが掲げる職業適性とその職務の性質について，その合致の程度が高いほど，満足水準も大きい。（略）(2)その職務とその遂行手段との関係が予測可能であれば，満足水準も高い。（略）(3)職務上の要請と他の役割の要請が両

立していれば，満足水準も高い。」（March and Simon, 1993, p. 114, 初版邦訳, pp. 143-144, 原文を参照のうえ改訳を施している）。

ここで引用されている満足水準（level of satisfaction）は，明らかに非物的誘因と関係している。にもかかわらず，以下のように述べている。

「『満足できる』状況がどういうものであるかを決める一連の基準をもつ，あるシステムを考えてみよう。ある有機体にとって，こうした基準には，空腹にならないとか，危険があってはならない，といった要件が含まれるかもしれない。企業にとっては，『満足』の要件は，特定の利益水準，市場占有率，財務上の流動性，であるかもしれない。」（March and Simon, 1993, p. 196, 初版邦訳, p. 267, 原文を参照のうえ改訳を施している）。

ここで述べている満足できる（satisfactory）状況は，明らかに物的誘因と強く関係している。
第3に，組織革新を導く最適ストレスに関する記述を吟味する。

「一般的な仮説として，革新は，組織に対する『ストレス』が高すぎも低すぎもしないときに，もっとも急速でかつ激しいものになるだろう。」（March and Simon, 1993, p. 205, 初版邦訳, p. 281, 原文を参照のうえ改訳を施している）
「革新についての仮説のすべては，革新の過程それ自体はプログラム化されないという仮定に立っている。このモデルでは，革新への刺激は外在的である。」（March and Simon, 1993, p. 205, 初版邦訳, p. 281, 傍点は引用者による）。

これらから確認できるように，革新のモデルにおいてマーチ＝サイモンは，組織を定型化された行動プログラムのモザイクとみている。であれば，ストレスに繋がる刺激は物的誘因に限定しなければ外在的（external）たりえない。さらに，刺激を自生的（natural）とするために，定量化できる変数（売上や利益，または研究開発の成果）の値の増減（first derivatives）に注目することを説いている（March and Simon, 1993, pp. 205-206, 初版邦訳, pp. 281-282）。よって，非物的誘因はストレスの構成要素から排除されている，と解することができる。

　以上みたように，ストレスが革新の契機であることは間違いない。ただし，彼らが組織を行動プログラムのモザイクとみる限り，その契機は物的誘因に限定される。この点，二村による批判は妥当である。他方で，組織動態の一般理論の構築を目的とする土屋による反批判が論理的に整合的なものとなるには，マーチ＝サイモンの組織観に修正を加える以外に手はない。

　にもかかわらず，土屋の主張には相応の根拠がある。なぜなら，組織動態の一般理論の構築のための手がかりもあるからである。たとえば，以下のとおりである。

　「人間は，機械とは対照的に，他の人々の価値観に照らして自分の立場を評価し，他の人々の目的を自分の目的として受け入れるようになる。」(March and Simon, 1993, p. 83, 初版邦訳, p. 100, 原文を参照のうえ改訳を施している。傍点は引用者による)。

　「自己イメージは変化する。とりわけ，自己イメージは，希求水準の変化に対応して変化するのと同様に，環境条件の変化に対応して変化する。身分，賃金，職務上の希求は，経験や，自らに匹敵すると思われる他者との比較に応じて，変化する。」(March and Simon, 1993, p. 116, 初版邦訳, p. 146, 原文を参照のうえ改訳を施している。傍点は引用者による)。

　「個人の希求水準にかかる重要な命題は，希求水準は時間が経過すると，実績の水準に順応する傾向がある，ということである。」(March and Simon, 1993, p. 203, 初版邦訳, p. 279, 原文を参照のうえ改訳を施している)。

　なるほど，希求水準は時間とともに変化する。しかし，以下の議論は微妙である。すなわち，そのような変化を「不満へのゆるやかな対応という日本的経営の真の強み」(川端, 1982) とする評価。業績主義や能力主義が原則として過去の実績によって賃率を定めるシステムであるのに対して，伝統的な日本的年功序列制度が目先の利益分配ではなく内部留保によって将来の拡大成長を志向した未来傾斜原理に基づく (高橋, 1996a, 1996b) ものであるという主張。変革へのエネルギー源となる現状に対する不満を「よい不満」(加護野, 2012) とする解釈。これらである。なぜなら，いずれも，あたかも満足と不満を一元的に捉えている (総合的満足の概念を採用している) かのように見えるからに他な

らない。

　たとえば，日本的経営が，動機づけ要因を基礎に現時点の衛生要因を決定するシステムである，と高橋は言う。しかし，彼の調査項目には，「現在の職務に満足感を感じる」，「チャンスがあれば転職または独立したいと思う」，この2つしかない。これではマーチ＝サイモンと同様であり，二要因との関係が不明瞭である。

　他方，加護野は，雇用の不安定を「悪い不満」としている。「不満」は衛生要因に関することで間違いないであろう。そのうえで，かりに，「よい」を動機づけ要因を伴う，「悪い」をそうではないとみるなら，組織動態の一般理論の構築にとって示唆に富む表現である。川端の議論は，どちらかと言えば高橋の説に近いように思われる。

第4節　相対所得仮説と価値

　これらの解釈に加えて重要なのは，フレイ＝シュトゥッツァーにおいて実証的に確認されている「相対所得仮説」である。すなわち，組織動態の契機は，二要因にあてはめれば，「不満」もしくは「満足でない」状態に求められる。

　まず，前者は単純な定量的要素の増減以外に何を基準とすべきか………たとえば，基準となる対象は過去の自身（自社や自社の前身など）の姿なのか………という問題が残る。それに対する1つの答えが相対所得，すなわち，たとえば同世代の他者（たとえば，社齢に大差がない同業他社）との関係を前提とする相対的な判断の尺度である。

　次に，後者は非物的誘因としての価値と関連する。相反する価値が鋭く対立するとき，双方とも変化せざるを得ない。しかも，その変化の方向に注目すれば，互いが歩み寄り旧が新を抑えることもあれば，互いに斥けあい旧が消えて新のみが残ることもある。実際の組織革新はそれら両者を含む。たとえば，チャンドラー（Chandler, 1962）が導出したシュンペーター流の「組織革新」の本質は，価値の交代である。

888

8888

888888

88888

第5節　おわりに

人はなぜ「その職場で」働くのか。なぜ「その人（たち）と」働くのか。これは，人はなぜ働くのかという単純な，しかし奥の深い問いとは本質的に異なる。それらの問いを無造作に繋げると，マーチ＝サイモンが陥ったような誘因の特定におけるぶれを招く。重要なのは，協働の相手，すなわち人間関係と，職務の遂行と達成に対する期待感である。この点，バーナードは慎重であった。なぜなら，手足の寄せ集めとしての公式組織と心の拠り所[7]としての非公式組織，これら両者の関係を丁寧に論じているからである。

行き届いた社会保障下で，衛生要因だけが希求水準を左右することはありえない。逆に，動機づけ要因はすべてであると言ってよい。こうしてみると，加護野が言う「よい不満」は，用語としての妥当性は別として，理論的には意味深長である。

長寿社会にあって，長期的な効果を持つ動機づけ要因もしくは非物的誘因の具体的な展開は，きわめて重要である。組織均衡の概念は元来，営利企業に限定される概念ではない。山本（1968）や門脇（1968b）が喝破したように，（マーチ＝サイモンによるそれではなく）バーナードによる組織均衡論は，クラシック中のクラシックである。二要因理論の見地から組織均衡論を再考した結果，相対所得仮説と価値の概念を摂取することで，かつての論争を越えて，組織動態の一般理論への道が拓かれるように思われる。

●注

1　個人の組織に関する認識の見地から，人間モデルの変遷をふまえて意味充実人モデルを提唱した研究として寺澤（2012）があげられる。

2　ただし，バーナードは特殊的誘因4つと一般的誘因4つにわけているが，これら8つの誘因は，物的誘因6つと非物的誘因2つに再分類できる。

3　組織均衡論をめぐる論争に関する主な先行研究には，占部（1965），門脇（1968b），川端（1982），眞野（1990），山本（1968），などがある。組織動態研究のサーベイについては，稲葉・山倉（1985）を参照。

4　幸田（1996）は，マクレーランドの達成動機説（達成欲求，権力欲求，親和

欲求)，マズローの5段階説，アルダーファーのERG理論（成長欲求，関係欲求，存在欲求），マグレガーのX・Y理論，ハーズバーグの動機づけ・衛生要因，これらを相互に対応（p. 114, 表5-1）させようと試みているものの，個々のレベルの連続・不連続，あるいは次元の異同が不明瞭である。また，ハーズバーグの説にも問題がないわけではない。たとえば，動機づけ要因への倒錯という実例（Herzberg, 1966, pp. 97-121, Figure 3-19, 邦訳, pp. 114-138, 第3-19図, N = 17）をふまえてもなお，「対人関係」を衛生要因としていることが妥当かどうかがそれである。

5　3つの仮定の妥当性に関してはFrey and Stutzer（2002）を参照。

6　「安定していない」理由の1つにアンダーマイニング効果がある。

7　グレープヴァインに加えて，挫折・落胆を癒し，理想・希望を育む機能を持つ。

あ と が き
（謝　辞）

本書をとりまとめるまでには，多くの人たちからご支援をいただきました。

講義のレポート課題，演習での議論や意見交換を通じて，豊かで知的な刺激を与えてくれる現役の学部生・院生の皆様。1993年来の林ゼミOB・OGの皆様。

快適で自由な研究環境を提供していただいている勤務先の皆様。また，関連する学会の九州部会・支部の研究会・例会等で議論させていただいている諸先生。

学部・修士課程時代の指導教官である故・稲葉元吉先生。博士後期課程時代の指導教官である岸田民樹先生。紫苑研究会主宰，内藤勲先生をはじめとする研究会の諸先生。

また，本書（第2版）を上梓するにあたり，株式会社中央経済社の納見伸之氏にはたいへんお世話になりました。

最後に，私事にわたりますが，いつもあたたかく励ましてくれる，母小枝子，妻里美，長女と長男に，この場をお借りして御礼を申し上げたいと思います。

■参考文献

安部悦生（2010）『経営史（第2版）』日本経済新聞社.
Ackoff, Russell L.（1986）*Management in Small Doses*, New York: John Wiley and Sons.（牧野昇監訳・村越稔弘・妹尾堅一郎訳『創造する経営：企業を甦らせる52の妙薬』有斐閣, 1988）
Aerocar Company Factory/ Hudson Motor Car Companyウェブサイト（2014年1月6日アクセス）http://detroit1701.org/Aerocar-Hudson.html
Akerlof, George A.（1984）*An Economic Theorist's Book of Tales: Essays that Entertain the Consequences of New Assumptions in Economic Theory*, Cambridge, New York: Cambridge University Press.（幸村千佳良・井上桃子訳『ある理論経済学者のお話の本』ハーベスト社, 1995）
Akerlof, George A. and Rachel E. Kranton（2010）*Identity Economics: How Our Identities Shape Our Work, Wages, and Well-Being*, Princeton, NJ: Princeton University Press.（山形浩生・守岡桜訳『アイデンティティ経済学』東洋経済新報社, 2011）
Albert, Stuart and David A. Whetten（1985）"Organizational identity," in Barry M. Staw and Larry L. Cummings（eds.）, *Research in Organizational Behavior*, Vol.7, Greenwich, CT: JAI Press, pp. 263-295.
Albert, Stuart, Blake E. Ashforth, and Jane E. Dutton（2000）"Organizational identity and identification: Charting new waters and building new bridges," *Academy of Management Review*, Vol. 25, No. 1, pp. 13-17.
Aldrich, Howard E.（1979）*Organizations and Environments*, Englewood Cliffs, NJ: Prentice-Hall.
Aldrich, Howard E. and Martin Ruef（2006）*Organizations Evolving*, 2nd. ed., London: Sage Publications.（若林直樹・高瀬武典・岸田民樹・坂野友昭・稲垣京輔訳『組織進化論』東洋経済出版社, 2007. Aldrich, 1st ed., 1999, chapter 1-9の邦訳）
Alexander, Judith H. and W. Alan Randolph（1985）"The fit between technology and structure asa predictor of performance in nursing subunits," *Academy of Management Journal*, Vol. 28, No. 4, pp. 844-859.
アメーバ経営学術研究会編（2017）『アメーバ経営の進化：理論と実践』中央経済社.
Ansoff, H. Igor（1965）*Corporate Strategy: An Analytic Approach to Business Policy for Growth and Expansion*, New York: McGraw-Hill.（広田寿亮訳『企業戦略論』産業能率短期大学出版部, 1969）
Ashforth, Blake E. and Ronald H. Humphrey（1993）"Emotional labor in service roles: The influence of identity," *Academy of Management Review*, Vol. 18, No. 1, pp. 88-115.

Astley, W. Graham and Andrew H. Van de Ven (1983) "Central perspectives and debates in organization theory," *Administrative Science Quarterly*, Vol. 28, No. 2, pp. 245-273.

Barnard, Chester I. (1948) "The nature of leadership," in *Organization and Management: Selected Papers*, Cambridge, MA: Harvard University Press, pp. 80-110, chapter IV. (関口操監修・遠藤蔦美・関口和雄訳『組織と管理』慶應通信, 1972; 飯野春樹監訳・日本バーナード協会訳『組織と管理』文眞堂, 1990)

Barnard, Chester I. (1968) *The Functions of the Executive*, 30th anniversary edition with an Introduction by Kenneth R. Andrews, Cambridge, MA: Harvard University Press (Originally in 1938). (山本安次郎・田杉競・飯野春樹訳『新訳・経営者の役割』ダイヤモンド社, 1968)

Barnard, Harry (1958) *Independent Man: The Life of Senator James Couzens*, New York: Charles Scribner's Sons.

Barney, Jay B. (1990) "The debate between traditional management theory and organizational economics: Substantive differences or intergroup conflict?", *Academy of Management Review*, Vol. 15, No. 3, pp. 382-393.

Baron, Robert A. (2008) "The role of affect in the entrepreneurial process," *Academy of Management Review*, Vol. 33, Issue 2, pp. 328-340.

Baum, Joel A. C. (1996) "Organizational ecology," in Stewart R. Glegg, Cynthia Hardy, and Walter R. Nord (eds.), *Handbook of Organization Studies*, London: Sage, pp. 77-114.

Baysinger, Barry D. and Henry N. Butler (1985) "Corporate governance and the board of directors: Performance effects of changes in board composition," *Journal of Law, Economics and Organization*, Vol. 1, Issue 1, pp. 101-124.

Baysinger, Barry D, Rita D. Kosnik, and Thomas A. Turk (1991) "Effects of board and ownership structure on corporate R&D strategy," *Academy of Management Journal*, Vol. 34, No. 1, pp. 205-214.

Bechara, Antoine and Antonio R. Damasio (2005) "The somatic marker hypothesis: A neural theory of economic decision," *Games and Economic Behavior*, Vol. 52, Issue 2, pp. 336-372.

Benson, Susan P. (1986) *Counter Cultures: Saleswomen, Managers, and Customers in American Department Stores*, 1890-1940, Urbana, IL: University of Illinois Press.

Berger, Peter and Thomas Luckmann (1966) *The Social Construction of Reality: A Treatise in the Sociology of Knowledge*, New York: Doubleday. (山口節郎訳『日常世界の構成：アイデンティティと社会の弁証法』新曜社, 1977; 山口節郎訳『現実の社会的構成：知識社会学論考』新曜社, 2003)

Bernstein, Richard (1983) *Beyond Objectivism and Relativism: Science, Hermeneutics, and Praxis*, Philadelphia, PA: University of Pennsylvania Press.

（丸山高司・木岡伸夫・品川哲彦・水谷雅彦訳『科学・解釈学・実践（Ｉ）（Ⅱ）』
岩波書店, 1990）

Blattberg, Robert C., Gary Getz, and Jacquelyn S. Thomas（2001）*Customer Equity: Building and Managing Relationships as Valuable Assets*, Boston, MA: Harvard Business School Press.（小川孔輔・小野讓司監訳・森賢司訳『顧客資産のマネジメント：カスタマー・エクイティの構築』ダイヤモンド社, 2002）

Böhm-Bawerk, Eugen von（1932）*Grundzüge der Theorie des wirtschaftlichen Güterwerts*, London, UK: London School of Economics and Political Science（University of London）.（長守善訳『経済的財価値の基礎理論：主観的価値と客観的交換価値』岩波書店, 1932）

Boyd, Brian（1995）"CEO duality and firm performance: A contingency model," *Strategic Management Journal*, Vol. 16, No. 4, pp. 301-312.

Bryan, Ford R.（1993）*Henry's Lieutenants*, Detroit, MI: Wayne State University Press.

Burns, Tom and G. M. Stalker（1994）*The Management of Innovation*, Rev. ed., Oxford, UK: Oxford University Press（Originally in 1961）.

Burt, Ronald S.（1997）"The contingent value of social capital," *Administrative Science Quarterly*, Vol. 42, Issue 2, pp. 330–365.

Camerer, Colin, George Loewenstein, and Drazen Prelec（2005）"Neuroeconomics: How neuroscience can inform economics," *Journal of Economic Literature*, Vol. 43, No. 1, pp. 9-64.

Cardon, Melissa S., Charlene Zietsma, Patrick Saparito, Brett P. Matherne, and Carolyn Davis（2005）"A tale of passion: New insights into entrepreneurship from a parenthood metaphor," *Journal of Business Venturing*, Vol. 20, Issue 1, pp. 23-45.

Chandler, Jr., Alfred D.（1962）*Strategy and Structure: Chapters in the History of the Industrial Enterprise*, Cambridge, MA: MIT Press.（三菱経済研究所訳『経営戦略と組織：米国企業の事業部制成立史』実業之日本社, 1967; 有賀裕子訳『組織は戦略に従う』ダイヤモンド社, 2004）

Chandler, Jr., Alfred D.（1964）*Giant Enterprise: Ford, General Motors, and the Automobile Industry: Sources and Readings*, New York: Harcourt, Brace and World.（内田忠夫・風間禎三郎訳『競争の戦略：GMとフォード・栄光への足跡』ダイヤモンド社, 1970）

Chandler, Jr., Alfred D.（1977）*The Visible Hand: The Managerial Revolution in American Business*, Cambridge, MA: Belknap Press.（鳥羽欽一郎・小林袈裟治訳『経営者の時代：アメリカ産業における近代企業の成立』東洋経済新報社, 1979）

Chandler, Jr., Alfred D.（1984）"The emergence of managerial capitalism," *Business History Review*, Vol. 58, No. 4, pp. 473-503.（楠井敏朗・笹田京子・朝倉文女訳

「経営者資本主義の出現」横浜国立大学経営学部研究資料室『国際経営資料翻訳叢書』No. 11, 1987)

Chandler, Jr., Alfred D.（2007）「第二次産業革命と垂直統合企業」『一橋ビジネスレビュー』第55巻第2号, pp. 94-96.

Channon, Derek F.（1973）*The Strategy and Structure of British Enterprise*, London: Macmillan.

Child, John（1972）"Organizational structure, environment and performance: The role of strategic choice," *Sociology*, Vol. 6, No. 1, pp. 1-22.

Child, John（1973）"Predicting and understanding organization structure," *Administrative Science Quarterly*, Vol. 18, No. 1, pp. 168-185.

Chung, Doug J.（2015）"How to really motivate salespeople," *Harvard Business Review*, Vol. 93, No. 4, pp. 54-61.（有賀裕子訳「優秀な人材が好むプラン, そこそこの人材を働かせるプラン：営業を本気にさせる報酬制度とは」『ダイヤモンド・ハーバード・ビジネス・レビュー』8月号, pp. 24-34.）

中條秀治（1998）『組織の概念』文眞堂.

Clark, Andrew E., Ed Diener, Yannis Georgellis, and Richard E. Lucas（2008）"Lags and leads in life satisfaction: A test of the baseline hypothesis," *The Economic Journal*, Vol. 118, Issue 529, pp. F222-F243.

Cleland, Sherill（1960）"A short essay on a managerial theory of the firm," in Kenneth E. Boulding and W. Allen Spivey（eds.）, *Linear Programming and the Theory of the Firm*, New York: Macmillan, pp. 202-216.

Collinson, David（1985）"Dialectics of leadership," *Human Relations*, Vol. 58, No. 11, pp. 1419-1442.

Collis, David J.（1994）"Research note: How valuable are organizational capabilities?", *Strategic Management Journal*, Vol. 15, Winter Special Issue, pp. 143-152.

Cooper, Arnold C. and Kendall W. Artz（1995）"Determinants of satisfaction for entrepreneurs," *Journal of Business Venturing*, Vol 10, Issue 6, pp. 439-457.

Cope, Jason and Gerald Watts（2000）"Learning by doing: an exploration of experience, critical incidents and reflection in entrepreneurial learning," *International Journal of Entrepreneurial Behavior and Research*, Vol. 6, Issue 3, pp. 104-124.

Cyert, Richard M. and James G. March（with contributions by G. P. E. Clarkson et al.）（1963）*A Behavioral Theory of the Firm*, Englewood Cliffs, NJ: Prentice-Hall.（松田武彦監訳・井上恒夫訳『企業の行動理論』ダイヤモンド社, 1967）

Daily, Catherine M. and Dan R. Dalton（1994）"Corporate governance and the bankrupt firm: An empirical assessment," *Strategic Management Journal*, Vol. 15, Issue 8, pp. 643-654.

Dalton, Melville（1966）*Men Who Manage: Fusions of Feeling and Theory in*

Administration, 5th ed., New York: John Wiley & Sons（Originally in 1959）.（高橋達男・栗山盛彦訳『伝統的管理論の終焉』産業能率短期大学出版部, 1969）

Damasio, Antonio R.（1994）*Descartes' Error: Emotion, Reason and the Human Brain*, New York: Putnam.（田中三彦訳『デカルトの誤り：情動，理性，人間の脳』筑摩書房, 2010）

Davis, Gerald and Walter P. Powell（1992）"Organization-environment relations," in Marvin D. Dunnette and Leaetta Houch（eds.）, *Handbook of Industrial and Organizational Psychology*, 2nd ed., Vol. 3, Palo Alto, CA: Consulting Psychologists Press, pp. 315-375.

Davis, James H., David F. Schoorman, and Lex Donaldson（1997）"Toward a stewardship theory of management," *Academy of Management Review*, Vol. 22, No. 1, pp. 20-47.

Dawkins, Richard（2006）*The Selfish Gene*, 30th anniversary ed., New York: Oxford University Press.（日高敏隆・岸由二・羽田節子・垂水雄二訳『利己的な遺伝子・増補新装版』紀伊國屋書店, 2006）

De Geus, Arie（1997）*The Living Company: Habits for Survival in a Turbulent Business Environment*, Boston, MA: Harvard Business School Press.（堀出一郎訳『企業生命力』日経BP社, 2002）

Deci, Edward L. with Richard Flaste（1995）*Why We Do What We Do: The Dynamics of Personal Autonomy*, New York: Putnam's Sons.（桜井茂男監訳『人を伸ばす力：内発と自律のすすめ』新曜社, 1990）

Deleuze, Gill（1994）*Difference and Repetition*, New York: Columbia University Press.（財津理訳『差異と反復』河出書房新社, 1992）

Diamond, Stuart（2010）*Getting More: How You Can Negotiate to Succeed in Work and Life*, London, UK: Penguin.（櫻井祐子訳『ウォートン流人生のすべてにおいてもっとトクをする新しい交渉術』集英社, 2012）

DiMaggio, Paul J. and Walter W. Powell（1983）"The iron cage revisited: Institutional isomorphism and collective rationality in organizational fields," *American Sociological Review*, Vol. 48, No. 2, pp. 147-160.

Donaldson, Lex（1985）*In Defence of Organization Theory: A Reply to the Critics*, Cambridge, UK: Cambridge University Press.

Donaldson, Lex（1987）"Strategy and structural adjustment to regain fit and performance: In defence of contingency theory," *Journal of Management Studies*, Vol. 24, No. 1, pp. 1-24.

Donaldson, Lex（1995）*American Anti-Management Theories of Organization: A Critique of Paradigm Proliferation*, Cambridge, UK: Cambridge University Press.

Donaldson, Lex（1996）*For Positivist Organization Theory: Proving the Hard Core*, London, UK: Sage.

Donaldson, Lex（1999）*Performance-Driven Organizational Change: The Organizational Portfolio*, Thousand Oaks, CA: Sage.

Donaldson, Lex（2001）The *Contingency Theory of Organizations*, Thousand Oaks, CA: Sage.

Donaldson, Lex and James H. Davis（1991）"Stewardship theory or agency theory: CEO governance and shareholder returns," *Australian Journal of Management*, Vol. 16, No. 1, pp. 49-64.

Downing, Stephen（2005）"The social construction of entrepreneurship: Narrative and dramatic processes in the coproduction of organizations and identities," *Entrepreneurship Theory and Practice*, Vol. 29, Issue 2, pp. 185–204.

Drazin, Robert and Andrew Van de Ven（1985）"Alternative forms of fit in contingency theory," *Administrative Science Quarterly*, Vol. 30, No. 4, pp. 514-539.

Dunning, John H., Bruce Kogut, and Magnus Blomström（1990）*Globalization of Firms and theCompetetiveness of Nations*, Lund, Sweden: Lund University, Institute of Economic Research.

Dutton, Jane E. and Janet M. Dukerich（1991）"Keeping an eye on the mirror: Image and identity in organizational adaptation," *Academy of Management Journal*, Vol. 34, No. 3, pp. 517-554.

Dyas, Gareth P. and Heinz T. Thanheiser（1976）*The Emerging European Enterprise: Strategy and Structure in French and German Industry*, London: Macmillan.

Elsbach, Kimberly D. and Roderick M. Kramer（1996）"Member's responses to organizational identity threats: Encountering and countering the *Business Week* rankings," *Administrative Science Quarterly*, Vol. 41, No. 3, pp. 442-476.

遠田雄志（2005）『組織を変える＜常識＞』中央公論新社.

Erikson, Erik H.（1968）"Psychosocial identity" in David L. Sills（ed.）, International *Encyclopedia of the Social Sciences*, Vol. 7, New York: Macmillan, pp. 61-65.

Etzioni, Amitai（1964）*Modern Organizations*, New York: Prentice-Hall.（渡瀬浩訳『現代組織論』至誠堂, 1967）

江副浩正（2003）『かもめが翔んだ日』朝日新聞社.

Ezzamel, Mahmoud and Robert Watson（1993）"Organizational form, ownership structure and corporate performance: A contextual empirical analysis of UK companies," *British Journal of Management*, Vol. 4, No. 3, pp. 161-176.

Fayol, Henri（1916）*Administration Industrielle et Générale: Prévoyance, Organisation, Commandement, Coordination, Controle*, Paris: Dunod.（Translated by Constance Storrs with a foreword by L. Urwick, *General and Industrial Management*, London: Sir Isaac Pitman and Sons, 1949. 都築栄訳『産業並に一般の管理』風間書房, 1958; 佐々木恒夫訳『産業ならびに一般の管理』

未来社, 1972; 山本安次郎訳『産業ならびに一般の管理』ダイヤモンド社, 1985)

Flink, James J.（1975）*The Car Culture, Cambridge*, MA: MIT Press.（秋山一郎監訳・近藤勝直・正司健一訳『カー・カルチャー：オートモビリティ小史』千倉書房, 1982)

Ford, Henry in collaboration with Samuel Crowther（1930）*Edison, as I Know Him*, New York: Cosmopolitan Book.（鈴木雄一訳・監修『自動車王フォードが語るエジソン成功の法則』言視舎, 2012)

フォード社公式ウェブサイト（2014年1月6日アクセス）http://www.ford.co.jp/

FORTUNE 500ウェブサイト（2020年10月14日アクセス）http://money.cnn.com/magazines/fortune/fortune500_archive/full/1955/

Foundation for European Economic Development公式ウェブサイト（2020年10月24日アクセス）https://charity-feed.org/

Frank, Lawrence K.（1939）"Time perspectives," *Journal of Social Philosophy*, Vol. 4, pp. 293-312.

Frey, Bruno S. and Alois Stutzer（2002）*Happiness and Economics How The Economy and Institutions Affect Well-being*, Princeton, NJ: Princeton University Press.（佐和隆光監訳・沢崎冬日訳『幸福の政治経済学：人々の幸せを促進するものは何か』ダイヤモンド社, 2005)

Fromm, Erich（1956）*The Art of Loving*, New York: Harper & Brothers.（鈴木晶訳『新訳版・愛するということ』紀伊國屋書店, 1991)

Fromm, Erich（1968）*The Revolution of Hope: Toward a Humanized Technology*, New York: Harper & Row.（作田啓一・佐野哲郎訳『改訂版・希望の革命：技術の人間化をめざして』紀伊國屋書店, 1970)

Fu, Yao（2013）「居酒屋における感情労働」平成24年度長崎大学大学院経済学研究科修士論文.

藤澤雄一郎（2012）「経営意思決定における意味充実人モデルの意義」平成23年度長崎大学大学院経済学研究科博士論文.

藤田晋（2005）『渋谷ではたらく社長の告白』アメーバブックス.

福永文美夫（2007）『経営学の進化：進化論的経営学の提唱』文眞堂.

福岡伸一（2007）『生物と無生物のあいだ』講談社.

福岡伸一（2009）『動的平衡：生命はなぜそこに宿るのか』木楽舎.

福島正光（1969）「プロローグ」（ソレンセン著）『自動車王フォード』角川書店, pp. 3-20.

Fuller, Linda and Vicki Smith（1991）"Consumer's reports: Management by customers in a changing economy," *Work, Employment and Society*, Vol. 5, No. 1, pp. 1-16.

降旗武彦（1957）「個人と組織：C・I・バーナードの*The Functions of the Executive*の検討を中心として」『経済論叢』第79巻第1号, pp. 68-89.

古川久敬（2004）『チーム・マネジメント』日本経済新聞社.

古川久敬監修・JMAMコンピテンシー研究会編（2002）『コンピテンシーラーニング：業績向上につながる能力開発の新指標』日本能率協会マネジメントセンター.

二村敏子（1971）「『組織均衡論』の批判と展開」『経済と経済学』第29巻, pp. 107-126.

Galbraith, Jay R. and Daniel A. Nathanson（1978）*Strategy Implementation: The Role of Structure and Process*, St. Paul, MN: West Publishing Co.（岸田民樹訳『経営戦略と組織デザイン』白桃書房, 1989）

Gartner, William B.（1993）"Words lead to deeds: Toward an organizational emergence vocabulary," *Journal of Business Venturing*, Vol. 8, Issue 3, pp. 231-240.

Ghoshal, Sumantra and Peter Moran（1996）"Bad for practice: A critique of the transaction cost theory," *Academy of Management Review*, Vol. 21, No. 1, pp. 13-47.

Gioia, Dennis A., Majken Schultz, and Kelvin G. Corley（2000）"Organizational identity, image, and adaptive instability," *Academy of Management Review*, Vol. 25, No. 1, pp. 63-81.

Global Entrepreneurship Monitor（GEM）（2002）. *Report.*

後藤祐一（2013）『戦略的協働の経営』白桃書房.

Granovetter, Mark（1985）"Economic action and social structure: The problem of embeddedness," *American Journal of Sociology*, Vol. 91, No. 3, pp. 481-510.

Graves, Ralph H.（1934）*The Triumph of an Idea: The Story of Henry Ford*, Garden City, NY: Doubleday.（加藤直士訳『フォードは何うして成功したか：着想の勝利を語るヘンリー・フォード一代記』東洋経済新報社, 1935）

Greenwood, Royson and C. R. Hinings（1988）"Organizational design types, tracks and the dynamics of strategic change," *Organization Studies*, Vol. 9, No. 3, pp. 293-316.

Gresov, Christopher（1989）"Exploring fit and misfit with multiple contingencies," *Administrative Science Quarterly*, Vol. 34, No. 3, pp. 431-453.

Grigaliunas, Ben and Yoash Wiener（1974）"Has the research challenge to Motivation-Hygiene Theory been conclusive? An analysis of critical studies," *Human Relations*, Vol. 27, No. 9, pp. 839-871.（北野利信訳「動機づけ=衛生理論に対する調査的挑戦は決定的であったか：批判的諸研究の分析」『能率と人間性』東洋経済新報社, 1978, pp. 369-411, 第5章）

Haley, Alex（1976）*Roots*, Garden City, NY: Doubleday.（安岡章太郎・松田銑共訳『ルーツ（上）（下）』社会思想社, 1977）

Hannah, Leslie・和田一夫（2001）『見えざる手の反逆：チャンドラー学派批判』有斐閣.（Hannah, Leslie, "Delusions of durable dominance or the invisible hand strikes back: A critique of the new orthodoxy in internationally comparative business history 1980s," privately circulated, 1995）

Hannan, Michael T. and Glenn Carroll（1992）*Dynamics of Organizational Populations: Density,Legitimation, and Competition*, New York: Oxford University Press.

Hannan, Michael T. and John Freeman（1977）"The population ecology of organizations," *American Journal of Sociology*, Vol. 82, No. 5, pp. 929-964.

Hannan, Michael T. and John Freeman（1984）"Structural inertia and organizational change," *American Sociological Review*, Vol. 49, No. 2, pp. 149-164.

原田英生・向山雅夫・渡辺達朗（2010）『ベーシック流通と商業（新版）：現実から学ぶ理論と仕組み』有斐閣.

針木康雄（1991）『経営の神髄⑥：挫折をのりこえる積極経営　稲盛和夫』講談社.

長谷正人（1991）『悪循環の現象学：「行為の意図せざる結果」をめぐって』ハーベスト社.

長谷川美貴子（2008）「介護援助行為における感情労働の問題」『淑徳短期大学研究紀要』第47号, pp. 117-134.

橋本輝彦（2007）『チャンドラー経営史の軌跡：組織能力ベースの現代企業史』ミネルヴァ書房.

橋爪大三郎・副島隆彦（2011）『新装・増補版・小室直樹の学問と思想』ビジネス社.

波多野裕子（2002）「『心』から『心』へ：感情労働を担うホテル業務の現場から」『労働の科学』（特集：感情労働と疲労）第57巻第8号, pp. 17-21.

林徹（2000）『革新と組織の経営学』中央経済社.

林徹（2005）『組織のパワーとリズム』中央経済社.

林徹（2011）『協働と躍動のマネジメント』中央経済社.

林徹（2016）「起業と強い紐帯」『経営と経済』第95巻第3・4号, pp. 1-24.

Hayton, James C. and Magdalena Cholakova（2011）"The role of affect in the creation and intentional pursuit of entrepreneurial ideas," *Entrepreneurship Theory and Practice*, Vol. 36, Issue 1, pp. 41-67.

Hemmings Motor News/ Childe Harold Willsウェブサイト（2020年10月24日アクセス）https://www.hemmings.com/stories/article/childe-harold-wills

Henry Ford Heritage Association公式ウェブサイト（2020年10月24日アクセス）http://hfha.org/

Herzberg, Frederick（1966）*Work and the Nature of Man*, Cleveland, OH: World Publishing.（北野利信訳『仕事と人間性：動機づけ－衛生理論の新展開』東洋経済新報社, 1968）

Herzberg, Frederick（1976）*The Managerial Choice: To Be Efficient and to Be Human*, Homewood, IL: Dow Johns-Irwin.（北野利信訳『能率と人間性』東洋経済新報社, 1978）

Hickson, David J., Christopher R. Hinings, Charles A. Lee, Rodney E. Schneck, and Johannes Pennings（1971）"A strategic contingencies' theory of intraorganizational power," *Administrative Science Quarterly*, Vol. 16, No. 2, pp. 216-229.

東田啓（1985）「競争的顧客産業への垂直統合の利潤インセンティブ」『横浜経営研究』第5巻第4号, pp. 29-36.

Hill, Charles W. L.（1985）"Oliver Williamson and the M-form firm: A critical review," *Journal of Economic Issues*, Vol. 19, No. 3, pp. 731-751.

Hill, Charles W. L. and Scott A. Snell（1988）"External control, corporate strategy, and firm performance in research-incentive industries," *Strategic Management Journal*, Vol. 9, Issue 6, pp. 577-590.

Hill, Charles W. L., Michael A. Hitt, and Robert E. Hoskisson（1992）"Cooperative versus competitive structures in related and unrelated diversified firms," *Organization Science*, Vol. 3, No. 4, pp. 501-521.

日野健太（2010）『リーダーシップとフォロワー・アプローチ』文眞堂.

Hirschman, Albert O.（1967）*Development Projects Observed*, Washington, D.C.: Brookings Institution.（麻田四郎・所哲也訳『開発計画の診断』巌松堂, 1973）

Hirschman, Albert O.（1970）*Exit, Voice, and Loyalty: Responses to Decline in Firms, Organizations, and States*, Cambridge, MA: Harvard University Press.（三浦隆之訳『組織社会の論理構造：退出・告発・ロイヤルティ』ミネルヴァ書房, 1975; 矢野修一訳『離脱・発言・忠誠：企業・組織・国家における衰退への反応』ミネルヴァ書房, 2005）

Hmieleski, Keith M. and Andrew Corbett（2008）"The contrasting interaction effects of improvisational behavior with entrepreneurial self-efficacy on new venture performance and entrepreneur work satisfaction," *Journal of Business Venturing*, Vol. 23, Issue 4, pp. 482-496.

Hochschild, Arlie R.（1983）*The Managed Heart: Commercialization of Human Feeling*, Berkeley, CA: University of California Press.（石川准・室伏亜希訳『管理される心：感情が商品になるとき』世界思想社, 2000）

本田宗一郎（2001）『本田宗一郎　夢を力に』日本経済新聞社.

堀江忠男（1975）『弁証法経済学批判：ヘーゲル・マルクス・宇野の「虚偽」』早稲田大学出版部.

Hoskisson, Robert E.（1987）"Multidivisional structure and performance: The contingency ofdiversification strategy," *Academy of Management Journal*, Vol. 30, No. 4, pp. 625-644.

Hounshell, David（1984）*From the American System to Mass Production, 1800-1932: The Development of Manufacturing Technology in the United States*, Baltimore, MD: Johns Hopkins University Press.（和田和夫・金井光太郎・藤原道夫訳『アメリカン・システムから大量生産へ1800〜1932』名古屋大学出版会, 1998）

Hsu, Dan K., Johan Wiklund, and Richard D. Cotton（2017）"Success, failure, and entrepreneurial reentry: An experimental assessment of the veracity of self-efficacy and prospect theory," *Entrepreneurship Theory and Practice*, Vol. 41, Issue 1, pp. 19-47.

Humphrey, Ronald H.（2013）"How leading with emotional leader creates common identities," in Martin Iszatt-White（ed.）, *Leadership as Emotional Labour: Management and the 'managed heart,'* London: Routledge, pp. 80-105, chapter 5.

池田清彦（2002）『生命の形式：同一性と時間』哲学書房.

今井賢一（2008）『創造的破壊とは何か：日本産業の再挑戦』東洋経済新報社.

稲葉元吉（1979）『経営行動論』丸善.

稲葉元吉（2000）『コーポレート・ダイナミックス』白桃書房.

稲葉元吉（山倉健嗣編・序）（2010）『組織論の日本的展開：サイモン理論を基軸として』中央経済社.

稲葉元吉・山倉健嗣（1985）「組織革新論の展開」『組織科学』第19巻第1号, pp. 78-89.

稲葉元吉・山倉健嗣編著（2007）『現代経営行動論』白桃書房.

井上忠勝（1972）「鈴木商店金子直吉における経営者機能と企業者機能」高橋幸四郎編『日本近代化の研究（下）』東京大学出版会, pp. 443-475.

Ireland, R. Duane, Michael Hitt, and David G. Sirmon（2003）"A model of strategic entrepreneurship: The construct and its dimensions," *Journal of Management*, Vol. 29, Issue 6, pp. 963-982.

伊佐夏実（2009）「教師ストラテジーとしての感情労働」『教育社会学研究』第84集, pp. 125-144.

伊勢坊綾（2009）「感情労働概念を適用した秘書研究の可能性」『日本国際秘書学会研究年報』第16号, pp. 3-20.

石川准（2005）「ケアとアシスト」『北海道医療大学看護福祉学部学会誌』第1巻第1号, pp. 11-15.

石倉義博（2008）「感情社会学と感情労働論：批判的検討」『人文社会科学研究』第48号, pp. 113-129.

Jelinek, Mariann and Claudia B. Schoonhoven（1990）*The Innovation Marathon: Lessons from High Technology Firms*, Oxford, UK: Basil Blackwell.

Jensen, Michael C. and William H. Meckling（1976）"Theory of the firm: Managerial behavior, agency costs and ownership structure," *Journal of Financial Economics*, Vol. 3, No. 4, pp. 305-360.

株式会社半兵衛麸公式ウェブサイト（2020年10月24日アクセス）https://www.hanbey.co.jp/

門脇延行（1968a）「バーナード＝サイモンの組織均衡論について」『彦根論叢』第128号, pp. 80-92.

門脇延行（1968b）「組織均衡論の発展：バーナードからサイモンへ」『彦根論叢』第132号, pp. 273-287.

加賀見俊夫（2003）『海を超える想像力：東京ディズニーリゾート誕生の物語』講談社.

影山純二（2015）「不満のライフサイクル」『行動経済学』第9回大会プロシーディングス，第8巻，pp. 110-113.

加護野忠男（1997）「事業戦略『モデル的日本型企業』の共通点と相違点」『プレジデント』第35巻8月号, pp. 188-197.

加護野忠男（2006）「金子直吉：現場主導の分権経営」日本経済新聞社編『経営に大義あり：日本を創った企業家たち』日本経済新聞社, pp. 125-138, 第8章.

加護野忠男（2010）『経営の精神：我々が捨ててしまったものは何か』生産性出版.

加護野忠男（2012）「労務政策はなぜ劣化したのか」『日本労働研究雑誌』第627号, p. 1.

亀口憲治（2004）『家族力の根拠』ナカニシヤ出版.

金井壽宏・高橋潔（2008）「組織理論における感情の意義」『組織科学』（特集：感情と組織）第41巻第4号, pp. 4-15.

上林憲雄（2001）『異文化の情報技術システム：技術の組織的利用パターンに関する日英比較』千倉書房.

Kanter, Rosabeth M.（2004）*Confidence: How Winning Streaks and Losing Streaks Begin and End*, New York: Crown Business.（中井京子訳『「確信力」の経営学：企業を劇的に再生させたリーダーたちの哲学』光文社, 2009）

Kaplan, Robert S.（1984）"Yesterday's accounting undermines production," *Harvard Business Review*, Vol. 62, No. 4, pp. 95-101.（平野皓正訳「旧式の会計方式が生産を危うくする」『ダイヤモンド・ハーバード・ビジネス』1984年11月号, pp. 65-72.）

Kaplan, Robert S. and David P. Norton（1992）"The balanced scorecard: Measures that drive performance," *Harvard Business Review*, Vol. 70, No. 1, pp. 71-79.（本田桂子訳「新しい経営モデルバランス・スコアカード」『ダイヤモンド・ハーバード・ビジネス・レビュー』2003年8月号, pp. 46-57.）

Kaplan, Robert S. and David P. Norton（1993）"Putting the balanced scorecard to work," *Harvard Business Review*, Vol. 71, No. 5, pp. 134-147.（鈴木一功・森本博行訳「アップル，AMDなどの先行者にみるバランス・スコアカードの導入インパクト」『ダイヤモンド・ハーバード・ビジネス・レビュー』2003年8月号, pp. 60-70.）

片山由加里・小笠原知枝・辻ちえ・井村香積・永山弘子（2005）「看護師の感情労働測定尺度の開発」『日本看護科学会誌』第25巻第2号, pp. 20-27.

加藤勝美（1984）『ある少年の夢：京セラの奇蹟』NGS.

桂芳男（1989）『幻の総合商社鈴木商店』社会思想社.（『総合商社の源流鈴木商店』日本経済新聞社, 1977）

川端久夫（1971）「バーナード組織論の再検討」『組織科学』第5巻第1号, pp. 55-65.

川端久夫（1982）「組織均衡理論と組織の境界」『経済学研究』第47巻第5号, pp. 73-

85.

川端久夫（2001）『管理者活動研究史論』文眞堂.

川端久夫（2006）「HO-SOモデルと渡瀬浩：バーナード理論研究散策(7)」熊本学園
　　大学『商学論集』第13巻第2号, pp. 89-107.

河原俊昭編（2009）『国際結婚：多言語化する家族とアイデンティティ』明石書店.

上總康行（1989）『アメリカ管理会計史（上）（下）』同文舘.

数家鉄治（1989）「ドナルドソンの組織理論」『大阪商業大学論集』第84号, pp. 43-62.

Kesner, Idalene F. (1987) "Directors' stock ownership and organizational
　　performance: An investigation of Fortune 500 companies," *Journal of
　　Management*, Vol. 13, No. 3, pp. 499-508.

木原仁（2004）「消えゆく手（The vanishing hand）に関する一考察：「見えざる手」
　　「見える手」そして「消えゆく手」」『名古屋商科大学論集』第49巻第1号, pp.
　　101-109.

Kim, Dongho (2006) "Employee motivation: 'Just ask your employees'," *Seoul
　　Journal of Business*, Vol. 12, No. 1, pp. 19-35.

金倫廷（2012）「組織アイデンティティの構造の可視化」2012年度組織学会研究発表
　　大会（立命館大学）『報告要旨集』, pp. 83-86.

岸田秀（1988）「同一視」『世界大百科事典』平凡社, 第19巻, p. 516.

岸田民樹（1985）『経営戦略と環境適応』三嶺書房（白桃書房, 2006）

岸田民樹（1994）「革新のプロセスと組織化」『組織科学』第27巻第4号, pp. 12-26.

岸田民樹編（2005）『現代経営組織論』有斐閣.

岸田民樹（2009a）「経営学説の枠組み」岸田民樹・田中政光『経営学説史』有斐閣,
　　pp. 329-340, エピローグ.

岸田民樹編著（2009b）『組織論から組織学へ：経営組織論の新展開』文眞堂.

岸田民樹（2019）『組織学の生成と展開』有斐閣.

岸田民樹・田中政光（2009）『経営学説史』有斐閣.

岸本義之（2011）「マネジメントの肖像（3）ヘンリー・フォード：大量生産の創始
　　者」『日経産業新聞』6月1日, 18面.

北野利信（1982）「バーナードの挫折」『大阪大学経済学』第32巻第2・3号, pp. 109-
　　122.

小高航（2010）「GM法的整理から1年, 米自動車, 再建速度には差：GM, フォード,
　　クライスラー」『日本経済新聞』6月1日朝刊, 9面.

小島廣光・平本健太編著（2011）『戦略的協働の本質：NPO, 政府, 企業の価値創造』
　　有斐閣.

国分康孝（1984）『リーダーシップの心理学』講談社.

小松長生（2011）『リーダーシップは「第九」に学べ』日本経済新聞出版社.

小村由香（2006）「対人サービス労働者をめぐる諸相：生活保護ケースワーカーを手
　　がかりとして」『早稲田大学大学院文学研究科紀要』第1分冊 51, pp. 55-64.

小室直樹（2004）『経済学のエッセンス：日本経済破局の論理』講談社.

今野喜文（2007）「組織能力と持続的競争優位：組織能力論の現状と課題」『北星論集（経）』第46巻第2号, pp. 19-37.

越出均（2008）『起業モデル：アントレプレナーの学習（増補版）』創成社.

幸田浩文（1996）『イギリス経営学説史の探求：グレーシャー計画とブラウン＝ジャックス理論』中央経済社.

厚生労働省「労働者健康状況調査」（平成29年調査をもって廃止.）
http://www.mhlw.go.jp/toukei/list/list46-50.html

上月直人（1990）「鈴木商店の経営者層：専門経営者の果たした役割」『経営史学』第25巻第1号, pp. 19-37.

久保真人（2007）「バーンアウト（燃え尽き症候群）：ヒューマンサービス職のストレス」『日本労働研究雑誌』（特集：仕事の中の幸福）第49巻第1号, pp. 54-64.

Kuczynski, Michael G.（1986）"Recent developments in business cycle theory," *Journal of Economic Dynamics and Control*, Vol. 10, No. 1-2, pp. 255-260.

黒澤清（1983）『会計学の基礎（改訂新版）』千倉書房（初版, 1960）

草津攻（1988）「アイデンティティ」『世界大百科事典』平凡社, 第1巻, pp. 32-33.

桑田耕太郎（1991）「ストラテジック・ラーニングと組織の長期適応」『組織科学』第25巻第1号, pp. 22-35.

桑田耕太郎（2012）「『実践の科学』としての経営学：バーナードとサイモンの対比を通じて」経営学史学会年報第19輯『経営学の思想と方法』文眞堂, pp. 127-138.

京セラ40周年社史編纂委員会編（2000）『果てしない未来への挑戦：京セラ心の経営40年』京セラ.

京セラ株式会社公式ウェブサイト（2020年10月14日アクセス）http://www.kyocera.co.jp/

Lacey, Robert（1986）*Ford: The Men and the Machine*, London, UK: Heinemann.（小菅正夫訳『フォード：自動車王国を築いた一族（上）（下）』新潮社, 1989）

Lahti, Tom, Marja-Liisa Halko, Necmi Karagozoglu, and Joakim Wincent（2019）"Why and how do founding entrepreneurs bond with their ventures? Neural correlates of entrepreneurial and parental bonding," *Journal of Business Venturing*, Vol. 34, Issue 2, pp. 368-388.

Langlois, Richard N.（2003）"The vanishing hand: The changing dynamics of industrial capitalism," *Industrial and Corporate Change*, Vol. 12, No.2, pp. 351-385.

Lawrence, Paul R. and Jay W. Lorsch（1967）with the research assistance of James S. Garrison, *Organization and Environment: Managing Differentiation and Integration*, Boston, MA: Division of Research, Graduate School of Business Administration, Harvard University.（吉田博訳『組織の条件適応理論：コンティンジェンシー・セオリー』産業能率短期大学出版部, 1977）

Lemberg, Paul（2007）*Be Unreasonable: The Unconventional Way to Extraordinary Business Results*, Boston, MA: McGraw-Hill.（山崎康司訳『会社を変える不合理

のマネジメント：1.5流から超一流への発想転換』ダイヤモンド社, 2008）

Lévi-Strauss, Claude（1962）*La Pensée Sauvage*, Paris: Plon.（大橋保夫訳『野生の思考』みすず書房, 1976）

Levinson, Daniel J.（1986）*The Seasons of a Man's Life*, Ballantine Books（Originally in 1978）.（南博訳『ライフサイクルの心理学（上）（下）』講談社, 1992）

Levitt, Theodore（1981）"Marketing intangible products and product intangibles," *Harvard Business Review*, Vol. 59, No. 3, pp. 94-102.（ダイヤモンド・ハーバード・ビジネス・レビュー編集部訳「無形性のマーケティング」『ダイヤモンド・ハーバード・ビジネス・レビュー』2001年11月号, pp. 86-97.）

Lin, Nan, Walter M. Ensel, and John C. Vaughn（1981）"Social resources and strength of ties: Structural factors in occupational status attainment," *American Sociological Review*, Vol. 46, Issue 4, pp. 393-405.

Louridas, Panagiotis（1999）"Design as bricolage: Anthropology meets design thinking," *Design Studies*,Vol. 20, Issue 6, pp. 1-25.

マクロミル社によるインターネットリサーチ「起業に関するアンケート」調査票（2017年8月15日アクセス）https://www.macromill.com/airs/exec/pvRAction.do?rid=643013&k=079654129a

馬越恵美子（2000）『異文化経営論の展開：「経営文化」から「経営文明」へ』学文社.

眞野脩（1990）「バーナードとサイモンの組織均衡論：サイモンの誤謬」『経済学研究』第39巻第4号, pp. 1-10.

March, James and Herbert A. Simon（1993）*Organizations*, 2nd ed., Cambridge, MA: Blackwell（Originally in 1958）.（土屋守章訳『オーガニゼーションズ』ダイヤモンド社, 1977；原書1958の邦訳；高橋伸夫訳『オーガニゼーションズ：現代組織論の原典』ダイヤモンド社, 2014, 原書2nd ed., 1993の邦訳）

Markowitz, Harry（1952）"Portfolio selection," *Journal of Finance*, Vol. 7, No. 1, pp. 77-91.

Marshall, Alfred（1890）*Principles of Economics*, London: Macmillan.（永沢越郎訳『経済学原理：序説』岩波ブックサービスセンター, 1985, 原書8th ed., 1920の邦訳）

正村公宏（2006）『人間を考える経済学：持続可能な社会をつくる』NTT出版.

Maslow, Abraham H.（1968）*Toward a Psychology of Being*, 2nd.ed.（Originally in 1962）, Princeton, NJ: Van Nostrand.（上田吉一訳『完全なる人間：魂のめざすもの』誠信書房, 1979）

Maslow, Abraham H.（1970）*Motivation and Personality*, 2nd ed.（Originally in 1954）, New York: Harper and Row.（小口忠彦訳『改訂新版・人間性の心理学』産業能率大学出版部, 1987）

松田修一（2014）『ベンチャー企業』第4版, 日本経済新聞出版社.

Mayo, Elton（1960）*The Human Problems of an Industrial Civilization*, New York: Viking Press（Originally in 1933）.（村本栄一訳『新訳産業文明における人間問

題』日本能率協会, 1967)

McGinn, Daniel (2015) "Getting beyond 'Show me the money': An Interview with Andris Zoltners," *Harvard Business Review*, Vol. 93, No. 4, pp. 77-81.（ダイヤモンド・ハーバード・ビジネス・レビュー編集部訳「営業の研究における第一人者が語る　インセンティブがすべてではない」『ダイヤモンド・ハーバード・ビジネス・レビュー』8月号, pp. 78-85.）

McGregor, Douglas M. (1960) *The Human Side of Enterprise*, New York: McGraw-Hill.（高橋達男訳『新版・企業の人間的側面：統合と自己統制による経営』産業能率短期大学出版部, 1970)

Mckinley, William and Mark A. Mone (1998) "The re-construction of organization studies: Wrestling with incommensurability," *Organization*, Vol. 5, No. 2, pp. 169-189.

Mckinley, William and Mark A. Mone (2003) "Micro and macro perspectives in organization theory: A tale of incommensurability," in Christian Knudsen and Haridimos Tsoukas (eds.), *The Oxford Handbook of Organization Theory*, Oxford, UK: Oxford University Press, pp. 345-372, chapter 12.

Menninger, William C. and Harry Levinson (1958) *Human Understanding in Industry*, Chicago, IL: Science Research Associates.（渋谷達雄監修・磯貝憲一訳『人間の理解：部下はなぜ不満を持つか』白桃書房, 1962)

Merton, Robert K. (1936) "The unanticipated consequences of purposive social action," *American Sociological Review*, Vol. 1, No. 6, pp. 894-904.

Merton, Robert K. (1957) *Social Theory and Social Structure*, Rev. and enl. ed., New York: FreePress.（森東吾・森好夫・金沢実・中島竜太郎訳『社会理論と社会構造』原著改訂増補版, みすず書房, 1961)

Meyer, John W. and Brian Rowan (1977) "Institutionalized organizations: Formal structure as myth and ceremony," *American Journal of Sociology*, Vol. 83, No. 2, pp. 340-363.

Mintzberg, Henry (1985) "The organization as political arena," *Journal of Management Studies*, Vol. 22, No. 2, pp. 133-154.

三品和広 (2004)『戦略不全の論理：慢性的な低収益の病からどう抜け出すか』東洋経済新報社.

三品和広 (2006)『経営戦略を問い直す』筑摩書房.

三品和広 (2011)「集中講義企業を考える (9) 活動の速さ：工程の設計と経営管理が基礎に」(ゼミナール)『日本経済新聞』6月8日朝刊, 25面.

美宅成樹 (2008)「生物ゲノムを進化させたルールは何か？」2009年度組織学会年次大会 (名古屋大学)『報告要旨集』, pp. 96-102.

三戸浩・池内秀己・勝部伸夫 (2011)『企業論』第3版, 有斐閣 (初版, 1999).

三戸公 (1985)『現代の学としての経営学』講談社.

宮本又郎 (1999)『<日本の近代11>企業家たちの挑戦』中央公論新社.

宮崎かすみ（2009）『差異を生きる：アイデンティティの境界を問いなおす』明石書店.

森川英正（1998）「『鈴木商店の失敗』：ワンマン的な組織体制大戦後の市場崩壊に対応できず」『エコノミスト』第27巻第56号, pp. 114-119.

Morris, Michael H., Donald F. Kuratko, Minet Schindehutte, and April J. Spivack (2011) "Framing the entrepreneurial experience," *Entrepreneurship Theory and Practice*, Vol. 36, Issue 1, pp. 11-40.

本川達雄（2011）『生物学的文明論』新潮社.

藻利重隆（1965）『経営管理総論』第 2 新訂版, 千倉書房.

向井武文（1984）『フォーディズムと新しい経営管理』千倉書房.

村上泰亮・公文俊平・佐藤誠三郎（1979）『文明としてのイエ社会』中央公論社.

村上義昭（2011）「新規開業においてインフォーマルな支援が果たす役割：『2010年度新規開業実態調査（特別調査）』の結果から」日本政策金融公庫総合研究所編『日本政策金融公庫月報：中小企業の今とこれから』第31号, pp. 4-15.

永井隆雄（2009）「わが国におけるコンピテンシー活用の実際」山口裕幸編『朝倉実践心理学講座 6 ：コンピテンシーとチーム・マネジメントの心理学』朝倉書店, pp. 86-107, 第 6 章.

長峯晴夫（1985）『第三世界の地域開発：その思想と方法』名古屋大学出版会.

内藤勲（1992）「組織の成立と発展：主観から客観へ」愛知学院大学『経営学研究』第 2 巻第 1 号, pp. 51-61.

中川敬一郎（1981）『比較経営史序説』東京大学出版会.

中橋國蔵（2005）「組織能力と個人知識」『オフィス・オートメーション』第26巻第 1 号, pp. 3-9.

中西元男（2010）『コーポレート・アイデンティティ戦略：デザインが企業経営を変える』誠文堂新光社.

中野幹久（2010）「生産・流通プロセスの変革における部門間の調整：カルビーにおける受注生産流通システムの構築」『組織科学』第43巻第 4 号, pp. 59-72.

Nelson, Richard R. and Sidney G. Winter（1982）*An Evolutionary Theory of Economic Change*, Cambridge, MA: Belknap Press of Harvard University Press.（後藤晃・角南篤・田中辰雄訳『経済変動の進化理論』慶應義塾大学出版会, 2007）

Nevins, Allian with the collaboration of Frank Ernest Hill（1954）*Ford: The Times, the Man, the Company*, New York: Charles Scribner's Sons.

日本FP協会（2020）「パーソナル教育スタンダード」（2020年11月30日アクセス）https://www.jafp.or.jp/personal_finance/about/standard/

西川真規子（2004）「ヘルパーの技能の内実と向上：アンケート調査に基づく実証分析その2」『経営志林』第41巻第 2 号, pp. 53-70.

西川真規子（2005）「在宅介護サービスの質とその規定要因に関する実証分析：介護職の技能と利用者との関係に注目して」『経営志林』第41巻第 4 号, pp. 57-69.

仁科弥生（1980）「解説」E. H. エリクソン（仁科弥生訳）『幼児期と社会2』みすず書房, pp. 211 241.

日商株式会社編（1968）『日商四十年の歩み』日商株式会社.

庭本佳和（1987）「組織動態論序説：バーナードの動的組織観」日本経営学会編『経営学論集』第57巻, pp. 285-291.

庭本佳和（2005）「管理とリーダーシップ」庭本佳和・藤井一弘編著（2008）『経営を動かす：その組織と管理の理論』文眞堂, pp. 57-76, 第3章.

野家啓一（2007）『増補科学の解釈学』筑摩書房.

野中郁次郎・遠山亮子・平田透（2010）『流れを経営する：持続的イノベーション企業の動態理論』東洋経済新報社.

沼上幹（2000）「20世紀の経営学：『科学』化からの脱却」『一橋ビジネスレビュー』第48巻第3号, pp. 22-37.

沼上幹（2010）「実証的戦略研究の組織観：日本企業の実証研究を中心として」経営学史学会年報第17輯『経営学の展開と組織概念』文眞堂, pp. 69-88.

王旭（2010）「未起業家の理論的考察」長崎大学大学院経済学研究科修士論文.

太田肇（2005）『認められたい！』日本経済新聞社.

大滝精一（1987）「『暗黙知』の世界：C. I. バーナード『日常の心理』をめぐって」東北大学研究年報『経済学』第48巻第6号, pp. 123-135.

岡田晃朋（2011）「Maslowの自己実現について：自己実現の概念とその特徴を中心に」長崎大学大学院経済学研究科修士論文.

岡本浩一・鎌田晶子（2006）『組織の社会技術3　属人思考の心理学：組織風土改善の社会技術』新曜社.

大森実（1986）『デトロイト・モンスター』講談社.

庵谷治男（2018）『事例研究アメーバ経営と管理会計』中央経済社.

大塚久雄（1969）『大塚久雄著作集第8巻：近代化の人間的基礎』岩波書店.

Palmer, Donald A., P. Devereaux Jennings, and Xueguang Zhou（1993）"Late adoption of the multidivisional form by large U.S. corporations: Institutional, political, and economic accounts," *Administrative Science Quarterly*, Vol. 38, No. 1, pp. 100-131.

Pascale, Richard（1990）*Managing on the Edge: How Successful Companies Use Conflict to Stay Ahead*, New York: Simon and Schuster.（崎谷哲夫訳『逆説のマネジメント：自己再生のパラダイムを求めて』ダイヤモンド社, 1991）

Penrose, Edith T.（2009）*The Theory of the Growth of the Firm*, 4th ed., Oxford, NY: Oxford University Press（Originally in 1959, 2nd ed. in 1980, 3rd ed. in 1995）.（末松玄六訳『会社成長の理論』ダイヤモンド社, 1962, 原書1959の邦訳; 末松玄六訳『会社成長の理論（第二版）』ダイヤモンド社, 1980, 原書2nd ed., 1980の邦訳; 日高千景訳『企業成長の理論（第三版）』ダイヤモンド社, 2010, 原書3rd ed., 1995の邦訳）

Perrow, Charles（1981）"Markets, hierarchies, and hegemony: A clitique of

Chandler and Williamson," in Andrew Van de Ven and William F. Joyce (eds.), Perspectives on *Organization Design and Behavior*, New York: John Wiley and Sons, pp. 371-386, 403-404.

Pettigrew, Andrew M. (1973) *The Politics of Organizational Decision-Making*, London, UK: Tavistock.

Pfeffer, Jeffrey (1997) *New Directions for Organization Theory: Problems and Prospects*, New York: Oxford University Press.

Pfeffer, Jeffrey and Gerald R. Salancik (1978) *The External Control of Organizations*, New York: Harper and Row.

Plowman, Donde A., Lakami T. Baker, Tammy E. Beck, Mukta Kulkarni, Stephanie T. Solansky and Deandra Villarreal (2007) "Radical change accidentally: The emergence and amplification of smallchange," *Academy of Management Journal*, Vol. 50, No. 3, pp. 515-543.

Porter, Michael E. (1979) "How competitive forces shape strategy," *Harvard Business Review*, Vol. 57, No. 2, pp. 137-145.

Porter, Michael E. (1980) *Competitive Strategy: Techniques for Analyzing Industries and Competitors*, New York: Free Press. (土岐坤・中辻萬治・服部照夫訳『競争の戦略』ダイヤモンド社, 1982)

Portes, Alejandro (1998) "Social capital: Its origins and applications in modern sociology," *Annual Review of Sociology*, Vol. 24, pp. 1-24.

Prahad, C. K. and Richard A. Bettis (1986) "The dominant logic: A new linkage between diversity and performance," *Strategic Management Journal*, Vol. 7, Issue 6, pp. 485-501.

Priem, Richard L. (1994) "Executive judgement, organizational congruence, and firm performance," *Organization Science*, Vol. 5, No. 3, pp. 421-437.

Pugh, D. S., D. J. Hickson, C. R. Hinings, and C. Turner (1968) "Dimensions of organization structure," *Administrative Science Quarterly*, Vol. 13, No. 1, pp. 65-105.

Reynols, Paul D. and Sammis B. White (1997) *The Entrepreneurial Process: Economic Growth, Men, Women, and Minorities*, Westport, CN: Quorum Books.

Rodrigues, Suzana B. (2006) "The political dynamics of organizational culture in an institutionalized environment," *Organization Studies*, Vol. 27, No. 4, pp. 537-557.

Roethlisberger, Fritz J. and William J. Dickson with the assistance and collaboration of Harold A. Wright (1964) *Management and the Worker: An Account of a Research Program Conducted by the Western Electric Company, Hawthorne Works*, Chicago, New York: Science Editions (Originally in 1939). (野田一夫・川村欣也訳『改版　経営と勤労意欲』ダイヤモンド社, 1965)

Romanelli, Elaine and Michael L. Tushman (1994) "Organizational transformation as punctuated equilibrium: An empirical test," *Academy of Management*

Journal, Vol. 37, No. 5, pp. 1141-1166.

Rumelt, Richard P. (1974) *Strategy, Structure, and Economic Performance*, Boston, CA: Division of Research, Graduate School of Business Administration, Harvard University.（鳥羽欽一郎・山田正喜子・川辺信雄・熊沢孝訳『多角化戦略と経済成果』東洋経済新報社, 1977）

Rumelt, Richard P. (2011) *Good Strategy, Bad Strategy: The Difference and Why It Matters*, New York: Crown Business.（村井章子訳『よい戦略, 悪い戦略』日本経済新聞社, 2012）

佐伯啓思（2001）『国家についての考察』飛鳥新社.

佐伯啓思（2008）『日本の愛国心：序説的考察』NTT出版.

齋藤憲（1998）『稼ぐに追いつく貧乏なし：浅野総一郎と浅野財閥』東洋経済新報社.

坂部恵（1988）「同一性」『世界大百科事典』平凡社, 第19巻, pp. 516-517.

酒井泰弘（2010）『リスクの経済思想』ミネルヴァ書房.

坂本充（2005）「ベンチャー経営者にとって必要なもの：ビジョン・パッション・ミッション」関西ベンチャー学会編『ベンチャー・ハンドブック：ビジョン・パッション・ミッション』ミネルヴァ書房, pp. 23-42, 第Ⅱ章.

坂本義和（2007）「チャンドラー・モデルの再検討：取引コスト理論と組織能力概念の観点から」『三田商学研究』第50巻第3号, pp. 421-435.

坂本義和（2009）「組織能力とは何か？：組織能力向上のメカニズムに関する試論」『三田商学研究』第51巻第6号, pp. 145-160.

崎山治男（2008）「感情労働と組織：感情労働への動員プロセスの解明にむけて」『組織科学』（特集：感情と組織）第41巻第4号, pp. 39-47.

Santos, Filipe M. and Kathleen M. Eisenhardt (2005) "Organizational boundaries and theories of organization," *Organization Science*, Vol. 16, No. 5, pp. 491-508.

Sarasvathy, Saras D. (2008) *Effectuation: Elements of Entrepreneurial Expertise*, Cheltenham, UK:Edward Elgar.（加護野忠男監訳・高瀬進・吉田満梨訳『エフェクチュエーション：市場創造の実効理論』碩学舎, 2015）

佐々木公明（2008）「幸福は何処に？：『幸福学』序説」『尚絅学院大学紀要』第56巻, pp. 43-62.

佐藤秀典（2009）「我々は何者でありたいと願うのか：ダイナミックな組織アイデンティティの理解に向けて：経営学輪講Dutton and Dukerich（1991）」『赤門マネジメント・レビュー』第8巻第1号, pp. 19-28.

佐藤秀典（2011）「感情労働におけるスキルの形成と人材育成：損害保険業における損害サービス部門の事例」『日本経営学会誌』第27号, pp. 55-64.

佐藤麻衣・今林宏典（2012）「感情労働の本質に関する試論：A. R. Hochschildの所論を中心として」『川崎医療福祉学会誌』第21巻第2号, pp. 276-283.

佐藤芳之（2012）『OUT OF AFRICA アフリカの奇跡：世界に誇れる日本人ビジネスマンの物語』朝日新聞出版.

佐藤芳之（2014）『歩き続ければ, 大丈夫。：アフリカで25万人の生活を変えた日本

人起業家からの手紙』ダイヤモンド社.

佐藤芳之（2019）「有訓無訓」『日経ビジネス』1月7日号, p. 5.

澤野恵之（1983）『史上最大の仕事師』PHP研究所.

Schoonhoven, Claudia B.（1981）"Problems with contingency theory: Testing assumptions hidden within the language of contingency 'theory'," *Administrative Science Quarterly*, Vol. 26, No. 3, pp. 349-377.

Schumpeter, Joseph A.（1912）*Theorie der wirtschaftlichen Entwicklung: eine Untersuchung uber Unte rnehmergewinn, Kapital, Kredit, Zins und den Konjunkturzyklus*, Munchen,Leipzig: Duncker and Humblot.（塩野谷祐一・中山伊知郎・東畑精一訳『経済発展の理論：企業者利潤・資本・信用・利子および景気の回転に関する一研究（上）（下）』岩波書店, 1977, 原書2. Aufl., 1926の邦訳）

Scott, William R. and Gerald F. Davis（2007）*Organizations and Organizing: Rational, Natural, and Open System Perspectives*, Upper Saddle River, NJ: Pearson Education.

Scott, Willam R. and John W. Meyer（1983）"The organization of societal sectors," in John W. Meyer and W. Richard Scott（eds.）, *Organizational Environments: Ritual and Rationality*, Beverly Hills, CA: Sage, pp. 129-154, chapter 6.

盛山和夫（1995）『制度論の構図』創文社.

盛山和夫（2003）「高田社会学における勢力理論」金子勇編著『高田保馬リカバリー』ミネルヴァ書房, pp. 184-201, 第10章.

盛山和夫（2011）『叢書・現代社会学③社会学とは何か：意味世界への探求』ミネルヴァ書房.

関口倫紀（2011）「接客・感情労働次元と外向性・情緒安定性次元の関係性：多項回帰モデルと応答曲面法による検討」『経営行動科学学会年次大会発表論文集』第13集, pp. 128-133.

Selznick, Philip（1949）*TVA and the Grass Roots: A Study in the Sociology of Formal Organization*, Berkeley, CA: University of California Press.

Sem, Amartya（2006）*Identity and Violence: The Illusion of Destiny*, New York: W.W. Norton.（大門毅監訳・東郷えりか訳『アイデンティティと暴力：運命は幻想である』勁草書房, 2011）

島本実（2005）「京セラ：経営資源の連鎖的動員」米倉誠一郎編『ケースブック日本のスタートアップ企業』有斐閣, ケース4, pp. 99-120.

島本実（2013）「V字回復の内幕：出光興産の自己革新の相対化」経営史学会関東部会・企業家研究フォーラム冬季部会大会共催研究会「組織能力とイノベーション」12月15日（東京理科大学）報告.

清水幾太郎（2000）『倫理学ノート』講談社.

清水龍榮（1983）『経営者能力論』千倉書房.

下川浩一（1972）『フォード』東洋経済新報社.

白井利明（2001）『希望の心理学：時間的展望をどうもつか』講談社.

城山三郎（1975）『鼠：鈴木商店焼打ち事件』文藝春秋.

Simon, Herbert A.（1977）*The New Science of Management Decision*, Rev. ed.（originally in 1960）, Englewood Cliffs, NJ: Prentice Hall.（稲葉元吉・倉井武夫訳『意思決定の科学』産業能率大学出版部, 1979）

Simon, Herbert A.（1985）"Human nature in politics: The dialogue of psychology with political science," *The American Political Science Review*, Vol. 79, No.2, pp. 293-304.

Simon, Herbert A.（1996）*The Sciences of the Artificial*, 3rd ed., Cambridge, MA: MIT Press（Originally in 1969）.（稲葉元吉・吉原英樹訳『システムの科学』パーソナルメディア, 1999）

Simon, Herbert A.（1997）*Administrative Behavior: A Study of Decision-making Processes in Administrative Organization*, 4th ed., New York: Free Press（Originally in 1945）.（二村敏子・桑田耕太郎・高尾義明・西脇暢子・高柳美香訳『新版・経営行動：経営組織における意思決定過程の研究』ダイヤモンド社, 2009）

Simon, Herbert A., Donald W. Smithburg, and Victor A. Thompson（1991）*Public Administration*, Piscataway, NJ: Transaction Publishers（Originally in 1950）.（岡本康雄・河合忠彦・増田孝治訳『組織と管理の基礎理論』ダイヤモンド社, 1977）

Sloan, Jr., Alfred P.（1964）*My Years with General Motors*, Garden City, NY: Doubleday.（田中融二・狩野貞子・石川博友訳『GMとともに：世界最大企業の経営哲学と成長戦略』ダイヤモンド社, 1967; 有賀裕子訳『新訳　GMとともに』ダイヤモンド社, 2003）

Smith, Adam（1759）*The Theory of Moral Sentiments*, London: Printed for A. Millar, A. Kicaid and J. Bell.（米林富男訳『道徳情操論（上）（下）』未来社, 1969; 水田洋訳『道徳感情論（上）（下）』岩波書店, 2003）

Smith, Adam（1776）*An Inquiry into the Nature and Causes of the Wealth of Nations*, London: A. Strahan and T. Cadell.（山岡洋一訳『国富論：国の豊かさの本質と原因についての研究（上）（下）』日本経済新聞社, 2007; 原書6th ed., 1791の邦訳）

Sorensen, Charles E. with Samuel T. Williamson（1962）*My Forty Years with Ford*, New York: Collier Books（Originally in 1956）.（高橋達雄訳『フォードその栄光と悲劇』産業能率短期大学出版部, 1968; 福島正光訳『自動車王フォード』角川書店, 1969）

創業者稲盛和夫オフィシャルサイト（2020年10月14日アクセス）http://www.kyocera.co.jp/inamori/index.html

Stanford Encyclopedia of Philosophy（2020年10月14日アクセス）http://plato.stanford.edu/entries/boundary/

須賀知美・庄司正実（2007）「飲食店従業員の感情労働的行動とパーソナリティとの

　　　関連：セルフ・モニタリングおよび自己意識との関連」『目白大学心理学研究』第3号, pp. 77-84.

須賀知美・庄司正実（2008）「感情労働が職務満足感・バーンアウトに及ぼす影響についての研究動向」『目白大学心理学研究』第4号, pp. 137-153.

須賀知美・庄司正実（2009）「飲食店アルバイトの感情労働の変動および日々の出来事との関連」『目白大学心理学研究』第5号, pp. 67-82.

須賀知美・庄司正実（2010）「飲食店アルバイトの感情労働と客からの感謝・賞賛が職務満足感に及ぼす影響」『目白大学心理学研究』第6号, pp. 25-31.

須賀知美・庄司正実（2011）「感情労働したくもできない状況と職務満足感の関連：飲食店アルバイトの場合」『目白大学心理学研究』第7号, pp. 55-66.

杉田郁代（2010）「感情労働研究概観(I)─対人援助職と教職」『環太平洋大学研究紀要』第3号, pp. 51-56.

鈴木和雄（2002）「接客労働の統制と感情労働論」『労働の科学』（特集：感情労働と疲労）第57巻第8号, pp. 469-472.

鈴木和雄（2006）「感情管理とサービス労働の統制」『大原社会問題研究所雑誌』（特集：感情労働論(1)スキルとしての感情管理）第566号, pp. 15-28.

鈴木正明（2012）『新規開業企業の軌跡：パネルデータにみる業績, 資源, 意識の変化』勁草書房.

Suzuki, Y.（1980）"The strategy and structure of top 100 Japanese industrial enterprises 1950-1970," *Strategic Management Journal*, Vol. 1, Issue 3, pp. 265-291.

橘木俊詔（2011）『いま, 働くということ』ミネルヴァ書房.

Tajfel, Henri and John C. Turner（1986）"An integrative theory of intergroup conflict," in Stephen Worchel and William G. Austin（eds.）, *Psychology of Intergroup Relations*, 2nd ed., Chicago, IL: Nelson-Hall,pp. 2-24.

Taka, Iwao（1994）"Organizational growth and entrepreneurial belief system: The case of the Kyocera Corporation," *Reitaku Journal of Interdisciplinary Studies*, Vol. 2, No. 2, pp. 53-84.

高巌（1995）『H.A.サイモン研究：認知科学的意思決定論の構築』文眞堂.

高橋公夫（2014）「現代経営学の潮流と限界：これからの経営学」経営学史学会第22回全国大会（関東学院大学）『予稿集』, pp. 3-10, 基調報告.

高橋潔（2009）「コンピテンシー概念の効用と限界」山口裕幸編『朝倉実践心理学講座6：コンピテンシーとチーム・マネジメントの心理学』朝倉書店, pp. 1-20, 第1章.

高橋伸夫（1996a）「見通しと組織均衡」『組織科学』第29巻第3号, pp. 57-68.

高橋伸夫編著（1996b）『未来傾斜原理：協調的な経営行動の進化』白桃書房.

高橋伸夫（2004）『虚妄の成果主義』日経BP社.

高橋徳行（2007）『新・起業学入門：新しく事業を始める人のために』経済産業調査会.

高橋達男（1970）「組織における権力」『組織科学』第4巻第1号, pp. 36-43.

高橋俊夫（2005）「ヘンリー・フォード研究」『明治大学社会科学研究所紀要』第43巻第2号, pp. 345-392.

高畑誠一（1981）「私の履歴書」『私の履歴書：経済人15』日本経済新聞社, 1981（1977）

高尾義明・王英燕（2012）『経営理念の浸透：アイデンティティ・プロセスからの実証分析』有斐閣.

高田保馬（2003a）『勢力論』ミネルヴァ書房（中山伊知郎・東畑精一共編『新経済學全集』日本評論社, 第28巻, 1940）

高田保馬（2003b）『階級及第三史観』ミネルヴァ書房（改造社, 1925）

武井麻子（2006）『ひと相手の仕事はなぜ疲れるのか：感情労働の時代』大和書房.

武井浩三（2018）『会社からルールをなくして社長も投票で決める会社をやってみた。：人を大事にするホラクラシー経営とは？』WAVE出版.

瀧本忠夫（1999）『京セラ 悪の経営術』イースト・プレス.

田村正紀（2016）『経営事例の物語分析：企業盛衰のダイナミクスをつかむ』白桃書房.

田中政光（1990）『イノベーションと組織選択：マネジメントからフォーラムへ』東洋経済新報社.

田中正司（1997）『アダム・スミスの倫理学（下巻）』御茶ノ水書房.

谷口雅春（1962-1967）『生命の實相』日本教文社.

谷本奈穂（2008）『美容整形と化粧の社会学：プラスティックな身体』新曜社.

鑪幹八郎（1990）『アイデンティティの心理学』講談社.

Taylor, Charles（1989）*Sources of the Self: The Making of the Modern Identity*, Cambridge, MA: Harvard University Press.（下川潔・桜井徹・田中智彦訳『自我の源泉』名古屋大学出版会, 2010）

Taylor, Frederick W.（1895）"A piece-rate system," *Transactions of the American Society of Mechanical Engineers*, Vol. 16, pp. 856-887.（上野陽一訳「出来高払制私案」『新版・科学的管理法』産業能率短期大学出版部, 1969, pp. 1-39）

Taylor, Frederick W.（1911）*Scientific Management,* New York: Harper and Brothers.（上野陽一訳『新版・科学的管理法』産能大学出版部, 1969; 有賀裕子訳『新訳科学的管理法：マネジメントの原点』ダイヤモンド社, 2011）

Taylor, Frederic W.（1912）*Testimony before the Special House Committee, in（1947）Scientific Management: Comprising Shop Management, The Principles of Scientific Management, Testimony before the Special House Committee*, New York: Harper & Brothers.（「科学的管理法特別委員会における供述」上野陽一訳編『新版・科学的管理法』産業能率短期大学出版部, 1969, pp. 337-541）

Tedlow, Richard S.（2010）*Denial: Why Business Leaders Fail to Look Facts in the Face and What to Do about It*, Portfolio Trade.（土方奈美訳『なぜリーダーは「失敗」を認められないのか：現実に向き合うための8つの教訓』日本経済新聞

出版社, 2011）

Teece, David J., Gary Pisano, and Amy Shuen（1997）"Dynamic capabilities and strategic management," *Strategic Management Journal*, Vol. 18, Issue 7, pp. 509-533.

帝国データバンク史料館・産業調査部編（2009）『百年続く企業の条件：老舗は変化を恐れない』朝日新聞出版.

寺澤朝子（2012）『個人と組織変化：意味充実人の視点から』改訂版，文眞堂.

手塚公登（2000）「コンティンジェンシー理論再考」『企業診断』第47巻第7号, pp. 20-25.

Thompson, James D.（1967）*Organizations in Action: Social Science Bases of Administrative Theory*, New York: McGraw-Hill.（高宮晋監訳『オーガニゼーション・イン・アクション：管理理論の社会科学的基礎』同文館, 1987; 大月博司・廣田俊郎訳『行為する組織：組織と管理の理論についての社会科学的基盤』同文館, 2012）

Tichy, Noel M. and Mary A. Devanna（1986）*The Transformational Leader*, New York: Wiley.（小林薫訳『現状変革型リーダー：変化・イノベーション・企業家精神への挑戦』ダイヤモンド社, 1988）

戸田有一（2008）「親が子にやさしさを求めることのむずかしさ：求める理由・気づき・感情労働 」『児童心理』（特集「やさしさ」を育てる）第62巻第17号, pp. 23-28.

富樫誠二・戸梶亜紀彦（2007）「ヒューマン・サービス職における感情労働研究概観：リハビリテーション専門職の感情労働研究の課題を見据えて」『大阪河崎リハビリテーション大学紀要』第1号, pp. 33-41.

Tominaga, Kenich（2003）"Yasuma Takata: An intellectual portrait," 金子勇編『高田保馬リカバリー』ミネルヴァ書房, pp. 75-109.

トナー，ジェリー（Toner, Jerry）（2015）「ローマ時代の『奴隷の主人』は管理職を目指す人のお手本です」『COURRiER Japon』6月号, pp. 48-51.

トヨタ自動車株式会社トヨタ博物館編（2007）『ヘンリー・フォードとT型フォード：大衆車はじめて物語』トヨタ自動車株式会社.

土屋守章（1976）「組織均衡の理論と組織動態」『経済学論集』第42巻第1号, pp. 70-81.

土屋守章（1984）『企業と戦略：事業展開の論理』日本リクルートセンター出版部.

辻村宏和（2001）『経営者育成の理論的基盤：経営技能の習得とケース・メソッド』文眞堂.

都筑学（2004）『希望の心理学』ミネルヴァ書房.

都筑学・白井利明編（2007）『時間的展望研究ガイドブック』ナカニシヤ出版.

Tushman, Michael L. and Elaine Romanelli（1985）"Organizational evolution: A metamorphosis model of convergence and reorientation," in Larry L. Cummings and Barry M. Staw（eds.）, *Research in Organizational Behavior*, Greenwich,

CT: JAI Press, Vol. 7, pp. 171-222.

内田由紀子（2008）「文化と感情：比較文化的考察と組織論への意義」『組織科学』（特集：感情と組織）第41巻第4号, pp. 48-55.

内野崇（2006）『変革のマネジメント：組織と人をめぐる理論・政策・実践』日本生産性本部.

宇田川元一（2007）「戦略論研究の展開と課題：現代戦略論研究への学説史的考察から」経営学史学会年報第14輯『経営学の現在：ガバナンス論，組織論・戦略論』文眞堂, pp. 160-171.

上野千鶴子（2005）「脱アイデンティティの戦略」上野千鶴子編著『脱アイデンティティ』勁草書房, pp. 289-321, 終章.

宇野弘蔵（1964）『経済原論』岩波書店.

宇野弘蔵（櫻井毅解説）（2008）『「資本論」と私』御茶ノ水書房.

占部都美（1965）「バーナード―サイモンの組織均衡理論の批判的検討」『国民経済雑誌』第111巻第2号, pp. 36-55.

宇沢弘文（1989）『経済学の考え方』岩波書店.

Van de Ven, Andrew and Robert Drazin（1985）"The concept of fit in contingency theory," in Barry M. Staw and Larry L. Cummings（eds.）, *Research in Organizational Behavior*, Vol. 7, Greenwich, CT: JAI Press, pp. 333-365.

van Knippenberg, Barbara, Daan van Knippenberg, David De Cremer, and Michael A. Hogg（2005）"Research in leadership, self, and identity: A sample of the present and a glimpse of the future," *The Leadership Quarterly*, Vol. 16, Issue 4, pp. 495-499.

van Knippenberg, Daan, Barbara van Knippenberg, David De Cremer, and Michael A. Hogg（2004）"Leadership, self, and identity: A review and research agenda," *The Leadership Quarterly*, Vol. 15, Issue 6, pp. 825-856.

和田和夫（2009）『ものづくりの寓話』名古屋大学出版会.

和田充夫（2012）「事業領域の選択：企業アイデンティティの形成」和田充夫・恩蔵直人・三浦俊彦『マーケティング戦略・第4版』有斐閣, pp. 39-57, 第2章.

和田芳隆（2003）「時は流れても変わらぬ巨大企業の破たん処理：鈴木商店にみるダイエーの盛衰」『時事トップ・コンフィデンシャル』第11051号, pp. 12-16.

若林直樹（2009）『ネットワーク組織：社会ネットワーク論からの新たな組織像』有斐閣.

脇村義太郎（1973）「総合商社と関連企業：鈴木商店（桂芳男）へのコメント」『経営史学』第8巻第1号, pp. 66-67.

Walsh, James P.（1995）"Managerial and organizational cognition: Notes from a trip down memory lane," *Organization Science*, Vol. 6, No. 3, pp. 280-321.

Walton, Sam with John Huey（1992）*Sam Walton, made in America: My Story*, New York: Doubleday.（渥美俊一・桜井多恵子監訳『私のウォルマート商法：すべて小さく考えよ』講談社, 2002）

渡辺亨（2013a）「現代企業における石門心学：株式会社半兵衛麺の事例」日本経営学会九州部会例会報告（熊本学園大学）2月23日.

渡辺亨（2013b）「日本企業における信頼関係：老舗企業の事例と石門心学を中心として」熊本学園大学大学院商学研究科博士論文.

渡瀬浩（1981）『権力統制と合意形成：組織の一般理論』同文舘.

渡瀬浩（1982）「アイデンティフィケイションとアイデンティティ」『経済論叢』第129巻第1・2号, pp. 1-15.

Weick, Karl E.（1969）*The Social Psychology of Organizing*, Reading, MA: Wesley.（金児暁訳『組織化の心理学』誠信書房, 1980）

Weick, Karl E.（1979）*The Social Psychology of Organizing*, 2nd ed., Reading, MA: Wesley.（遠田雄志訳『原書第2版・組織化の社会心理学』文眞堂, 1997）

Weick, Karl E.（1987）"Substitutes for corporate strategy," David J. Teece（ed.）, *The Competitive Challenge: Strategies for Industrial Innovation and Renewal*, Cambridge, MA: Ballinger, pp. 221-233, chapter 10.（「戦略の代替物」石井淳蔵・奥村昭博・金井壽宏・角田隆太郎・野中郁次郎訳『競争への挑戦：革新と再生の戦略』白桃書房, 1988, pp. 269-288, 第10章）

Weick, Karl E.（1995）*Sensemaking in Organizations*, Thousand Oaks, CA: Sage.（遠田雄志・西本直人訳『センスメーキング・イン・オーガニゼーションズ』文眞堂, 2001）

Weihrich, Heinz and Harold Koontz（1993）*Management: A Global Perspective*, 10th ed.（Originally in 1955 by Harold Koontz and Cyril O'Donnel）, New York: McGraw-Hill.

Weiss, H. Eugene（2003）*Chrysler, Ford, Durant, and Sloan :Founding Giants of the American Automotive Industry*, Jefferson, NC: McFarland.

Weiss, Howard M. and Daniel Beal（2005）"Reflections on affective events theory," in Neal M. Askanasy, Wilfred J. Zerbe, and Charmine E. J. Härtel（eds.）, *The Effect of Affect in Organizational Settings*（*Research on Emotion in Organizations*, 1）, Amsterdam, NE: Elsevier JAI, pp. 1–21.

Whetten, David A.（1998）"Preface: Why organizational identity, and why conversations?", in David A. Whetten and Paul C. Godfrey（eds.）, *Identity in Organizations: Building Theory through Conversations*, Thounsand Oaks, CA: Sage, pp. vii-xi.

Wiley, Carolyn（1995）"What motivates employees according to over 40 years of motivation surveys," *International Journal of Manpower*, Vol. 18, No. 3, pp. 263-280.

Williamson, Oliver E.（1970）*Corporate Control and Business Behavior: An Inquiry into the Effects of Organization Form on Enterprise Behavior*, Englewood Cliffs, NJ: Prentice Hall.（岡本康雄・高宮誠共訳『現代企業の組織革新と企業行動』丸善, 1975）

Williamson, Oliver E. (1975) *Markets and Hierarchies, Analysis and Antitrust Implications: A Study in the Economics of Internal Organization*, New York: Free Press. (浅沼萬里・岩崎晃訳『市場と企業組織』日本評論社, 1980)

Williamson, Oliver E. (1981) "The economics of organization: The transaction cost approach," *American Journal of Sociology*, Vol. 87, No. 3, pp. 548-577.

Williamson, Oliver E. (1996) "Economic organization: The case for candor," *Academy of Management Review*, Vol. 21, No. 1, pp. 48-57.

Williamson, Oliver E. and Narottam Bhargava (1972) "Assessing and classifying the internal structure and control apparatus of the modern corporation," in Keith Cowling (ed.), *Market Structure and Corporate Behaviour: Theory and Empirical Analysis of the Firm*, London: Gray-Mills, pp. 125-148.

Wolf, William B. (1974) *The Basic Barnard: An Introduction to Chester I. Barnard and His Theories of Organization and Management*, Ithaca, NY: New York State School of Industrial and Labor Relations, Cornell University. (日本バーナード協会訳『バーナード経営学入門：その人と学説』ダイヤモンド社, 1975)

Woodward, Joan (1958) *Management and Technology*, London: Her Majesty's Stationery Office.

Woodward, Joan (1965) *Industrial Organization: Theory and Practice*, London: Oxford University Press. (矢島鈞次・中島壽雄訳『新しい企業組織：原点回帰の経営学』日本能率協会, 1970)

矢田勝俊 (2004)『データマイニングと組織能力』多賀出版.

柳生智子 (1999)「アメリカ南部プランテーションにおける奴隷管理と奴隷資産：東部海岸地域のプランターの経営について」『三田學會雑誌』第92巻第1号, pp. 191-216.

八幡成美 (1998)「雇用者から自営業主への移行」『日本労働研究雑誌』1月号, pp. 2-14.

矢島孝如 (2012)「GENERAL MOTORS COMPANY：政府主導の資本導入による再生」許斐義信編著『ケースブック事業再生』中央経済社, 第8章, pp. 195-201.

山田仁一郎 (2015)『大学発ベンチャーの組織化と出口戦略』中央経済社.

山田仁一郎・松岡久美 (2014)「企業家研究者の心理的オーナーシップ：大学発ベンチャーにおける2つの出口」『組織科学』第47巻第3号, pp. 17-28.

山田真茂留 (1993)「組織アイデンティティの現代的変容」『組織科学』第27巻第1号, pp. 15-25.

やまだようこ (2000)「人生を物語ることの意味：なぜライフストーリー研究か？」日本教育心理学会『教育心理学年報』第39集, 146-161.

山口絵理子 (2009)『裸でも生きる2 Keep Walking私は歩き続ける』講談社.

山口重克 (1985)『経済原論講義』東京大学出版会.

山路直人 (2014)『企業革新の研究：繊維産業の脱成熟化のプロセス』白桃書房.

山倉健嗣 (1993)『組織間関係：企業間ネットワークの変革に向けて』有斐閣.

山倉健嗣（2007）「経営戦略・企業倫理とステイクホルダー」『新しい戦略マネジメント：戦略・組織・組織間関係』同文舘, pp. 131-158, 第 7 章.

山本七平（2007）『日本人と組織』角川書店.

山本安次郎（1968）「組織論史におけるバーナード理論の意義―組織均衡理論を中心に」『経済論叢』第101巻第 1 号, pp. 1-21.

山下柚美（2008）『客はアートでやってくる』東洋経済新報社.

安田武彦（2004）「起業後の成長率と起業家属性，起業タイプと起業動機：日本のケース」『企業家研究』創刊号, 79-95.

矢沢永吉（2001）『アー・ユー・ハッピー？』日経BP.

與那原建（2010）「ダイナミック能力論の可能性：競争戦略論の統合化に向けて」『琉球大学経済研究』第80号, pp. 125-145.

養老孟司（2009）『読まない力』PHP研究所.

吉田孟史（2005）「組織の動的環境適応：ダイナミックケイパビリティと即興ケイパビリティ」『オフィス・オートメーション』第26巻第 1 号, pp. 23-30.

吉川武男（2004）「ビジョンと因果連鎖なきBSCは無意味」『日経情報ストラテジー』12月号, p. 51.

吉村達次（1966）『経済学方法論：宇野理論批判』雄渾社.

◆247

索　引

248◆　索　引

【著者紹介】

林　徹（はやし　とおる）

長崎大学経済学部・大学院経済学研究科教授
1965年　愛知県に生まれる
1988年　横浜国立大学経営学部第二部経営学科卒業
1990年　横浜国立大学大学院経営学研究科修士課程修了
1992年　名古屋テレビ放送第30回海外派遣学生
1993年　名古屋大学大学院経済学研究科博士課程単位取得
　　　　四日市大学経済学部経営学科専任講師，
　　　　助教授，教授，経営学科長を経て，2008年より現職。
2022年より，日本経営学会理事，九州部会代表。

主要著書：『モノポリーで学ぶビジネスの基礎』中央経済社，第3版，2023年
　　　　　『協働と躍動のマネジメント』中央経済社，2011年
　　　　　『組織のパワーとリズム』中央経済社，2005年
　　　　　『革新と組織の経営学』中央経済社，2000年

E-mail　thaya@nagasaki-u.ac.jp

協働の経営学（第2版）

2015年 2月10日　第1版第1刷発行
2020年 1月10日　第1版第5刷発行
2021年 1月31日　第2版第1刷発行
2024年 6月25日　第2版第2刷発行

著　者　林　　　　徹
発行者　山　本　　　継
発行所　㈱中　央　経　済　社
発売元　㈱中央経済グループ
　　　　　パ ブ リ ッ シ ン グ

〒101-0051　東京都千代田区神田神保町1-35
　　　　　　電話　03（3293）3371（編集代表）
　　　　　　　　　03（3293）3381（営業代表）
　　　　　　https://www.chuokeizai.co.jp
　　　　　　印刷／㈱堀内印刷所
　　　　　　製本／誠　製　本 ㈱

ⓒ 2021
Printed in Japan

＊頁の「欠落」や「順序違い」などがありましたらお取り替えいた
しますので発売元までご送付ください。（送料小社負担）
ISBN978-4-502-37451-7　C3034